JN271116

聴覚障害教育
これまでとこれから

コミュニケーション論争・9歳の壁・障害認識を中心に

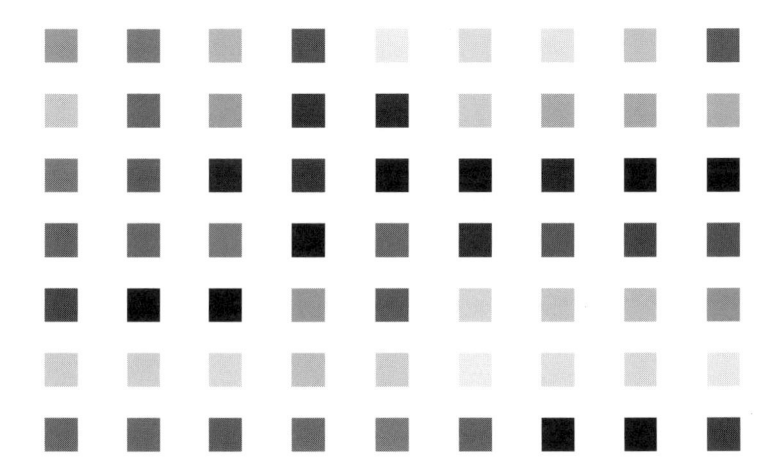

脇中起余子 著　　　　　　　　　　　北大路書房

・ JCOPY 〈(社)出版者著作権管理機構 委託出版物〉
本書の無断複写は著作権法上での例外を除き禁じられています。
複写される場合は，そのつど事前に，(社)出版者著作権管理機構
（電話 03-5244-5088，FAX 03-5244-5089,e-mail: info@jcopy.or.jp）
の許諾を得てください。

まえがき

　本書『聴覚障害教育　これまでとこれから─コミュニケーション論争・9歳の壁・障害認識を中心に』は，佛教大学（通学課程）の開講科目「聴覚障害教育総論」における筆者の講義を土台にしたものです。
　この講義は，京都府立聾学校聴能言語室の細矢義伸教諭と共同で行いました。細矢教諭は，主に「オーディオロジー」や「福祉制度」に関わる部分を，筆者は，主に「聴覚障害教育の歴史」や「学力」「障害認識」に関わる部分を担当しました。
　筆者としては，最近の聴覚障害教育，特に聾学校における教育のあり方に関して，以下の3点を強く感じています。
(1) 「口話法へ」と「手話法へ」という2つのベクトルを同時に視野に入れた教育実践や研究が求められること
(2) 聴覚障害のわかりにくさ・教育の難しさを理解したうえでの教育実践や研究が求められること
　①聴覚障害ゆえの「バリア」のわかりにくさ（想像しにくさ）
　　視覚障害や肢体障害などと比べると，聴覚障害は，その「バリア」が想像されにくいようです。めがねをかけると視力が良い人と同じように見えるようになるので，補聴器をつけると聴力が良い人と同じように聞こえるようになると思っている人が，多いようです。
　②生後すぐに失聴した場合の日本語獲得の難しさ
　　聴者は，自然に日本語を獲得しており，聴覚障害児の日本語獲得の難しさが想像しにくいようです。特に現在は，文字があふれているので，さらにそう思う人が多いようです。
　③「9歳の壁」の存在
　　小学校低学年に相応する語彙を身につければ，その後もスムーズに小学校高学年の教科学習に入れるだろうと，単純に考える人が多いようです。つまり，「9歳の壁」が見えにくいようですが，「9歳の壁」は，従来から特に聾

学校で指摘されています。

④「伝わること」と「学力（日本語の力）獲得」の間のずれ

　手話に対する理解の広がりは喜ばしいことですが，手話で伝わりさえすれば学力獲得の問題は解決される，と単純に思い込んでしまう例が見られるようです。

　最近の聴覚障害教育は，口話法と手話法の間で揺れ動いており，「混迷・迷走」していると言う人も見られます。筆者は，「口話法へ」と「手話法へ」という両方のベクトルが同時に視野に入るような本，聴覚障害児の学力や「9歳の壁」の実態が詳しく述べられている本を佛教大学での講義のテキストに指定したいと思い，いろいろと探しましたが，筆者の期待するような本がなかなか見当たりませんでした。

　筆者は，「口話か手話か」ではなく，「口話も手話も」と考えています。

　教育方法が「口話のみ」になると，聴覚活用に限界がある生徒には無理が生じることになり，「手話のみ」になると，これもまた無理が生じることになります（下図の灰色部分）。さまざまな実態の子ども，あるいはいろいろな考え方の親の子どもが入学する国公立の聾学校では，「口話か手話か」ではなく，「口話も手話も」の方法でなければ，「不適応」を起こす生徒や教育方法をめぐる「対立」が生じることになるでしょう。筆者の講義を受けた学生が「口話と手話は両立すると思う，いや両立させなければならない」と語ったのは，このような意味においてでしょう。もちろん，生徒の認知特性や状況によって，比重の置き方が変わることはあり得ます。

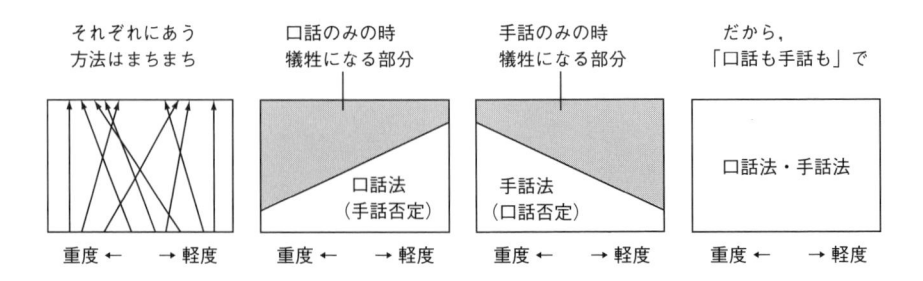

それぞれにあう方法はまちまち	口話のみの時犠牲になる部分	手話のみの時犠牲になる部分	だから，「口話も手話も」で
	口話法（手話否定）	手話法（口話否定）	口話法・手話法
重度 ← → 軽度	重度 ← → 軽度	重度 ← → 軽度	重度 ← → 軽度

(3) 教員自身が適切に「障害認識」したうえで，生徒の「障害認識」に関する取り組みが求められること

　筆者は，京都府立聾学校高等部の自立活動に長年関わりました。そして，「障害認識」のための取り組みは，聾学校の生徒だけでなく，地域校に在籍する聴覚障害児や障害のない生徒にも必要だと考えています。今回，京都精華大学の学生の協力を得て，「日常生活で遭遇する場面」や「ストーリーマンガ」を作成し，それをいくつかの研究会で紹介したところ，聾学校だけでなく難聴学級がある地域校からも「コピー」の希望が相次ぎ，このような教材に対する需要が高いことを改めて感じさせられました。また，地域校で聴覚障害児を担当する教員たちが，意外と聴覚障害児のぶつかる「バリア」の実態を具体的に理解できていないらしいことも感じさせられました（筆者も，聴覚障害以外の障害のある生徒を担当したら，その生徒のぶつかる「バリア」の実態を具体的に想像できないでしょう）。

　そこで，「日常生活の中で遭遇する場面」や，「障害認識」のための取り組み（ストーリーマンガを含む）を，今後聴覚障害教育に関わることを希望する学生だけでなく，地域校に勤務する教職員にも知っていただき，活用していただけたらと思いました。

　また，佛教大学の講義の中で，筆者の指導方法を紹介したところ，多くの学生から「この話は参考になった」「特に，指を使って九九の答えを出す方法には，感動した」「この方法は，発達障害児や知的障害児にも使えると思う」などと，好意的な感想をもらいました。その中には，配布資料の中であまりふれず，講義の中で板書しながら説明したものもあったので，今回執筆にあたって，①九九の指導方法（特に手指を使った指導），②「～は～より～多い・少ない」「～は～の～倍」の難しさと指導方法について，さらに詳しくまとめてみました。

　なお，本書は，筆者の佛教大学での配布資料を土台にしたものですので，オーディオロジーに関わる話や福祉制度，障害の早期発見と両親支援，高等教育，難聴学級での指導や通級指導，重複障害教育についてはあまり詳しく述べていません。また，その力量も筆者にはありません。『聴覚障害教育の基本と実際〈改訂版〉』（中野善達・根本匡文 編著，田研出版，2008年）などが，本書でふれていないこれらの領域について概括的に記述していますので，それらを参照し

てください。

　現在の日本では,「手話−手話論争」,すなわち「日本語対応手話」を否定して「日本手話」のみを用いるべきとする考え方と,「日本語対応手話」を否定しない考え方の「対立」が見られます。筆者は,口話の使用を否定しておらず,したがって,「日本語対応手話」も否定していませんが,この「手話−手話論争」の中で,筆者は自分の考えや実践をまとめて公にすることに消極的になっていました。しかし,『聾教育現場における手話表現』(2006年に自費出版)や『よく似た日本語とその手話表現』(2007年に北大路書房から出版)に対する反応,拙稿「聾教育の課題と展望〜コミュニケーション論争を中心に〜」(ミネルヴァ書房『発達』2005年4月号)に対する現場の教員たちの反応,大学での講義に対する学生たちの好意的な感想などに励まされて,本書を出版する決意ができました。

　本書のところどころでも述べたように,本書に書かれていることは,あくまでも1人の聴覚障害教員が考えていることです。「筆者のように考えている人もいるのだな」と知っていただければ,大変うれしく思います。

2009年8月

脇中起余子

もくじ

まえがき　i

第1章　聞こえの仕組みと聴覚障害
1節　聞こえの仕組み　…………………………………………………………………　2
2節　聴覚障害　…………………………………………………………………………　3
　　障害を受けた部位による分類／聴覚障害の程度／聴覚障害に関するいろいろな呼称／聴力検査／受聴明瞭度／補聴器／人工内耳／実際の聞こえ方／最近の聴覚口話法

第2章　聴覚障害ゆえに遭遇する場面
1節　聴覚障害のわかりにくさ　………………………………………………………　12
　　聴覚障害ゆえの「バリア」のわかりにくさ／補聴器をつけると聞こえるようになるという誤解／文字による情報保障で問題解決できるという誤解／『二つ目のお化け』と「バリア」
2節　聴覚障害ゆえに遭遇する場面　…………………………………………………　14
　　高い音が聞こえないゆえに遭遇する場面／戸外や町中などで遭遇する場面／学校などで遭遇する場面／自宅などで遭遇する場面／人間関係の中で遭遇する場面／その他筆者が最近経験した場面
3節　「バリア」の解消のために　……………………………………………………　29
　　「バリア」をこわす努力／コミュニケーションしようとする姿勢

第3章　聴覚障害教育の歴史（1）
―「口話－手話論争」を中心に―
1節　外国における聴覚障害教育　……………………………………………………　32
2節　日本における聴覚障害教育　……………………………………………………　32
　　江戸時代以前／「口話－手話論争」に関わる聴覚障害教育の歴史年表／古河太四郎の開学縁起（明治時代）／手話を否定する口話法の台頭（大正時代）／手話を否定する聴覚口話法（戦後）

もくじ

3節　京都聾学校の教育方法 ……………………………………………… 42
　　京都聾学校の教育方法の変遷／口形記号とキュー
4節　コミュニケーション論争を視野に入れた研究実践の必要性 ……… 45

第4章　聴覚障害教育の歴史（2）
──「手話－手話論争」を中心に──

1節　「手話－手話論争」に関わる聴覚障害教育の歴史年表 …………… 48
2節　「ろう文化宣言」と対応手話を否定する考え方 …………………… 49
　　「ろう文化宣言」と「対応手話」に対する批判／「聾者」「難聴者」「聴覚障害者」の
　　呼称に関して／手話が否定・禁止された理由に関して／「ろう文化宣言」に対する反
　　応／口話法や対応手話に対する批判に関わって／「聾文化」に関わって
3節　「ろう児の人権救済申立」と保護者の要望 ………………………… 55
　　ろう児の人権救済申立／京都における2歳児保護者の要望
4節　全日本ろうあ連盟の「見解」と署名活動 ………………………… 57
　　全日本ろうあ連盟の「人権救済申立に対する見解」／「見解」を支持する署名活動
5節　日弁連の「結論」 …………………………………………………… 60
6節　明晴学園の開校 ……………………………………………………… 61
7節　「手話は一つ」というような考え方 ………………………………… 65
8節　再び「口話－手話論争」か ………………………………………… 66

第5章　筆者の経験から

1節　「読唇」「読話」について …………………………………………… 70
　　「読唇」「読話」の限界／読話しやすくするためにお願いしたいこと
2節　筆者の経験・生い立ちから ………………………………………… 72
　　京都校幼稚部で／小学校難聴学級で／（私立）中学・高校で／大学入学後／教員採用
　　試験／結婚・育児の中で
3節　筆者が受けた教育に対する感想 …………………………………… 78
　　母が掲げた「恩人」／筆者の考える批判点
4節　「手話－手話論争」に関連して ……………………………………… 83

第6章　現在の日本における聴覚障害教育

1節　聴覚障害児に対する教育の場 …………………………………………… 86
2節　言語指導の方法 …………………………………………………………… 88
　　　構成法的アプローチと自然法的アプローチ／コミュニケーション手段によるさまざまな方法
3節　聾学校における教育の目的 ……………………………………………… 90
4節　超早期発見と聴覚障害教育 ……………………………………………… 91
5節　重複障害教育 ……………………………………………………………… 93
6節　高等教育 …………………………………………………………………… 95
7節　特別支援教育制度と聾学校への影響 …………………………………… 96
　　　「インテグレーション」と「インクルージョン」の違いに関わって／特別支援教育の発足と聾学校に対する影響

第7章　聴覚障害児に見られる「つまずき」
―日本語の獲得における例を中心に―

1節　聴覚障害児に見られる「つまずき」の例 ……………………………… 100
　　　日本語の獲得に関わって／日本語の使用に関わって／ことばとことばの集合的関係に関わって／問題の解き方や思考の仕方に関わって／物事の見方や社会性に関わって
2節　読書力診断検査などから ………………………………………………… 120
3節　「日本語獲得のつまずき」に関する筆者の経験 ……………………… 121

第8章　「9歳の壁」と「手話－手話論争」

1節　「9歳の壁」とは何か …………………………………………………… 126
　　　聾教育界における「9歳の壁」の存在の指摘／「9歳の壁」は，学力面だけでなく他の面でも現れる／「9歳の壁」は，聴児にも現れる／小学校4年生頃からの「本格的な教科学習」に関わって／2つの言語形式：「BICS」と「CALP」に関わって
2節　「9歳の壁」に関する筆者の仮説や研究 ……………………………… 130
　　　「高度化」と「高次化」の区別／数学の場合の「高次化」／「9歳の壁」を越えた生徒の比率／BICSでの日本語とCALPでの日本語
3節　「9歳の壁」の克服へ：取り組みの変遷 ……………………………… 135
　　　話しことばを獲得させる取り組みの時期／BICSを充実させる取り組みの時期／

もくじ

　　　CALPへの移行を射程に入れた取り組みの時期
4節　現在の「手話－手話論争」と「9歳の壁」 ……………………… 138
　　　「日本手話から書記日本語へ」の筋道に関して／音声日本語の果たす役割に対する評価について／キューに対する評価について／対応手話について
5節　「9歳の壁」を念頭に置いた「手話－手話論争」の必要性 ………… 146
　　　「科学的・抽象的思考の道具」という視点に関わって／「日本手話」と「日本語対応手話・口話併用手話」の違いに関わって／「口形」がもたらす情報に関わって／いろいろな視点を視野に入れた議論を／コミュニケーション手段（モード）を考える時の留意事項／筆者の考えのまとめ

第9章　学力獲得のために必要な手立て

1節　最初の言語の獲得の仕方 ……………………………………… 158
　　　音韻意識の形成／シンタグマティックな関係の中での日本語の獲得／想像力・自分で考えて工夫する力／豊かな言語環境／経験とその言語化
2節　座席や情報の提示の仕方 ……………………………………… 161
3節　生徒の認知特性を考慮に入れた指導 …………………………… 165
4節　授業づくり・関わりの中で大切なこと ………………………… 169
　　　個々の生徒の実態に合わせた授業づくり・関わり／聴覚障害児に見られる傾向を念頭に置いた授業づくり・関わり／日本語をきちんと押さえる授業づくり・関わり／思考力を育てる授業づくり・関わり／教師側の授業づくりに対する姿勢に関して
5節　九九の指導方法 ………………………………………………… 181
　　　聴覚障害児は，九九の読み方をどれぐらい覚えているか／九九を覚える方法
6節　「多い・少ない」「～倍」文の指導：「作図法」と「立式法」 ………… 187
　　　基本的な文型が解けるか／作図法／立式法／手指を使って解く

第10章　伝わることと学力獲得の間のずれ

1節　「伝わる」ことと「わかる」ことの間のずれ …………………… 194
　　　「伝わる」ということと「わかる」ということ／手話で意味がわかっても書けない例，同じまちがいを繰り返す例
2節　理屈で説明することが難しいもの ……………………………… 196
　　　使われる場面の微妙な違いの理解／「日本語→手話」と「手話→日本語」の違い／理屈で説明が難しい例（1）／理屈で説明が難しい例（2）

3節　該当する手話表現がない日本語の獲得のさせ方 ……………………… 201
　　BICS の世界の中での日本語と CALP の世界の中での日本語／該当する手話単語がない時の日本語の獲得のさせ方

第 11 章　障害認識のためのいろいろな取り組み

1節　障害に対する見方の変化 …………………………………………………… 204
　　障害に対する見方の変遷／障害認識の過程
2節　自立活動 ……………………………………………………………………… 208
　　学習指導要領から／以前の「養護・訓練」の手話表現
3節　京都府立聾学校高等部における自立活動 ………………………………… 209
　　京都校高等部の考え方と自立活動の内容／聾教育の歴史を通して，口話と手話について考えさせる取り組み／京都校高等部生徒に見られる3つの傾向と言動の例／京都校高等部生徒に見られる3つの傾向と自立活動の取り組みの例／自立活動の取り組み内容に思うこと
4節　「マンガ（学校場面）」を通して問題解決能力を高める取り組み ……… 217
　　補聴器／1対1の会話と授業の違い／「もう一回言って」／教室での座席／音楽の時間／スペリングテストその1／スペリングテストその2／いろいろな場面で「あなたならどうする？」
5節　「マンガ（会社場面）」を通して問題解決能力を高める取り組み ……… 229
　　香典返し／指示待ち／マナーやことば遣い／福祉／遅刻／行き違い／聾者のやり方
6節　要望を意識化してまとめる力を高めるための取り組み ………………… 242
7節　人間関係をつくる力を高めるための取り組み …………………………… 243
　　対等な友達関係とは／対等な恋人関係とは／行き違いと責任転嫁／社会問題
8節　障害認識のための指導にあたって ………………………………………… 250
　　地域校に在籍する聴覚障害児に対して／教員側に求められる留意事項

第 12 章　今後の聴覚障害教育
―陥りやすい陥穽と今後求められること―

1節　陥りやすい陥穽 ……………………………………………………………… 256
　　データなどの読み方(1)：「擬似相関」や「相関と因果関係は別物」／データなどの読み方(2)：方法間の比較に関して／データなどの読み方(3)：方法間または聾学校間の比較に関して／データなどの読み方(4)：対象者の群は同質か／「教育言語」と「人権ならぬ言語権」の関係について／「手話否定」＝「差別・虐待・人権侵害」か／「苦

もくじ

しかった」＝「すべきでない」，ではないこと／「日本手話が使われていない」の意味／「手話は教育言語として認められていない」に関わって／「聾者としての誇り」に関わって　／何を優先して考えるかに関わって(1)／何を優先して考えるかに関わって(2)／その方法を採用すべきでないと思う理由を冷静に分析する必要性／「セミリンガル」や「手話モノリンガル」に関わって／「聾者」と「聴者」を比較する言い方(1)／「聾者」と「聴者」を比較する言い方(2)／文字があふれているから，書記日本語は獲得できるか／手話を使いさえすれば日本語は獲得できるか／日本語のレトリックの例／通訳のレトリックの例

2節　今後求められること …………………………………………………… 270

聴覚障害教育の目的／聴覚障害児をもつ親に対して／聴覚障害者の心理特性に関して／聴覚障害教育に携わる方々に対して／聴覚障害教員に対して／最後に

補章　Q&A 形式で深める聴覚障害への理解　279

聞こえの仕組みと聴覚障害に関して／補聴器と補聴援助機器に関して／聴力検査と聴覚学習に関して／聴覚障害の早期発見と早期教育に関して／聴覚障害者と関連する福祉制度などに関して／特別支援教育制度の始動と聾学校のセンター的役割に関して

索引　289
あとがき　291

第 1 章

聞こえの仕組みと聴覚障害

　聞こえの仕組みや聴覚障害の分類，聴力検査，補聴器や人工内耳の原理と効果，聴覚補償などに関しては，いろいろな書物に詳しく書かれているので，本章では簡単に述べることにします。聴覚障害には「伝音性難聴」と「感音性難聴」があり，後者の場合，補聴器の効果には限界があること，聾学校に在籍する子どもたちの大半が後者であることを知っていただきたいと思います。また，巻末にこれらに関する「Q&A」を載せたので，あわせて参照してください。

1節 聞こえの仕組み

耳の仕組みは，以下のように分類できます。

外耳：耳介によって音（空気の振動）が集められます。また，耳介が右と左にあることで，音がどの方向からしたかが理解できます。集められた音は，外耳道を通して鼓膜に伝わります。

中耳：鼓膜は，音を受けると振動して，耳小骨に伝えます。中耳腔には，耳小骨（ツチ骨，キヌタ骨，アブミ骨）がおさまっています。

内耳：内耳は，蝸牛，前庭，半規管からなります。蝸牛は聴覚をつかさどり，前庭と半規管は平衡感覚をつかさどります。蝸牛の中の有毛細胞は，聴覚刺激を受けると興奮し，電気信号（神経インパルス）を発します。

聴覚中枢路・聴覚中枢：電気信号は，聴神経を通して大脳皮質（聴覚中枢）へ導かれ，そこで情報処理がなされます。

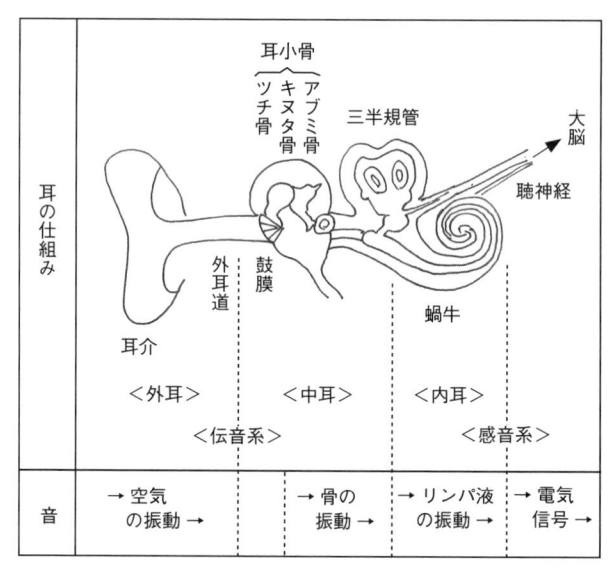

耳の仕組み	＜外耳＞	＜中耳＞	＜内耳＞	
	耳介・外耳道	鼓膜・ツチ骨・キヌタ骨・アブミ骨	蝸牛・三半規管	聴神経・大脳
	＜伝音系＞		＜感音系＞	
音	→空気の振動→	→骨の振動→	→リンパ液の振動→	→電気信号→

● 図　聞こえの仕組み

2節　聴覚障害

　障害のある部位が，外耳・中耳にあるか，内耳から奥のほうにあるかによって，聞こえ方や補聴器の効果が大きく変わってきます。

1 …… 障害を受けた部位による分類

伝音性難聴（伝音系の障害）：外耳に損傷がある場合は，音が小さく聞こえる軽度である場合が多く，中耳炎などにより中耳に損傷がある場合は，軽度から中等度である場合が多いです。

感音性難聴（感音系の障害）：内耳や聴覚中枢路，聴覚中枢に損傷がある場合の聴覚障害は，軽度から重度までその程度はさまざまです。原因として，遺伝によるもの，ウィルスによるもの，薬物によるもの，原因不明のものなどがあります。聴覚障害が重度であると，補聴器を装用しても限界があることが多いです。

混合性難聴：伝音性難聴と感音性難聴が重なっているものです。

　京都府立聾学校（以下，基本的に「京都校」とします。他府県の聾学校や特別支援学校についても同様に記します）では，幼児・児童・生徒の大半は感音性難聴であり，混合性難聴が数名見られる程度です。

2 …… 聴覚障害の程度

　聴覚障害の程度を表す単位は，「dB（デシベル）」です。数値が大きいほど，聴覚障害の程度が重度であることを示します。「デシベル」の「ベル」は，電話の発明者であるグラハム・ベルからとったと言われています。

　一般的には，人のささやき声は30dB程度，普通の会話は50〜60dB，大声の会話は70dB程度で，130dBくらいになると，耳が痛くなると言われています。

　30〜50dBを「軽度難聴」，50〜70dBを「中等度難聴」，70〜90dBを「高度難聴」，90dB以上を「ろう（重度難聴）」とする分類表もありますが，教育現場では，「90dBまでは補聴器がかなり効果的。110dB以上は補聴器を装用しても限界がある。90〜110dBは個人差が大きい」とよく言われます。「両耳の

● 表　聴覚または平衡機能の障害
（身体障害者福祉法施行規則　別表第五号身体障害者障害程度等級表より）

等級	聴覚障害	平衡機能障害
1級		
2級	両耳の聴力レベルがそれぞれ100デシベル以上のもの（両耳全ろう）	
3級	両耳の聴力レベルが90デシベル以上のもの（耳介に接しなければ大声語を理解し得ないもの）	平衡機能の極めて著しい障害
4級	1. 両耳の聴力レベルが80デシベル以上のもの（耳介に接しなければ話声語を理解し得ないもの） 2. 両耳による普通話声の最良の語音明瞭度が50％以下のもの	
5級		平衡機能の著しい障害
6級	1. 両耳の聴力レベルが70デシベル以上のもの（40センチメートル以上の距離で発声された会話語を理解し得ないもの） 2. 一側耳の聴力レベルが90デシベル以上，他側耳の聴力レベルが50デシベル以上のもの	

聴力レベルが70dB以上の時，障害者手帳が交付される」とよく言われますが，厳密には，身体障害者障害程度等級表を参照してください。なお，40dB以上を「聴覚障害」とする国もあるので，外国の文献を読む時は注意が必要です。

また，片側の耳だけに聴覚障害がある「一側性難聴」について，一般的には，もう一方の聴力が「正常」であれば大きな問題はないと言われています。

京都校の幼児・児童・生徒（2008年度）の聴力レベルの分布は，60dB未満が5％，60dB以上80dB未満が15％，80dB以上100dB未満が30％，100dB以上120dB未満が44％，120dB以上と測定不能が6％でした。

3 …… 聴覚障害に関するいろいろな呼称

「難聴」は，「聾」と比べると，聴覚障害の程度が軽いというイメージを抱いている人が多いと思われます。実際には，「聴覚活用が可能であれば難聴，困難であれば聾」と考える人，「手話を日常的に用いないならば難聴，用いるならば聾」と考える人，「聾学校に在籍した人は聾，難聴学級や地域校に在籍し

た人は難聴」と言う人が見られます。

　筆者は，京都聴障児親の会が実施したアンケートを分析し，聴覚障害児・者の親の場合，「聾」の呼称を用いると回答した者は2.7%（両親が聴者の場合は0.7%）にすぎなかったこと，聴覚障害者本人の場合，手話を必要不可欠なものと考えるかどうかなどと「聾」の呼称を用いるかどうかとの間に関連が見られたことなどを見いだしています（脇中，2002）。

　「聾」と「難聴」を対立させて考える人がいることや，聾学校では軽度の難聴児や聴覚活用が可能な聴覚障害児も多く見られることから，本書では，基本的には「聴覚障害」という呼称を用いることにします。

　2007年の改正学校教育法の施行以後，全国各地で「特別支援学校」などと校名変更がなされ，「聾学校」という名称の存続に対する要望が相次いでいます。筆者も，聴覚障害児には，同じ障害のある子どもたちの存在が大切だと感じているので，「聾学校」の存続を願っています。

　なお，「聾」について，「ろう」とひらがなで記す人も見られます（校名の場合も，「京都府立聾学校」のように漢字を用いる学校と「奈良県立ろう学校」のようにひらがなを用いる学校が見られます）が，本書では，原則として「聾」という漢字を用いることにします。

4 …… 聴力検査

　一般的には，「純音聴力検査」が用いられます。オージオメーターを用いて，気導聴力や骨導聴力の聴力レベルを調べるものであり，結果は聴力レベルのグラフ（オージオグラム）で示されます。伝音性難聴は，外耳や中耳に損傷を受けているだけなので，骨導聴力が気導聴力より良く表れます。しかし，感音性難聴は，気導聴力と骨導聴力が同じに表れます。

　なお，気導聴力検査で使われる音であっても，大きさが一定以上あると，骨や皮膚を通して振動が伝わります。筆者は，地元の耳鼻科医院で聴力検査を受けた時，そこにあった機械が出せる音のほとんどが聞こえませんでした。また，低く大きい音のところでは，耳からというよりからだに響いて「音がした」とわかりました。この時の経験から，重度の聴覚障害者は，難聴にあまり詳しくない一般の耳鼻科医院では正確な聴力検査が難しいことを，改めて認識させら

れました。

　聴力検査には，他に「語音聴力検査」などがあります。

　乳幼児に対する聴力検査としては，ABR（聴性脳幹反応検査）やBOA（聴性行動反応聴力検査）などがあります。「新生児聴覚スクリーニング」は，出生後病院にいる間に，AABR（自動聴性脳幹反応検査）やOAE（耳音響放射検査）が行われ，「パス（聴覚障害はない）」と「リファー（要再検査）」のいずれかが出されます。実際には，「リファー」と出ても，再検査の結果聴覚障害がないと判明するケースも多いと言われています。

5 …… 受聴明瞭度

　「シ」「ツ」などの単音節が聞き取れるかを調べたものが「単音節明瞭度」で，「ツクエ」「エンピツ」などの単語が聞き取れるかを調べたものが「単語了解度」です。また，文章が聞き取れるかどうかを調べたものが「文章了解度」です。

　一般的には，一部の音節が不明瞭であっても，単語または文章の中で推測して聞き取れることがよくあります。例えば「おたまじゃ○し」のように「○」の部分が不明瞭であっても，「おたまじゃくし」とわかることでしょう（しかし，この単語を知らない人は聞き取れないでしょう）。「単音節明瞭度80％は，文章了解度96％に相当する」という言い方がよくなされます。

　単音節明瞭度は，平均聴力が70dBなら約50％，90dBなら約20％，100dBなら数％というデータがあります。一方，単語了解度は，90dB以下であればほとんど理解でき，110dB以上であればほとんど理解できず，90～110dBは個人差が大きいというデータがあります。

　聾学校では，単音節明瞭度を調べる検査の結果，「受聴明瞭度20％（母音部の受聴明瞭度80％）」のような言い方がなされますが，これは，単音節の20％が正確に聞き取れること，「シ」と聞かされ「ヒ」と回答した場合，子音部はまちがっているが，母音部はあっていることになるので，母音部のみに注目したら80％は正解である，という意味です。

　筆者は，大学入学直後に京都大学附属病院で聴力検査を受け，「FM補聴器は使えない」という結論になりました。「受聴明瞭度はほとんど0％。母音部の受聴明瞭度もかなり低い」と言われた後，紙で口を隠して文章を言われた時，

筆者が文章を答えたら,「なんでわかったのか」と驚かれました。それで,「頬の動きが少し見えたので」と言うと,今度は新聞紙のような紙で顔全体を隠して文章を言われ,全くわからなかったことを憶えています。

6 …… 補聴器

　補聴器は,音を拡大する機械です。昔は,雑音まで拡大したので,長時間使用すると疲れると言う人が多くいました。しかし,最近は,雑音や大きすぎる音を自動的にカットする機能が進歩し,「補聴器は自分にとってなくてはならないもの」と言う聴覚障害者も多く見られます。

　最初の補聴器は,「ラッパ型補聴器」でしたが,その後「ポケット型補聴器」が発明され,次いで,「耳かけ型」「耳穴型」などが開発されています。筆者も,タバコ箱ぐらいの大きさのポケット型を4歳頃から装用しました。小学生か中学生の頃から耳かけ型に変えましたが,筆者は重度の聴覚障害者なので,今も「耳穴型」はまだ使えないと言われています。

　なお,2000年代になると,それまでの「アナログ補聴器」と異なる「デジタル補聴器」が現れました。これは,アナログと比べて,雑音を抑え,人の声を拡大できますが,高価です。

　京都校（2008年度の場合）では,幼児・児童・生徒の92%がデジタル補聴器を使用しています。また,全員が耳かけ型を使用しているということです。

7 …… 人工内耳

　人工内耳は,蝸牛に電極を埋め込んで聴覚神経に電気信号を送り,聞こえを補助する機械で,一般的には「90〜100dB以上の大きな音しか聞こえない人が,30〜40dBの小さな音を拾えるようになる」と言われています。「人工内耳をつけると,聾の状態から難聴の状態になるだけであり,聴者になれるわけではない」と言われるゆえんです。また,人工内耳の効果は,「音を聞いた経験」の有無による差があり,失聴時期が遅いほど,また聴覚障害者となった期間が短いほど,効果が大きいと言われています。さらに,早期に人工内耳を装用しても,その後のリハビリテーション（音のマッピング）が大切であると言われています。

欧米では,「聾者は,障害者ではなく,手話という少数言語を用いるマイノリティーである」という考え方と関連して,「人工内耳は,文化的民族浄化や聾文化の消滅につながる」などの反対意見が見られました。現在,欧米で人工内耳の手術が無料になったことの背景には,聾者に一生涯手話通訳者を派遣するのにかかる費用より,手術やその後の訓練にかかる費用のほうが安くすむことがあると言われています。バイリンガル聾教育の先進国と言われるスウェーデンでは,新たに生まれる聾児の90％以上が人工内耳を装用するということです。

　日本でも,「人工内耳は聾者の敵」というような考え方をする人が見られ,機械を体内に埋め込むことに抵抗感を抱く人が欧米と比べると多いようですが,人工内耳を選択する親の比率は高まっています。「聾学校に在籍する聴覚障害児の約1割が人工内耳装用児だが,聾学校に来ない人工内耳装用児も多い」と聞きました。また最近,両親が聴覚障害者の聴覚障害児を除くと,100dB以上の聴覚障害児全員が人工内耳を装用している,という学年が見られます。

　病院の言語聴覚士の中には,聴覚活用を重視するあまり,手話の活用に否定的な人と,手話も効果的に用いることを勧めている人の両方が見られると聞きます。人工内耳装用時期が早いほど言語力（語彙力）が高まる傾向があるものの,人工内耳を装用しても聴児と同様の言語力（語彙力）になるわけではないことを指摘する研究が,いくつか見られます。現在の教育現場では,「人工内耳は補聴器の一種であり,人工内耳を装用しても聴者と同じ聞こえにならないことから,聴覚活用と手話活用の両方を保障することが大切」という意見が多いようです。「伝わる」ことと「学力獲得」の間のずれ,「生活言語」と「学習言語」の違いを念頭に置いた聴覚障害教育が今後さらに求められると,筆者は考えています（本書の第8章などを参照）。

8 ……実際の聞こえ方

　視力に関して,文字や記号の有無が認識できることと,その形が識別できること,その内容が理解できること,視野が広いことは別物であるのと同様に,聴力に関しても,音の有無が認識できることと,音声の識別ができること,その音声の内容が理解できること,音源がどこかがわかることは別物です。

● 表　実際の聞こえ方

実際の 音の状態	聴者の場合	聴覚障害者で，聴覚活用が	
		かなりできる人	困難な人
あ	あ	あ	小さい音は，拾いにくい／聞こえない
あ	あ		感音性難聴では，音が明瞭に脳に届かないことが多い。
雑音	脳の働きにより雑音を低減させ，必要な情報を拾い出して聞く。	雑音を低減させ，必要な情報を拾い出して聞くことが難しい。 （補聴器や脳の働きの「限界」による）	
SI TI HI KI	SI TI HI KI	SI TI HI KI ／ SI TI HI KI 「S」や「H」の部分は高音なので，聴覚障害が軽度でも聞き取りにくい。重度の場合は，母音部「I」も聞き取りにくい。	

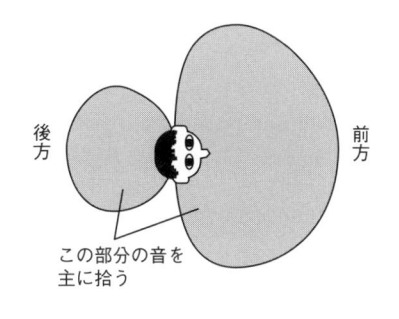

この部分の音を主に拾う（後方／前方）

　補聴器装用によって聞こえているように見えても，実際には，聴者と同じ聞こえ方ではないことがわかりやすいように，上の表を作成しました。

　ある難聴者が補聴器を初めて装用した時，「時計の秒針が音をたてて動く，靴紐が歩くたびに音をたてるといった『雑音』に驚いた」と言いました。聴者の場合，これらの雑音に幼少時から接しているので，脳の中で雑音など不要な情報を低減させ，必要な情報を拾い出して聞いていると言われています。

　従来の補聴器は，いろいろな方向からの音声を「平等」に拾うので，雑音も人の話し声と「対等」に拾い出してしまい，聞き取りにくいという声がありました。そこで，指向性のある補聴器が開発されました。これは，前方にいる人の音声を中心に拾い出すものです。ただし，例えば，相手が前方2mのところ

にいるとスムーズに会話できても，横や後方2mのところにいると，聞き取りにくい・聞き取れない場合が生じることになります。そして，後ろから呼びかけられても気づかず，「無視された。もう遊んであげない」と言われるというようなトラブルが生じるかもしれません。

　なお，最新のデジタル補聴器では，雑音を一律に下げるのではなく，会話音の邪魔になる音だけ，あるいは食器をたたく音のような突然の大きな音だけを下げることや，どの方向から音声が来てもそれを拾い出すことが可能になってきているということです。

9 …… 最近の聴覚口話法

　現在は，テクノロジーの発達とともに，自然に聴覚活用できる生徒が増えており，「補聴器がないと落ち着かない」と言う生徒も多く見られます。以前と比べると，同じ聴力でも受聴明瞭度がかなり高くなっていることに，筆者は驚かされています。また，子どもの状態を考慮しながら聴覚活用を進める雰囲気が高まり，「聴能訓練」という言い方は「聴覚学習」という言い方に変わってきました。

　さらに，手話に対する考え方も変わってきており，現在，ほとんどの聾学校では，手話も用いながら教育を行っています。我妻（2008）によると，「聾学校の授業時における教師の手話使用者半数以上の学校」は，10年前と比べると，中学部は50％から93％に，幼稚部は23％から86％に高まってきており，全員手話使用の学校は，幼稚部が78％，中学部が72％である，ということです。それゆえ，脳に届く性能をもった補聴器がなく手話を否定した過去の聴覚口話法と，補聴器が進歩し，聴覚口話法（聴覚活用・読唇・口を動かす）も手話も活用しようとする現在の教育法は，区別して評価されるべきだと思います。

文献

我妻敏博　2008　聾学校における手話の使用状況に関する研究（3）　ろう教育科学，**50**（2），77-91.
脇中起余子　2002　聴覚障害者本人および親の意識調査（2）―障害の呼称の違いによる意識の違いを中心に　ろう教育科学，**44**（3），115-128.

第 **2** 章

聴覚障害ゆえに遭遇する場面

　言語獲得期以前に失聴すると，音声日本語や書記日本語の獲得が難しくなります。成人になっても，書かれた文章の意味が理解できないと，いくら文字の形での情報保障がなされても，意味のないものになってしまうでしょう。また，職業選択の幅も狭められてしまうことになるでしょう。本章では，日本語の力や学力のレベルに関係なく，聴覚障害ゆえにどんな場面で「不便さ」や「バリア」を感じるかについて，筆者の体験やイラストを交えながら詳しく見ていきます。

1節 聴覚障害のわかりにくさ

1 …… 聴覚障害ゆえの「バリア」のわかりにくさ

聴覚障害があっても，(外耳に損傷がない限り) 外見上は「障害がない人（以下「非障害者」とします）」に見えます。

「各種の障害者の遭遇する『バリア』」について，ある大学で学生に尋ねたことがありますが，視覚障害や肢体障害などと比べると，聴覚障害の場合は，具体的な場面をいろいろと想像することが難しいように感じました。さらに，「もし神様から『いろいろな障害から1つだけ選ぶように』と言われたら，どれを選ぶか」と個人的に尋ねたところ，「聴覚障害」をあげる人が多いようにも感じました（これは，あくまでも筆者の印象です）。実際，筆者は，「あなたの障害は，他の障害でなく，聴覚障害で良かったね」と言われた経験が何回かあります。

筆者としては，「バリア」について，どの障害が「バリア」が多いかなどと言うことはできません。ただ，三重苦で知られるヘレン・ケラーは，自分の盲と聾について，"人間同士の知的交際を可能にする声という最も重要な音刺激を失う聾のほうが，より大きな損失である"と考えていたらしいことを紹介するにとどめたいと思います。ヘレン・ケラーの「見えないことは人を物から引き離し，聞こえないことは人を人から引き離す」ということばは有名です。

2 …… 補聴器をつけると聞こえるようになるという誤解

めがねをかけると，通常，非障害者と同じように見えるようになることから，補聴器についても，補聴器をかけると，非障害者と同じように聞こえるのだろうと思っている人が多いようです。

しかし，聾学校や難聴学級に在籍する子どもたちの大半は，神経などに損傷を受けている感音性難聴であり，音や声がゆがんで脳に伝わるので，音がしたかどうかはわかっても，ことばとしては聞き分けられないことが多いのです。さらに，ことばとして聞き取れても，その聞き取りには，非障害者と比べてかなりのエネルギーを要するので，ある場面では「名前を呼ばれた」とわかって

も，別の場面では気づかないこともよくあります。

3……文字による情報保障で問題解決できるという誤解

「現在は文字があふれているから，聴覚障害者は，日本語の獲得にそう苦労することはないだろう。また，情報不足になることもないだろう」と思う人がいるようですが，実際には，現在もなお，リテラシー（読み書き能力）や書記日本語の力の獲得は，聴覚障害教育の大きな課題となっています。文字の形で情報保障がなされても，その意味がわからないケースが見られます。

4……『二つ目のお化け』と「バリア」

手話を理解できない聴者が，手話を話す聾者の集団に入って「疎外感」を抱き，「聴覚障害者はいつもこんな気持ちでいるんだな」と感じたと言うたびに，筆者は，『二つ目のお化け』という民話（一つ目小僧を見世物にしてお金をもうけようとした男が，一つ目小僧の国に入り，逆につかまって「二つ目のお化け」として見世物にされた話）を思い出します。

筆者は，「あなたは音楽を楽しめないからかわいそう」と言われた経験がありますが，もともと音楽を聴く楽しみを味わったことがないので，特に悲しいとか悔しいとか思ったことはありません（音楽が得意な人をうらやましく思ったことはありますが）。いわば，「果物の王様と言われるドリアンを食べたことがないなんて，気の毒」と言われても，大半の日本人は，ドリアンを食べたことがないので，「はあ？」と思うのと同じようなものです。

「バリア・喪失・障害」を「バリア・喪失・障害」として実感するためには，その「バリアがない状態」を具体的に経験・想像できている必要があるでしょう。手話を覚えて，それまでの自分がいかに情報から遠ざけられてきたかを悟ったと述べる聴覚障害者は多数います。

京都校高等部で「聴覚障害ゆえに『不便』『困る』と感じたことはあるか」と尋ねると，地域校（聴児が大多数を占める学校のこととします）を経験した生徒のほうが「こんな時困った」「このようなことが聴者に理解されにくいと感じた」などとすぐに答える例が多いこと，また，最近「ない・わからない。私，聞こえるもの」と答える生徒の比率が高まっていることを感じます。

2節　聴覚障害ゆえに遭遇する場面

　日本語の力の有無や失聴の時期に関係なく，聴覚障害者が遭遇する場面を事例イラストを交えて見ていきます。ただし，聴覚障害（聴覚活用）の程度によっては，「こんな場面は経験したことがない」という場面も含まれています。

1 ⋯⋯ 高い音が聞こえないゆえに遭遇する場面

●ハウリングに気づかない

　多くの聴覚障害者は，高音が聞こえにくいタイプであり，補聴器が耳にぴったりはまっていない時に起きるハウリングの「ピーピー」音が聞こえにくいのです。筆者は，周囲の人からじろじろ見られると，ハウリングかなと思い，イヤーモールドをはめ直しています。もしこのような場面に遭遇したら，「ピーピーと鳴っているよ」と教えてあげてほしいです。

●ホイッスルの音に気づかない

　ホイッスルの音は高音なので，聞こえにくいです。筆者も，聴者ばかりの中学・高校にいた時，バスケットボールなどで笛の音が聞こえず，そのままボールを追った経験があります。

　なお，警告音には高い音が多いと聞いたことがありますが，聴者であっても加齢に伴って高音部から聞こえにくくなるそうなので，配慮が望まれます。

第2章　聴覚障害ゆえに遭遇する場面

● 「い」と「し」などが聞き分けにくい

難聴者の場合，特にサ行が聞き取りにくい人が多いようです。「S」の音は，高い音の範疇に属するからだと思われます。軽度の難聴者から，「いち」と「しち」を聞きまちがえたことによる失敗談を聞いたことがあります。

「し」と「に」，「いち」と「しち」，「きゅう」と「じゅう」は口形が似ているため，聾学校では，「4」は「よん」，「7」は「なな」，「9」は「く」と言う人が多く見られます。筆者が在籍した難聴学級でも，誰からともなくそのような言い方をしたように思います。

2……戸外や町中などで遭遇する場面

● 車のクラクションに気づかない

聴者に「聴覚障害者が『不便』を感じる場面」を書いてもらうと，かなり多くあげられたのが「クラクションが聞こえない」でした。

筆者は，白線内を歩くように心がけていますが，それでも，「もっとよけて」という意味でクラクションを鳴らされたのに気づかず，すれちがいざまに罵言を浴びせられた経験があります。

また筆者は，踏み切りを渡る時，いつ遮断機の警告音が鳴り出すかよくわからないので，足早に渡ろうとする癖があります。

● **名前を呼ばれてもわからない**

筆者は，名前を声で呼ばれてもわからないので，大きな病院を避けています。診察券に「聴覚障害があるので，手招きで呼んでください」と赤で書き，受付でそこを指し示してお願いしています。

それでも，途中で受付の人が交替し，新しい受付の人が診察券に書いてあることに気づかず，筆者を音声だけで呼び，2時間以上待たされた経験があります（その時は毎日来ているからと思い，筆記用具を持って来ておらず，忙しそうな様子に聞きそびれてしまったのです）。

● **事故の時，車内放送が聞こえない**

長時間電車が動かなくなった時，そばにいた人に筆談で尋ねると，放送の内容を書いてくれたり，筆者の行き先に電話で「遅れる」と伝えてくれたりして，ありがたく思いました。事故の時，音声による放送に比べて，文字による掲示は遅れがちとなるので，改善を望みます。

● **スキー場で放送が聞こえない**

聾学校の修学旅行でスキー場へ行った時，「あちらは危険なので行かないように」という放送を聞いた教員が，あわてて生徒の先回りをして手話で伝えたことがあったと聞きました。これは，命に関わる問題だと思います。

● 原発事故の知らせに気づかない

　原発事故が起きた時,「放射能がもれているので,窓を閉めて建物の中にいてください」と放送がなされたのに気づかず,外出した聴覚障害者がいたということです。その後,ニュースに字幕をつける動きが急ピッチで進められました。

● 車内放送と字幕ニュースのずれ

　以前電車に乗った時,「あと30分で金沢だ」と思いながら目覚めると,まだ福井駅でした。不安になり字幕ニュースをずっと見ていましたが,何の説明もありませんでした。あとで知ったのですが,「強風のため,米原経由に変わり,約30分遅れる予定」という車内放送が流れていたそうです。車内放送の内容を,字幕で流してほしかったと思いました。

● 店員の話がわからない

　大きなデパートへ行くと,店員がすぐに話しかけてきて商品の説明などしてくれますが,内容がわからないので,それが億劫です。筆者はデパートで買い物をする時は,母か娘に同行を頼んでいます。

　なお,筆者は,男の子だと母親の洋服の買い物などにはつきあってくれないだろうと思い,女の子が最低1人はほしいと思っていました。それで,最初に娘が生まれた時は,うれしかったです。

● 安売りの声が聞こえない

　娘を連れて買い物をしていた時，店員がやって来たので，筆者は売り場を離れようとしましたが，娘が「待って。おじさんが，このお肉を半額にしてもいいと言っている」と通訳してくれました。その時，今までも「安くしてあげるよ」と言われているのに，逃げていたことがあったのではないかと思いました。

● 口形を見ていて，電柱にぶつかる

　読話に頼っている聴覚障害者の場合，相手の口元にばかり注目して，電柱にぶつかったり小さな段差に気づかなかったりすることがあります。筆者も，聴児ばかりの中学・高校に通っていた時，友達が「危ないよ」と教えてくれる場合も多かったのですが，何回か経験しました。

　なお，クラブ活動で遅くなった時，あたりが暗くなり，友達の口がよく見えないので，困ったことを覚えています。

● 定員オーバーの音に気づかない

　「エレベーターに定員があるのは知っていたが，定員をオーバーすると音が鳴ることをよく知らず，みんながなぜ自分をにらむように見ているのかわからなかった」と語った聴覚障害者がいました。

　筆者は，その時，定員オーバーになると音が鳴ることを初めて知りました。

3……学校などで遭遇する場面

● 集団での会話に入れない

1対1での会話はできても，集団での会話が難しい聴覚障害者が多いです。

筆者は，聴児ばかりの中学・高校に通っていた時，HRの内容がほとんどわからず，多数決をとるための挙手を適当にやった経験があります。

家族の団らんも「集団での会話」であり，「家族の団らんに入れず，さみしかった」と語る聴覚障害者が多くいます。

筆者も「私は集団での会話には入れない」と思っていましたが，大学に入って手話を覚えてから，手話サークルの皆が手話でしゃべっているところに，途中からでも話に入れることがわかり，感動したものでした。

● 冗談がわからないが，笑うふりをする

授業中に先生が冗談を言った時，何がおかしいのかわからないけれども，自分だけ笑わないのも目立つので，笑うふりをすることがよくあります。

筆者は，大学で手話通訳してもらった時，数秒間遅れるものの，皆とほぼ同時に笑うことを，生まれて初めて経験しました。「手話通訳者が自分の話のスピードについてこられず困っているから，手話通訳のいらない話（雑談）をしよう」

と言った教授がいましたが，筆者は「私はその雑談も聞きたいのです」とあとで教授に伝えました。

● 図と先生の口が同時に見られない

読話や手話に頼って話を読み取る人の場合，図（紙）と先生の口や手を同時に見ることが難しいのです。

筆者は，聴児ばかりの中学・高校で，理科の実験や調理実習の時に，困った経験があります。また，教科書の文を読みながら先生の話を聞くことが難しいため，英語では，教科書の文章をなるべく全部暗記しておくようにしたものです。

視線の「動線」ができるだけ短くなるよう，拡大図を黒板に貼ってそのそばで話すなどの配慮がほしいと思います。

●「呼んだのに無視された」と誤解される

筆者の場合は，聴者の友達から「無視している」と怒られた経験はありません（すぐ近くから呼ばれても気づかないので，友達も呼び方を工夫してくれました）が，聾学校高等部では，地域校にいた時「呼んでいるのに無視するな」と怒られた経験があると言う生徒が時どき見られます。「補聴器をしているから，話は全部聞こえているはず」という誤解とつながっていると思われます。

● **すぐそばで悪口を言われる**

　聞こえない本人のすぐそばで，本人の悪口を言う例が時どき見られます。筆者は，本人のいないところで悪口を言われるより，ずっと傷つくと思います。

　聾学校で，難聴の生徒が「先生が授業中こんなことをつぶやいていたが，私には聞こえた。腹が立った」と言ったことがあります。聞こえる・聞こえないにかかわらず，本人のすぐそばで，本人が聞こえていたら言わない話をするのは，「マナー違反・失礼」というものでしょう。

● **通訳者がいるので，居眠りできない**

　眠気を誘う講義が時どき見られますが，筆者は「主催者が手話通訳者を用意してくれたのだから眠るな」と自分に言い聞かせ，自分のからだを何回もつねったことがあります。その時，下を向いて寝ている人が多いのを見て，「いいなぁ，他の人は下を向いて寝られて」とうらやましく思いました。真っ黒なサングラスをかけるか，あるいは，まぶたに目の絵を描きたいと，本気で思ったものでした。

　筆者の経験から言えば，「読唇」のほうが「手話通訳の読み取り」より，はるかにエネルギーを使うのです。「読唇」のことを「視線はりつけの刑」と言った人がいますが，同感です。

● 避難訓練の放送に気づかない

　「(理科などの)準備室に1人でいた時、避難訓練の放送に気づかず、逃げ遅れた」という話を聞いたことがあります。避難訓練の時、京都校では、トイレの扉の下のすきまから「火事が起きたので、すぐ避難せよ」という紙を差し入れました。

　例えば、お腹の具合が悪くてトイレに長くいる間に、本当に火事が起こり、放送で避難指示されたらこわいなと思います。

4 …… 自宅などで遭遇する場面

● 冷蔵庫の扉の閉め忘れに気づかない

　冷蔵庫の扉がきちんと閉まっていない時に出る音が鳴っても、それに気づきません。筆者もこの経験が多く、そういう時には音ではなく光で教えてほしいと思います。

　最近音声で説明する家庭用電化用品が多いようで、筆者のミシンも、「押さえレバーを下ろしてください」などと言うらしいのです。ある日、動かなくなったので、「あんたの説明が、私には聞こえへんのやで」とミシンをこづくと、そばにいた家族から「これ、ほんまにこわれたみたい。何も言っていないよ」「聞こえないといっぱい説明していると思うだろうけど、機械はそんなにいろいろ説明していないよ」と言われました。

● お湯が沸騰しても気づかない

　お湯が沸騰してもすぐに気づくことができません。筆者は，鍋のふたに手を当てて，沸騰したかを調べています。

　何かを温めようと電子レンジに入れ，でき上がりの音に気づかず，そのまま忘れてしまったことが何回もあります。

● 臨時ニュースには字幕がつかない

　現在は，ニュースに字幕がつくのが当たり前になりましたが，臨時ニュースの場合字幕がないことがあります。アメリカの同時多発テロの臨時ニュースがテレビに流れた時，筆者は，そばにいた家族に「これは何かの映画？」と尋ね，「臨時ニュース」とわかったのです。

● ビデオの内容がわからない

　今は，字幕がついている番組が増えましたが，借りてきたビデオには字幕がついてないことがよくあります。

　筆者が子どもの時は字幕がなかったので，見たい番組をあらかじめ決めていました。そして，母がテレビのそばに座り，「のび太がこう言って，ドラえもんがこう言って……」などと（口で）通訳してくれました。

　子どもが自分の借りてきたビデオを見ていた時，筆者もつい一緒に見て引き込まれ，子どもに「今，あの人，何と言っ

たの？」と尋ねて，「このビデオは，僕が借りてきたの！」と言われたことがあります。

● **ステレオの音量加減が難しい**

音楽を楽しむ聴覚障害者が増えていますが，聞こえやすいようにボリュームを上げて，周囲の人に迷惑をかける例が見られるようです。

ある時筆者がテレビをつけたら，2階から子どもが飛んできて，「音が大きすぎる」と言ってボリュームを下げてくれた経験があります。

音量の調節が難しいのは声の場合も同じで，その場の雰囲気が読み取れずに，いつものように声で話しかけて，「しーっ」と注意されることがよくあります。

● **インターホンに気づかない**

インターホンの音は聞こえると言う聴覚障害者がいますが，何かに夢中になったりしていると，インターホンが鳴っているのに気づかない例も見られます。

なお，音の代わりに光で教えてくれるパトライトは，壁や扉でさえぎられると気づかないので，福祉制度では「1世帯に1つまで」が基本となっていますが，筆者は，どの部屋にいてもわかるように，5つほど自己負担で設置しました。

さらに，パトライトの中には，後ろを向いていると気づきにくいものがあります。京都校でも，当初は光が弱いパトライトだったので，避難訓練の時，筆者は「別の方向を向いていると気づきにくい」と指摘したことがあります。その後，強力な光を出す機械が設置されました。

● 警察や救急車が呼べない

家族や友達と電話ができる聴覚障害者であっても，「110番や119番は，相手の話がわからないかもしれないから，こわくてできない」と言う人が見られます。

筆者は電話ができないので，110番や119番もできません。1人目と2人目を妊娠した時は，まだ救急車やタクシーが電話でしか呼べない状況でしたが，3人目の時，ファックスで救急車が呼べる体制になり，安心感が得られました。

最近は，携帯メールで110番や119番ができるところが増えていますが，筆者がそれをやってみたら「事件ですか，救急ですか」などの質問に答える形式だったので，答えにくく，困った経験があります。

● 電話の音に気づかない

電話ができる聴覚障害者でも，掃除機をかけていると，電話の音に気づかない場合があります。

娘が友達からの電話を待っていた時，筆者は掃除機をかけており，娘が電話の音にやっと気づいて飛んできた時には，電話は切れていました。その時，電話が鳴ると光る電話機があれば，すぐに掃除機が止められたのにと思いました。

● FAX番号が載っていない

筆者がキャッシュカードを落とした時，すぐに銀行へ連絡すべくFAX番号を探しましたが，どこにも載っていませんでした。ある人が，警察へ「銀行へ電話してほしい」と駆け込んだら，（理由はわかりませんが）断られたと聞きます。後日，筆者が銀行に問い合わせたら，「すぐに対応できないので，FAX番号は教えられません」と言われました。

「修理を頼もう」「注文しよう」と思って調べたら，電話番号しか載っていないこともよくあります。カウンセリングや法律相談などの場合も同様です。

以前文部科学省から「いじめで悩みがあればここへ相談を」という紙が配られた時，筆者は管理職に「電話番号しか載っていませんが，電話ができない子はどうしたらよいのでしょうか」と尋ねました。このことは，教育委員会を通して伝えられたようで，その後のチラシを見ると，メールアドレスが載っていたので，「改善された」と感じてうれしく思いました。

5 …… 人間関係の中で遭遇する場面
● 筆談を嫌がられる

　筆談をお願いすると露骨に嫌な顔をする人は減りましたが，それでも忙しい時などは，イライラしているなと感じることがあります。

　筆者が初めてバリウム検査を受けた時，筆談で指示をお願いしたら，ていねいに書いてくれたのは良かったのですが，時間がかかり，2回目のバリウムを飲む羽目になってしまいました。それ以降，バリウム検査の時は，筆談でなく，直接からだを動かして指示するようお願いすると決めています。

　なお，日本語の力が不十分な聴覚障害者の場合，相手は筆談で伝えたつもりでも，本人に正確に伝わっていない場合があることに注意してほしいです。

● 電話の通訳の時イライラされる

　以前は，電話をしたい時は，通訳を誰かに頼む必要がありました。その時は，用件をあらかじめメモしておくなど，時間を短くするように心がけましたが，返事の内容が予想外であったりすると，時間がかかり，相手をイライラさせるので，気を遣ったものでした。

　今は，パソコンや携帯電話が普及したので，このような場面は減っています。

● ゆっくり話すようお願いしなければ
ならない

　「私は聴覚障害があり，読唇に頼っているので，ゆっくり話してください」とお願いすると，「わかりました」と言って，最初はゆっくり話してくれるのですが，次第に元の速さに戻る人が多いように思います。何回も「ゆっくりお願いします」と言うのも，気が引けるものです。

● 言い忘れて呼び止められても気づかない

　用件を伝えて別れた後，「あっ，言い忘れた」と思って相手を呼び止めることはよくありますが，そういう場合，聴覚障害者は「もう終わった」と思って，そのまま立ち去ることがよくあります。

　家族全員が聴覚障害者の場合，いちいち席を立って相手の視野に入るところまで行くのが面倒なので，タオルを丸めたものを投げて呼んでいると言った人がいます。

　なお，聴覚障害者が多い場では，「始めます」と言っても気づかれないので，電灯をぱちぱちと消したり，地面をどんどんと踏み鳴らしたりすることがあります。しかしこの方法は，聴者が多い場面で使うと，ひんしゅくを買う場合があるので，注意が必要でしょう。

6……その他筆者が最近経験した場面

筆者が外見上は非障害者に見えるゆえに遭った場面を紹介します。

・コンビニでコピーを10枚ほど取っていた時，ふと殺気を感じてふり向くと，こわい顔をして男の人が何やら怒鳴ってきました。「あと何枚か」「替わってくれ」などと後ろから話しかけ，無視されたと思ったのでしょう。筆者が「そこにもコピー機がありますよ」と指さすと，1枚ほどコピーを取り，コンビニを出ると，そこにあった筆者の自転車をバーンと蹴り倒して行ってしまいました。その時，「こんなことで，こんなに怒る人がいるんだ」と恐怖感を覚えました。

・区役所に行く途中で道を聞かれ，メモを取り出すのも面倒で「さあ……？他の人に聞いて下さい」と言いました。その後，区役所でその人に出会った時，その人は「君，さっき区役所への道を聞いたら『知らない』と言ったのに，なんでここにいるんだ!?」と言いたそうな顔をしていました。筆者は，その時「さっきの口形は『くやくしょ』だったんだ」とわかったのですが，時すでに遅く，決まりの悪さを感じながら，そそくさとその場を離れました。

筆者の場合は，発音が若干不明瞭なので，筆者の発音を聞いた人のほとんどが「聴覚障害者だ」と気づくようです。しかし中途失聴者の場合は，発音は非障害者のそれと同じなので，聴覚障害があることが相手の意識から消えることがあると聞きます。

3節 「バリア」の解消のために

1……「バリア」をこわす努力

昔は，「バリア」をこわす努力は，障害者の側だけに強いられることが多かったのですが，最近は，障害者と非障害者の双方に求められるという考え方に変わってきています。そのような雰囲気が広がっていることを，うれしく思います。

例えば，銀行にはFAX機がありますが，キャッシュカードの紛失届けや盗難届けは，電話でしか受け付けないことになっています。筆者は，すべての銀行が協力して，いつでもFAXかメールでの「カード紛失届け」を受け取れるようなシステムを作ってほしいと思います。

レントゲン検査などの時，「今，息を止めて」「終わりましたよ」などの手話があると，また，郵便局やお店で「980円です」「待ってくださいね」などと手話で言われると，うれしくなります。しかし，「ここに文字表示がほしい」と思うような場面は，まだ時どき見られます。

研究会の案内を見て，手話通訳者の配置を希望しても，なかなか希望通りにならず（金銭的な理由が最も大きな理由だと思われます），悲しい思いをすることは，現在もたくさんあります。

2 ……コミュニケーションしようとする姿勢

聴覚障害の実態は，以下のように実にさまざまです。
・重度の聴覚障害者 〜 軽度の難聴者
・補聴器により，音声だけでほとんど理解できる者 〜 全く理解できない者
・読話（口形を見て話を読み取る）に頼っている者 〜 読話できない者
・手話を十分理解できる者 〜 手話を全く知らない者
・日本語の力が十分にある者 〜 不十分な者

「聴覚障害者に出会ったら，こうしたらよい」という「マニュアル」はありません。それぞれの望む配慮・手立ては違います。「補聴器があるのだから，がんばって聞き取りなさい」「読話できるのだから，がんばって読話しなさい」などのように，聴覚活用や読話の限界を理解しない言い方を悲しく思ったと語る聴覚障害者が多く見られます。また「声も出しながら手話を使ってほしい」と言うと，「声をつける手話は良くない」と言われ，悲しく思ったと語る聴覚障害者も見られます。そのため，いろいろな方法を使ってコミュニケーションを図り，相手が望む方法を尊重しようとする気持ちを大切にしてほしいです。

第 3 章

聴覚障害教育の歴史（1）
― 「口話−手話論争」を中心に ―

　外国や日本の聴覚障害教育の歴史を見ると，口話法と手話法が交互に優勢になっており，コミュニケーション論争が昔から繰り広げられてきたことがわかります。すなわち，「口話−手話論争」（手話併用を認めるか否かに関する論争）と「手話−手話論争」（口話併用を認めるか否かに関する論争）です。筆者が子どもの頃は，「口話−手話論争」の時期であったと言えるでしょう。本章では，外国や日本の聴覚障害教育の歴史について，「口話−手話論争」を中心に簡単に紹介します。

1節 外国における聴覚障害教育

　ヨーロッパで多数の聾児に対する教育が始められたのは，18世紀に入ってからであり，手話法の祖といわれるフランスのド・レペ（de l' Epee, C. M.）と，口話法の祖といわれるドイツのハイニッケ（Heinicke, S.）の論争は有名です。
　1880年にミラノで開かれた聾教育者国際会議で，口話法が望ましいという意見が採択され，フランスでも手話を排除する口話教育が開始されました。
　アメリカの聾教育の創始者と称されるギャローデッド（Gallaudet, T. H.）は，手話法を導入しましたが，その後口話法中心に移行しました。
　その後，トータルコミュニケーション（TC）の理念の台頭と同時に，手話が再評価されるようになりました。
　さらに，対応手話（シムコム，英語対応手話・手指英語，日本語対応手話・手指日本語などとも言われます）を批判し，自然手話（アメリカ手話（ASL），日本手話（JSL）などとも言われます）を導入する「バイリンガル聾教育」を選択する聾学校が増えました。
　そして，ごく最近では，バイリンガル聾教育の先進国といわれる北欧諸国で，「口話法」への揺り戻しかと思われる変化が起こりつつあるという情報があります。

2節 日本における聴覚障害教育

1 …… 江戸時代以前

　昔は，聴覚障害があってもからだは動かせるので，農作業を手伝った聴覚障害者が多かったようです。江戸時代，聴覚障害者の一部は，寺子屋で学んだといわれています。
　「聾」は聞こえないことを意味し，「唖（啞）」は話せないことを意味します。現在，「唖」は差別用語として使われていませんが，「聾唖」ということばは，「ろうあ連盟」のように今も使われています。

補聴器がなかった時は，（言語獲得期以前に失聴すると）「聾」であることはそのまま「唖」であることを意味したので，当時の文献では，聴覚障害を意味する用語として，「唖」が多く使われていました。例えば小林一茶は，「時雨るや　親椀たたく　唖乞食」という歌を詠んでいます。また，1878（明治11）年に日本最初の盲聾学校が京都で開学しましたが，その名称は「(京都，京都府，日本最初）盲唖院」であり，ここでも「聾」ではなく「唖」が使われています。

● 図　『和漢三才図会』に描かれた聴覚障害者

2 ……「口話－手話論争」に関わる聴覚障害教育の歴史年表

江戸時代以降の，日本の聴覚障害教育の歴史を，以下に年表にしてまとめてみます。

■ **江戸時代**　寺子屋で盲児や聾児に教育を行っていたことがわかります。

西暦	元号	動きや出来事（●は京都，○は全国）
1866	慶応2	○福沢諭吉が，『西洋事情』の中で，海外の聾学校の様子を紹介する。

■ **明治時代**　聾教育が始められました（京都における古河太四郎の実践と，東京における「楽善会」の実践）。最初は，身振りや手話（当時「手まね」と呼ばれていました）を用いていたところが多かったようです。

1871	明治4	○山尾庸三が，盲唖学校設立に関する建白書を明治政府に提出する。
1872	明治5	8月3日，学制が制定される。
1873	明治6	●この頃より，京都市上京第19区待賢小学校教師の古河太四郎が，区長の熊谷伝兵衛などと協力し，聾児を教育して成果をあげる。
1875	明治8	●待賢小学校内に，瘖唖教場が設けられる。のちに盲児も加える。
1878	明治11	●古河の実践と市民たちによる運動が知事（槇村正直）を動かし，5月24日中京区船屋町に「日本最初盲唖院」が開学する。古河の教育方法は「手勢法」（手まね・身振り語）中心であったと言う人が見られるが，実際には口話も使われていた（京都府立聾学校が日本最初の聾学校であり，その開校記念日は5月24日である）。

1879	明治12	●9月，京都府の府庁前に校舎が完成し，移転する。
1889	明治22	●京都市に移管する。
1890	明治23	○「東京訓盲啞院」が「東京盲啞学校」と改められる。
1896頃	明治29頃	○東京盲啞学校の小西信八は，口話・発音・筆談指導に力を入れたが，長くは続かなかったという。 ○全国各地で，盲啞学校が設立され，また盲聾分離（それぞれを独立した学校とすること）も進められた。

■ **大正時代**　西川吉之助，橋村徳一，川本宇之介らによって，口話主義教育が広がりました。手話は，口話の妨げになるとして否定視・排除されました。

		○大正元年に名古屋市立校に着任した橋村徳一は，だんだんと口話法の研究や教育を始める。
1919	大正8	○滋賀県近江八幡町の豪商西川吉之助の三女はま子が「聾」と診断され，吉之助は，娘に対して口話教育を始める。
1920	大正9	○ライシャワー夫妻が，米国式の純口話法に基づく日本聾話学校を創立する。
1921	大正10	●京都校で，1年生から口話教育を開始する。以後口話法に転換する。
1922	大正11	○川本宇之介（文部省）が大正11年から2年間欧米に派遣され，盲聾教育を研究する。
1925	大正14	○名古屋校で口話法講習会が開かれ，川本，橋村，西川の3人の意見が一致し，雑誌『口話式聾教育』が発刊される。 ○西川吉之助は，滋賀県近江八幡町に西川聾口話教育研究所を設立し，講演行脚を始める（昭和3年に，滋賀県立聾話学校となる）。
1926	大正15	●京都の保護者有志が「京都聾口話幼稚園」を創立する。

■ **昭和時代**　1933年の鳩山文相の訓示などにより，口話主義教育が全国を風靡するようになりました。その中にあって，大阪市立聾学校の高橋潔らは，聾児の実態に合わせて口話と手話を使い分けることを主張しました。戦後には，聾学校への就学が義務化されました。また，個人用補聴器の進歩とともに，聴覚活用が目ざましく推進され，全国各地に難聴学級が設置されました。

1931	昭和6	●「京都市立聾啞学校」を京都府へ移管し,「京都府立聾啞学校」とする。聾口話学園を統合し「第二教室」とする。
1932	昭和7	●口話法の進展により「京都府立聾学校」と改名する。「聾」であることは「啞（おし）」を意味しなくなったことが背景にある。この頃から,全国的に「啞」という字が校名からはずされるようになる。 ○東京市立聾学校長らが読話単文主義を提唱する。「発音発語に力を入れると,言語に生気がなくなり,発語が断続的になる」ゆえに単文を言語習得の基本単位とした。 ○大阪府立聾口話学校で,能動主義学習を発表する。与えられる学習ではなく,児童の自発的なことばの習得を重視した。 ○大阪市立聾学校で,適正教育をめざす「ORAシステム」を発表する。聾児の実態に応じて,口話で行うA組,口話と手話と指文字で行うB組,手話と指文字で行うC組とに分け,教育を行った。校長は高橋潔である。アメリカに派遣された大曽根源助は,帰国後,現在の指文字を考案した。
1933	昭和8	○全国盲啞学校長会で,鳩山文相は「口話教育に努力されたし」と強調する。この後,全国の聾学校は,ほとんどが口話主義となる。
1937	昭和12	○ヘレン・ケラーが来日する（その後も2回来日）。
1938	昭和13	○荒木文相が「口話法に適せざる者に,それを強いることのなきよう」と訓示し,口話と手話の論争が再燃する。
1941	昭和16	12月8日,太平洋戦争が始まる。
1945	昭和20	●戦争の激化により,京都府立聾学校の校舎の大半を取り壊す。 8月15日,終戦を迎える。 ●10月,京都府立聾学校を再開する。
1947	昭和22	教育基本法や学校教育法が公布される。
1948	昭和23	○聾学校・盲学校の小学部への就学義務が開始される。
1949	昭和24	身体障害者福祉法が公布される。
1950	昭和25	○盲学校および聾学校の就学義務に関する政令が公布される。
1951	昭和26	○日本聾話学校に3歳児学級が設置される。 ●京都府立聾学校が,現在地（京都市右京区御室仁和寺北側）に移転する。校舎などを新築する。
1955	昭和30	○川本口話賞が発足する。第1回受賞者は,西川はま子であった。

1960	昭和35	○日本聾話学校に満2歳児のクラスが設置される。 　　　　身体障害者雇用促進法が公布される。
1962	昭和37	●京都府立聾学校幼稚部として3年保育，2歳児教育相談を開始する。
1965	昭和40	○この頃より，個人用補聴器が普及し始める。 ●京都府立聾学校幼稚部が，「キュードスピーチ」をろう教育科学会で発表する（やがて，奈良県立ろう学校，千葉県立千葉聾学校などで取り入れられる）。──この「キュー（キュードスピーチまたはキューサイン）」については，本章の3節2を参照のこと。 ●京都府立聾学校高等部で「写生会拒否事件」が起きる（「授業拒否事件」とも言われる。それ以降，高等部では，全国に先駆けて手話を導入する）。
1966	昭和41	○全国的に，幼稚部が設置される。 ●京都市立出水小学校（現二条城北小学校）に難聴学級が開設される（以降，京都市立九条弘道小学校，二条中学校にも難聴学級が開設され，1971年には，京都府立山城高等学校が聴覚障害児を受け入れる体制を始める）。
1968	昭和43	○栃木県立聾学校が同時法の実施を発表する（この同時法を聾学校として取り入れた聾学校は，現在まで聞かれていない）。
1970	昭和45	京都市が，全国で初めて手話通訳者を 　　　　正規職員（公務員）として採用する。

■ **平成時代**　昭和時代の後半から，手話に対する理解が広がり始めます。「聾教育に手話を」という運動が起こり，民間で聴覚障害教育のあり方に対する関心が高まり始めました。

1993	平成5	○3月「聴覚障害者のコミュニケーション手段に関する調査研究協力者会議報告書」が，文部省から出される。手話を含む多様な手段の活用を勧めるものであり，「平成の黒船」と評価する人，「現状追認にすぎない」と言う人などが見られる。
1995	平成7	○文部省から『聴覚障害児教育の手引き─多様なコミュニケーション手段とそれを活用した指導─』という本が出される。

3 ……古河太四郎の開学縁起（明治時代）

京都校は，日本で一番古い歴史をもつ聾学校ですが，その「開学縁起」を，京都校のホームページから抜粋して以下に紹介します。なお，「古河」を「古川」とする記述も多く見られます。

　　明治のはじめころ，砂糖問屋で上京第十九区長であった熊谷傳兵衛氏は，学校に行けず近所の子どもたちから毎日のようにいじめられている聾児3人を見るにつけ，この子どもたちが学校へ行けるようにと，強い願いをもちました。そのころ，上京第十九番組小学校（後の待賢校）の訓導（教員）古河太四郎氏もまた，熊谷傳兵衛氏と同じように，学校に行けずいじめられている聾児を見，盲聾教育を決意しました。

　　同じ考えであった2人は，早速この子どもたちの教育を始めることに努力し，明治7，8年頃，多くの人たちの支えがあって，上京第十九番組小学校の中に教場「瘖唖教場」が作られました。古河太四郎先生は多くの教具を考案し，今日の口話法や手話，指文字の元になる様々な工夫を重ねました。

　　やがて，「公立の盲院と唖院を」という願いが大きくなり，その当時の京都府知事槙村正直氏も大きな理解を示し，明治11年5月24日に日本最初の盲唖院「京都盲唖院」が開業（開校）されました。

　　開業式の様子について当時の新聞「大坂日報」は次のような内容を掲載しています。

　　『24日の午前9時に式を行う予定でしたが，午前8時から雨が降り始めました。休憩所から開業式場までは少し遠かったので，盲唖生が式場に行くのが大変だろうと，午前10時50分頃まで式の開始を延ばされました。最早11時を過ぎても，雨はいっこうに降り止む気配はなく，やむなく雨の中を式場に行くことになりました。群衆の中を通行する時は，たくさんの人々が，手を引いたり，傘を差し掛けなどしてくださいました。着座が告げられ，来賓の神官僧侶，上下京区総区長等入場し，一同静まり，槙村正直知事が来臨し，式は始まりました。式場は，東洞院通御池上る船屋町の1軒の建物（大丸呉服＝大丸百貨店の前身）でした。3千有余の人たちから祝福を受けて開業式がおこなわれました。

　　生徒数は，聾生31名，盲生17名の48名でした。

　　式では古河太四郎先生が塗板（黒板）に白墨で「動物ノ中何故ニ人ヲ貴シトスルヤ」と書いて，山川爲次郎（12歳5ヶ月）と山口善四郎（12歳4ヶ月）の2人の生徒に質問しました。山口善四郎は手勢（手話）を使って答えました。

「人ハ萬物ノ霊トテ體軀ノ結構精神ノ感覺等他物ニ卓越スルガ故ナリ」
さらに古河太四郎先生は質問をしました。
「人間ノ智惠ハ何ニヨリ増長スルヤ」
今度は山川爲次郎が同じく手勢を使って答えました。
「必學ナリ」
続いて塗板に「祝」の字を示すと，山口善四郎は字の傍にイハウと書き，イーハーウと発音し，山川爲次郎も同じくイハイと書き，イハイと発音したので，院中の人々は驚き感服しました』

● 図　古河太四郎

　こうして，古河太四郎先生は本校の前身である「京都盲唖院」の開校に導きました。これはわが国最初の盲聾学校であり，公教育としての障害児教育の始まりであります。

　この文章から，当時，手話や口話，文字などの方法が用いられていたことがうかがえるでしょう。
　筆者は，古河太四郎肉筆の原稿（開業式の式辞の原稿であり，朱筆で推敲されていました）を，京都府立盲学校の資料室にしまわれていた箱から見つけた時，感動しました。

4……手話を否定する口話法の台頭（大正時代）

　大正時代に，手話を否定する口話法を主張した人として，真っ先に名前があがるのが，川本宇之介や西川吉之助だと思われます。

(1) 川本宇之介─手話を禁じる口話法を主張する─

　文部省から欧米諸国に派遣された川本宇之介は，帰国後東京聾唖学校の教員となり，口話法の採用を主張します。川本（1940）は『聾教育学精説』の中で，「手話語は自然的表出運動に基づき，人類の言語としては最も初歩的で，幼稚なるものである」「手話語は多義であり変化し易い。随って意義が曖昧なる惧が多い」「手話語は直観的であり思想を直截簡明に，絵画的に表現することは容易であるが，抽象概念を表現することは困難である」「手話語は思考を論理的になすことを困難ならしめ，随って文を論理的になすことを困難ならしめ，論理

的表現を完全ならしめない」「仮令,書言葉を教え手話と文章とを結びつけても,前記の如き理由により,その間に種々の齟齬が惹起され,その文は木に竹をついだ様なものとなるのが常である。随って聾児の知識を弘め,その思想を発達させるには,手話方式は不適当といわねばならぬ」などと述べ,手話のわずかな使用も批判しました。

(2) 西川吉之助―娘はま子を手話を禁じる口話法で教育する―

　滋賀県の豪商であった西川吉之助は,娘はま子に聴覚障害があると知り,京都市立盲啞院（京都府立聾学校の前身）を参観し,「聾啞部全体の空気が世にも憐れな集団であると言う強い感じ」を抱いたと述べています。「世人から欠陥を持つ少女として取扱われない様にしてやりたい」と願い,アメリカやドイツから文献を取り寄せて研究し,口話法による教育を始めました。また,家族や使用人に手話の使用を固く禁じたといいます。「聾児を初めより廃人扱いにせず,発音法によって教育し多数普通人と交渉の出来る社会の一員とすることは人としての務」ではないかと,彼は述べています（雑誌『口話式聾教育』第一輯「発音法によって我濱子を教育せし理由」を参照）。そして,発音や日本語を身につけた娘を連れて,口話法普及のために全国を行脚しました。また,滋賀県立聾話学校の前身となる聾学校「西川聾口話教育研究所」を設立しました。

(3) 西川はま子―西川吉之助から手話を禁じる口話法で育てられる―

　西川吉之助によって口話法で育てられたはま子が書いたいろいろな文章が,ろう教育科学会編集部（1964）の『西川はま子集』に多数収録されています。この本には,彼女の肉声を録音したレコードも入っています。大学時代の筆者は,これらの文章を読み,彼女は口話ができることの便利さを感じつつも,同じ聴覚障害者である聾者との間に距離を感じ,割り切れないものを感じていたのではないかと思いました。筆者の印象に残った文章を以下にあげます。

・「私は,かつて手話教育に,周囲の反対を押し切って身を投じました。そのために,私を良く知っていて下さる方々は御心配をして下さいました。その時に,私は口話教育の打開策として,手話教育を取り入れるべきだというようなことを強調したりしていましたが,約5年間,この教育を実際に経験してから,又そこに私は行きづまりを感じました。相当長い間苦しみ,そしていろいろな方面に直接ぶつかってゆき,研究してみた結果,や

はり，ろう者としては，手話は大きい魅力あるものとして，又，ろう者のみのことばとして，決して永久に取り去るべきでないものであると考えた代りに，ろう教育の立場としては，欠陥をもっている者が，普通社会に伍して働らくためには，どうしても口話教育でなければいけないということを，判然と結論せざるを得ないのでありました」

・「口話を習得したからには，口話が下手になったら大変という意識が，いつも働らいていたために，全然てまねの陶酔境に浸るということが出来なかったのでありました。そして口話も出来，てまねも出来ることは，ろう者として一番理想的なものではないかとさえ考えたものでありましたが，結局私としてはろう学校に於ける教育は，むずかしいけれども口話でやるべきだという確信を植えつけられたのでありました」

・「普通人と同じようにやりたい。普通人と同じようにやりたいと思うなら，口話でなければだめだということは，今では常識のようになっており異論を唱えることの不必要であることは私達もよく知っている。だが，私達は果して現在口話でやっている以上，それでよいのかと考えさせられるのである。それは，自分自身で，ろう者であることをはっきり認めているがために，口話を身につけて居ら，やはり心の中には割り切れない，あるものがあることをいわねばならない」

なお，西川はま子の聴覚障害がどの程度のものであったかはわかりませんが，残聴がある程度あったのではないかと言う人が多いようです。ある聴覚障害者は，「私が聾学校に在籍していた時，西川はま子の講演があった。講演の内容はわからなかったが，後ろにいた保護者や先生たちが皆感動した面持ちだったのを覚えている。講演の後，廊下で，私が後ろから『西川先生ー！』と叫んだら，西川はま子が振り向いたので，『この人，聞こえている！』と思った」と語っていました。

(4) 高橋 潔（きよし）―「手話も必要」と訴え続ける―

大阪市立ろう学校校長の高橋潔は，口話も手話も必要として，適正教育をめざす「ORAシステム」を発表しました。これは，聾児の実態に応じて，口話で行うA組，口話と手話と指文字で行うB組，手話と指文字で行うC組とに分け，教育を行おうとするものです。アメリカに派遣された大曽根源助（おおそねげんすけ）は，帰

国後，現在の指文字を考案しました。

　高橋潔は，手話を認めるという点で，川本宇之介や西川吉之助から厳しく批判されましたが，手話の必要性を訴え続けました。彼は，1933（昭和8）年の全国盲啞学校長会議で，以下のように述べたといいます（文献によって微妙に表現が異なるので，ここでは，塩田，2008から引用します）。「人間として生まれた喜びを知り，聾啞の子が自分の不具を自覚し，卑屈にならず，愉快に人生を送れるような心を持つようにすることが我々教育者の誠の仕事と信じます。自分の不具を恥じたり，親を怨み，社会を呪うようなことは，教育として最も恥じなければなりません。ものを言う術をいくら教えても，人間として生きる指針を持たない，魂のないものは，人間ロボットです。心の問題まで完全に発表できる手話法によってまず人間をつくること，これが教育としての先決問題であると信じます」

　『わが指のオーケストラ』（山本，1991-1993）というマンガには，高橋潔，西川吉之助，西川はま子らが登場しており，当時の聾教育の状況がよくわかるので，ご一読をお勧めします。

　西川はま子が父の論敵であった高橋潔に「私を（教員として）採用してほしい」と頼んだ時，それを聞いた高橋潔や西川吉之助はどんな思いだったでしょう。その後，西川吉之助は自殺します。家業が傾いたことを苦にしたから，娘はま子が手話を覚えようとしたのがショックだったから，などと推測されていますが，今となっては謎のままです。筆者としては，西川はま子の人生は，彼女を「（手話を否定する）口話法の星」として奉りたい人々の思惑に翻弄された人生だったように感じ，今後の自分の生き方を考えさせられたものでした。

5 …… 手話を否定する聴覚口話法（戦後）

　戦後も，手話を否定する口話法は長く続きました。しかし，1965年頃から個人用補聴器が目ざましく進歩したので，それまでの「純粋口話法」とそれ以降の「聴覚口話法」を一緒にして評価するのは適切ではありません。

　筆者は，大学に入って手話を覚え，「母や先生は手話を否定・禁止した。差別だ」と単純に思ったこともありましたが，自宅にあった書物を読んで，母は「専門家がこう言っているから，この方法が正しい」と信じ込んだこと，つまり「時

代の流れ」というものがあったことを理解する必要性を感じました。その書物の一部分を以下に紹介します。

　松沢豪（1963）は、『ろう幼児のことばの指導』の中で、「ろう児は対人交渉の場面に立たされても、自然のままでは読話するかわりに相手の動作や身振りや表情を見て理解しようとし、発語するかわりに身振りや手真似を使おうとします。身振りや手真似は、ろう児にとってはいわば自然発生的な言語－意志感情交信の手段です。そして手真似によるコミュニケーションや思考は、ろう児の概念構成や思考過程をわれわれと異質的にするばかりでなく、わたしたちの行なう言語指導に鉄壁の障害となるのです」「さらに手真似による概念構成や思考過程が、音声言語によるそれらと異質的であることが、わたしたちの行なう言語指導をひじょうに困難にしているのです」「ろう児に接するすべての人が、手真似を使用しないよう、ジェスチャーも控え目に、という配慮のもとに、ろう幼児の手真似を抑制していくと共に、読話し発語する言語態度の習慣化を一歩一歩助長していかなければなりません。習慣の形成ですから、できるだけ楽しく、興味的にやれるように工夫し、そして正しく繰り返し身につくまで指導することが必要で、こうしてはじめて言語態度は習慣化されるのです」と述べています。これらの文章から、「手話を少しでも使うと、日本語を獲得できない。手話を使用せずに、できるだけ楽しく指導する必要がある」という考え方が読み取れます。

3節　京都聾学校の教育方法

1 …… 京都聾学校の教育方法の変遷

　京都聾学校（現在は府立ですが、市立であった時期もありました）の歴史を、『京都府盲聾教育百年史』（盲聾教育開学百周年記念事業実行委員会編集部会, 1978）を参考にして、簡単にまとめると、以下のようになります。

　第一期は、古河太四郎らによる時期で、「手勢法」や筆談、口話法を用いたといいます。

　第二期は、渡辺平之甫らによる時期で、「視話法・手字法」が用いられたとい

います。

　第三期は，森原一夫らによる時期で，「純粋口話法」の時期ともいえるでしょう。なお，この森原一夫・マツヨ夫妻は，筆者の発音の先生でした。この時期は，文字が早期から導入され，発音指導に力が入れられました。この頃，幼稚部修了時の語彙量は，300〜500語が目標とされていました。

　第四期は，松下貞男・楡井千鶴子（筆者の担任）・馬場喜美子らにより，キューが導入され，また個人用補聴器による聴覚活用が目ざましく推進された「聴覚口話法」の時期です。筆者の学年は，この第四期のはしりです。この頃，幼稚部修了時の語彙量は2,500〜3,000語になったといいます。また，高等部で1965（昭和40）年の「写生会拒否事件」（「授業拒否事件」とも言われます）を契機として手話が導入され，それ以降，特に幼稚部と高等部の間で「口話－手話論争」が長く続くことになります。

2 …… 口形記号とキュー

　「キュー」（キュードスピーチ，またはキューサイン）というのは，音節を手の動きと口形を手がかりにして読み取るものです。例えば，「し（SI）」と「ひ（HI）」は，音声や口形だけではわかりにくいですが，口形で「いきしちにひ…」のいずれかとわかります。そして，「S」は下に向けた手のひらを前に差し出すようなしぐさで表し，「H」は口に当てた手を前にもっていくようなしぐさで表す（次ページのキューサイン表を参照してください）ので，手を見れば子音部が何かわかります。なお，このサインは，発音指導の時に用いられる手の動きと重なっています。

　この「キュー」による実践は，1965（昭

●図　口形記号（当時使われていたもの）

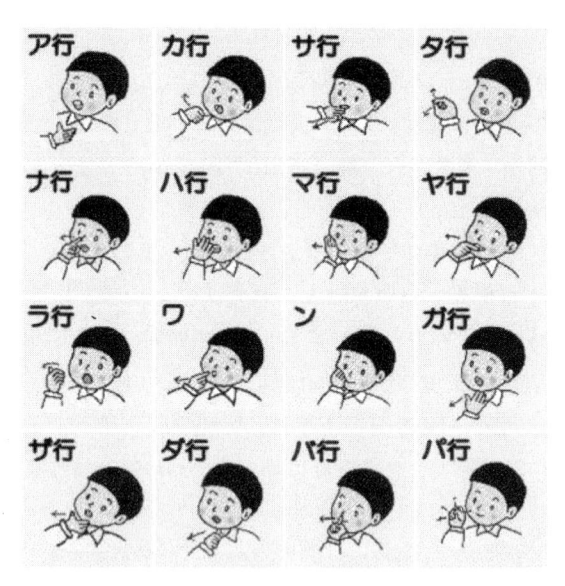

● 図　キューサイン表（京都校で現在使われているもの）

和40）年にろう教育科学会で発表され，その後，『言語入門期のプログラム（ろう幼児のために）』（ろう教育科学会編集部，1966）にまとめられましたが，筆者の学年の写真が何枚かこの本に掲載されています。キューは，やがて，奈良校や千葉校などで用いられるようになりました。鳥取校幼稚部では，1975（昭和50）年頃にキュードスピーチ法を採用しましたが，塩田（2008）は，「キュードスピーチ法の採用により，その後の鳥取聾学校幼稚部に在籍した子どもたちの言語力は，聴こえの程度を問わず飛躍的といってよい程に伸びた」と述べています。

　筆者は，色や形の弁別の問題を出されたことをうっすらと記憶しています（筆者は，3歳児入学時に知っていたことばは「ママ」など数語であったと聞いています）。そして，家の中には，前ページに示したような口形記号を書いた紙がたくさん貼られました。キューで唇の動きや発音も教わり，単語を少しずつ覚えました。ひらがなを覚えると，口形記号はひらがなに切り替えられました。

　京都校では，当初「キュードスピーチ」と言いましたが，他校での使われ方を見て，「京都校で用いているのは，キューサインである。会話のリズムが不

自然になるので、キュードスピーチ（会話の道具）になってはいけない」と強調する人が見られます。

　キューに対する評価などについては、第8章の4節3を、また、筆者の受けた教育に対する感想については、第5章を参照してください。

4節　コミュニケーション論争を視野に入れた研究実践の必要性

　「口話－手話論争」は、厳密に言うと、手話の併用を認めるか否かの論争です。世界を見ても日本を見ても、口話法と手話法は、入れ替わり立ち替わり優勢になっています。「歴史に学ぶ」ことが大切とよく言われますが、それは、聴覚障害教育においても同様です。

　澤田（2008）は、日本教育オーディオロジー研究会で、「一部の成功者の例が語られ、どんなに重度の難聴でも聴覚を活かすことによって話しことばを獲得でき、電話ができ、健聴者のコミュニケーション世界に参加できるようになる…という幻想（？）を抱かせてしまった」と述べており、これは、従来の聴覚口話法に対する反省の弁と言えるでしょう。

　現在、「ニーズ」ということばが頻繁に使われるようになりましたが、「ニーズに対応する」イコール「親の希望通りにする」、ではないと思います。人工内耳か日本手話かという二極分化の傾向を、筆者は憂えています。筆者としては、口話法へのベクトルと手話法へのベクトルの両方を視野に入れながら、教育実践や研究を進めてほしいと願っています。すなわち、口話法と手話法を「対立」するものと考えるか、読唇（読話）や聴覚活用の限界をどのようにとらえるか、などによって教育の進め方は大きく変わってきます。筆者は、純粋口話法時代は読唇と発語に、以前の聴覚口話法は聴覚活用に、盲目的に突き進もうとした面があったと受け止めています。しかし、補聴器の進歩によって、聴覚学習や発音学習に以前ほど多大な時間を費やさなくても一定の成果をあげられるようになったこと、現在手話を否定する聾学校は激減していることから、以前の聴覚口話法と現在の聴覚口話法を一緒にして評価するのは適切ではないと考えます。

文献

川本宇之介　1940　聾教育学精説　信楽会（復刻版　湘南出版社）
松沢　豪　1963　ろう幼児のことばの指導　耳とことばの不自由な子の親の会
盲聾教育開学百周年記念事業実行委員会編集部会（編）　1978　京都府盲聾教育百年史　京都府教育委員会
ろう教育科学会編集部（編）　1964　西川はま子集　ろう教育科学モノグラフ No.4
ろう教育科学会編集部（編）　1966　言語入門期のプログラム（ろう幼児のために）　ろう教育科学モノグラフ No.7
澤田道夫　2008年2月の日本教育オーディオロジー研究会（第4回上級講座）における配布資料
塩田健夫　2008　遠藤董と盲・ろう教育　今井書店
山本おさむ　1991-1993　わが指のオーケストラ　1〜4巻　秋田書店

第 4 章

聴覚障害教育の歴史（2）
―「手話−手話論争」を中心に―

> あなたは手話はだいぶうまくなったけど…
>
> 聾者に対する理解がまだ足りないわ

　「手話−手話論争」（口話併用を認めるか否かに関する論争）は，日本では最近始まったものであり，「最近出ている本は古い聴覚障害教育の否定一辺倒であり，マスコミもその風潮に流されている面がある」と述べる人が見られます。筆者も，この論争に巻き込まれ，不愉快な思いをしている者の１人なので，この論争の全貌を公平・冷静に紹介できている自信はありません。読者の皆さんも，たくさんの文献にあたったりいろいろな意見を聞いたりしながら考えていただきたいと思います。

1節 「手話-手話論争」に関わる聴覚障害教育の歴史年表

「手話-手話論争」は,端的に言えば,口話の併用を認めるか否か,すなわち「日本語対応手話・口話併用手話」(以下単に「対応手話」と称します)を認めるか否かの論争です(第3章で取り上げた「口話-手話論争」は,手話の併用を認めるか否かの論争です)。世界を見ても日本を見ても,口話法と手話法は,交互に勢力を盛り返しています。

西暦	元号	動きや出来事(●は京都,○は全国)
		○手話に対する理解の広がりとともに,「日本手話」と「対応手話」を区別する考え方が現れ始める。
1995	平成7	○『現代思想』(1995年3月号)に「ろう文化宣言」が掲載される。
1996	平成8	○『現代思想』「特集―ろう文化」(1996年4月増刊号)が出される。
2003	平成15	○5月,保護者有志が日弁連に対して「ろう児の人権救済申立」を行う(「勧告」を出すことを要求する)。 ●京都府立聾学校に対して,2歳児保護者が「要望書」を提出する。 ○10月,全日本ろうあ連盟は「人権救済申立に対する見解」を出す。 ●12月,保護者有志が全日本ろうあ連盟の「見解」を支持する署名活動を始める。
2005	平成17	○4月,日弁連は「人権救済申立」に対して「勧告」を出さず,「手話教育の充実を求める意見書」を出す。
2007	平成19	●7月,京都府立聾学校に対して,京都府聴覚障害者協会,京都府難聴者協会,京都市中途失聴者・難聴者協会,京都府立ろう学校同窓会,京都府立ろう学校舞鶴分校同窓会(以下「5者委員会」とする)から,「特別支援学校移行に当たり協議のお願い」が送られる。9月に「5者委員会代表」として京都府聴覚障害者協会から「質問」が送られ,また,2008年2月と2009年1月に「京都府立聾学校に対する要望書」が送られる。
2008	平成20	○明晴学園が東京で開校する(日本手話と文字によって書記日本語の力や学力を獲得させる「バイリンガル聾教育」の考え方に基づく学校である)。

第4章　聴覚障害教育の歴史（2）―「手話―手話論争」を中心に―

ここに簡単な年表を作成してみました。それぞれの動きや出来事の意味がわかるよう，2節以降でなるべく詳しく紹介し，最後に筆者の考えをまとめます。

2節　「ろう文化宣言」と対応手話を否定する考え方

1……「ろう文化宣言」と「対応手話」に対する批判

　木村・市田（1995）による「ろう文化宣言」が『現代思想』（1995年3月号）に掲載されましたが，そこで，「『ろう者とは，日本手話という，日本語とは異なる言語を話す，言語的少数者である』－これが，私たちの『ろう者』の定義である。これは，『ろう者』＝『耳の聞こえない者』，つまり『障害者』という病理的視点から，『ろう者』＝『日本手話を日常言語として用いる者』，つまり『言語的少数者』という社会的文化的視点への転換である。このような視点の転換は，ろう者の用いる手話が，音声言語と比べて遜色のない"完全な"言語であるとの認識のもとに，初めて可能になったものだ」と述べられています。

　また，「1970年代に入って，『トータル・コミュニケーション』とよばれる新しい理念が登場した。簡単にいえば，その理念とは，コミュニケーションの成立こそが最も重要であり，そのためには手段を制限するべきではない，というものである。この一見まっとうで，しかしあいまいな理念は，行き詰まりを感じていた口話主義者にも，手話の復権を望む人々にも，歓迎された。だが，現実には，音声言語を話しながら手話の単語を並べるシムコムが，教育現場で使われるようになったにすぎなかった。本来別の言語である音声言語と手話を，同時に話すことなど不可能であり，どちらかが（あるいは両方とも）中途半端になってしまうのは当然のことだ。トータル・コミュニケーションでは，状況を改善できないことは，その結果が示している。トータル・コミュニケーション導入から20年近くをへた1988年に，大統領に提出されたろう教育委員会の報告書は，アメリカのろう教育の現状について『受け入れがたいほど不十分である』と述べている」という記述から，「日本手話」と「シムコム」の間にはっきり一線を引いていること，音声言語を話しながら行う対応手話が使われる状況を「トータルコミュニケーション」として批判していることが読み取れます。

「シムコム」や「対応手話」,「口話併用手話」の間の微妙な違いを指摘する人も見られますが,本書では,この3つはほぼ同義のものとみなすことにします。そして,「(日本語)対応手話」という言い方が最もよく使われているようなので,以下「対応手話」という用語を用いることにします。

木村・市田(1995)のこれらの記述からすると,手話を全く用いない聴覚障害者や対応手話を用いる聴覚障害者は,「聾者」ではないということになるでしょう。

2 ……「聾者」「難聴者」「聴覚障害者」の呼称に関して

木村・市田(1995)は,「日本手話を話すろう者と,シムコムを最善のコミュニケーション手段としている中途失聴者・難聴者とでは,その言語的要求が異なっているということを理解することもまた,重要なことである。ろう者と中途失聴者・難聴者を一括(ひとくく)りにした『聴覚障害者(聴力障害者)』という名称の使用は,その点で大きな問題をはらんでいる」と述べています。

筆者としては,「対応手話を用いる聴覚障害者」と「日本手話を用いる聴覚障害者」を峻別することの弊害を感じます。筆者は,「声を出す人や対応手話を使う人は,聾者ではない」などと言われ,悲しく思ったことがあります。

このように,「聾者」や「難聴者」,「聾教育」や「難聴教育」の定義が個人によってかなり異なるように思われたこと,「聾学校」は「聾」という字を用いているものの,軽度であっても手話を用いる子どもや,逆に重度であっても聴覚活用もかなりできる子どもが見られることなどから,本書では「聴覚障害者」や「聴覚障害教育」という言い方を用いることを原則とします。ただし,現実には,筆者は聾学校における教育しか経験していないこともあり,本書では聾学校における教育を中心に述べることになります。

3 ……手話が否定・禁止された理由に関して

木村・市田(1995)は,「この口話主義のもとで,手話は弾圧され続けたのである。手話を習得してしまうと,口話の習得が阻害される,というのが,弾圧の根拠とされていたが,その科学的な証明はなされないままであった。おそらくは,子どもたちに口話の習得という困難な課題を克服させるには,手話

のように容易に意志を伝達し合える手段があっては困る，ということにすぎなかった」と述べています。手話を否定・禁止する理由としては，この「日本語の習得を阻害するから」の他に，「多数者である聴者は手話を知らないから」「手話は不完全な言語（語彙量が少ない，助詞を表せない，など）だから」「口話と手話の両方を学ぶのは大変だから」などが，従来からあげられてきました。

　筆者は，1965年頃以降の聴覚口話法は，補聴器の進歩を背景としており，口話法が推進されたのは，単に「聴覚障害児を聴者に近づけよう」「音声言語が使えたり聞こえたりするほうがよい」というような同化主義・聴能主義によるものだけではなく，また「マジョリティーの傲慢」によるものだけではなく，日本語の音韻意識の形成や定着を図るという面があったと感じています。また，手話を禁止したことについては，口話法を採用したことと別問題として裁断されるべきだと思います。

4 ……「ろう文化宣言」に対する反応

　この「ろう文化宣言」を受けて，『現代思想』で，「特集―ろう文化」が組まれました。

　この中で，矢沢（1996）は，「共感」と「危惧」を述べています。「危惧」の点に関して，矢沢は，「日本手話第一主義が健聴の両親を遠ざけてしまうことにならないだろうか」「バイバイプログラムを主張する人達は『ろう者に音声語獲得は無理だ』と頭から決め付けているようなところがあるが，（中略）それは三十年前の『昔の口話法』に対する評価としては当たっていても，その後の聴覚口話法やトータルコミュニケーションの成果に対する無知をさらけ出している」「『ろう文化宣言』はバイバイプログラムの主張に沿って手話先行の上に読み書き日本語を習得させればよい，という。だが，日本語を（会話抜きで）読み書き言葉として習得できるだろうか。『手話第一』を強調し過ぎる余り，聴覚口話法や指文字・キュードスピーチを退けて日本語習得の機会を逃すようなことがあっては聴覚障害児にとって大きな損失となる」などと述べてあり，筆者も同感です。なお，「バイバイプログラム」とは，「バイリンガル・バイカルチュラル・プログラム」のことであり，「二言語二文化教育」のことと思ってよいでしょう。

他にも，いろいろな人が，「ろう文化宣言」に対する見解を述べているので，関心がある方は一読してほしいと思います。

5 …… 口話法や対応手話に対する批判に関わって

　この「ろう文化宣言」や1988年のアメリカでのろう教育委員会の報告書などを引用して，日本でも，トータルコミュニケーションや対応手話は「攻撃」されることになりました。そして，筆者は，以下のような文章や言動を見聞きしました。なお，以下の事例は，京都での事例とは限りません。また，伝聞の場合は，実際の言動の通りではない可能性があることを了承いただきたいと思います（他の章でも同様）。

・日本手話は，ろう児・者の第一言語であり，母語である。
・バイリンガルろう教育とは，日本手話を第一言語として獲得した後に，書記日本語を第二言語として獲得する教育方法であり，世界各国で成果をあげている。
・対応手話や同時法的手話（栃木方式）を使うのは，トータルコミュニケーション法であり，これは「隠れ口話主義」である。
・トータルコミュニケーションは失敗した。
・ろう学校が口話だろうがキュードだろうが対応手話だろうが，日本手話でなければ同じことである。
・失敗したことがわかっている対応手話や同時法的手話を使うこと，およびそれをバイリンガル教育と偽称することは，人道的に許されない。
・日本手話以外の「手話もどき」は，子どもたちの発達にとってむしろ有害である。
・日本手話でなければ，学力を獲得させられない。幼稚部の間は，日本手話の獲得を最優先させるべき。指文字の使用は最小限にすべき。対応手話は使うべきでない。
・口話は使わなくても，日本手話と文字だけで，書記日本語は獲得させられる。耳のかわりに目を，口のかわりに手を使用すれば，すべてがうまくいく。
・聾者に声や補聴器は不要。聾者に発音させることは，同化主義の表れだ。人権侵害だ。

- （手話と声を併用した聾児・聾者に対して）声を出すな。声を出したり対応手話を使ったりする人は，聾者でなく難聴者だ。
- 聾教員は，聾児のモデルだから，対応手話を使うべきではない。日本手話だけを使うべきである。
- （聾教員に対して）あなたが，聾学校の中で，日本語と手話を混ぜて使うから，いつまでたっても本物の手話が広まらない。だから，子どもたちは学力を獲得できない。対応手話では，学力を伸ばせない。
- （聴覚障害者に対して）あなたの母は口話で育てたから，子どもを虐待したのと同じ。口話で育てると，子どもは心に傷を負う。
- 「聾学校教員になりたいなら，声を出すな。対応手話を使うな」と言われた。
- 重度の聴覚障害者に対して「対応手話を使うのは難聴者。聾者としての誇りをもつなら使うな」と言い，聴者に対して「私は対応手話を否定しない」と言う人がいる。
- （聾学校で教育実習をした聴覚障害者に対して，公開授業の時の）あなたの手話は完璧な対応手話だった。残念。
- 研究会のような場で，ある教員から「私はバイリンガル教育について勉強している。口話で子どもを育てたあなたは怠け者です」と言われた。
- ある保護者から「口話法もトータルコミュニケーションも失敗するとわかっているのに，口話を（も）使うあなたは気の毒」「そんな中途半端な手話を，うちの子に見せないで」などと言われた。
- あるホームページに「○○の手話サークルで，聴覚障害の先生から『○○聾学校では，日本手話が使われていない』と聞いた。ひどい。こんなに手話が広まっているのに。人権侵害だ」と書かれているのを読んで同情していた人が，事情を説明されて，「なんだ，手話が全く使われていないわけではないのか」とびっくりしていた。
- 「○○聾学校では，日本手話を尊重して指導する先生が少ない。日本手話を尊重して指導しようと思う先生は，○○聾学校への人事異動を希望してほしい」というような文章が，一般校の教員のところへ送られた。

以下，対応手話ではない日本手話を第一言語とし，書記日本語を第二言語とする教育方法を「バイリンガル聾教育」と称することとします。これは，「第

一言語が日本語，第二言語が手話となる教育方法も，バイリンガル教育と言える」という意見があり，それと区別するためです。

なお，書物によっては，対応手話では，「彼は彼女が好きだ」は「彼／ハ（指文字）／彼女／こと／ガ（指文字）／好き／です」となるとしていますが，このように助詞をいちいち指文字で表したり，「こと」の手話を多用したりするような手話は，筆者や多くの教員は用いていません。「対応手話」（さらには「口話併用手話」「中間手話」「日本手話」などを含む）の定義が，書物や人によってかなり異なることに注意してほしいと思います。

さらに，「対応手話」と「口話」の関係についても吟味が必要でしょう。「対応手話は必要だが，口話は不要」と聞いたことがありますが，これは，「対応手話の理解には，一定の口話力が必要」と考える人にとっては，「掃除機が必要だが，電気は不要」と同じような言い方に聞こえるでしょう。「教科学習が進むと，対応手話も必要」と言う場合，その対応手話が理解できるようになるための条件についても考える必要があるでしょう。

6 ……「聾文化」に関わって

上述した「ろう文化宣言」の影響は大きく，京都では，「デフ・ショック」なるグループが突然現れ，壇上に立つ手話通訳者に対して「おまえの手話は下手。替われ」などと罵言を浴びせ，彼らに随伴した通訳者が壇上に立つ，という光景を何回か目にしました。しかし筆者には，あとから壇上に立った手話通訳者と初めの手話通訳者の手話の違いは明瞭に感じられませんでした（このグループは，すぐに消滅してしまいました）。

そして，「これが聾文化」と言うシーンも何回か見かけました。「『腕組みしながら人の話を聞くのは，良い感じを与えない』と言うと，『聾者の間ではそれが当たり前』と言われた」などと聞いたことがあります。このように，「聾文化」ということばが自分の言動の正当化の道具として使われているような場面を見聞きすると，筆者としては首をかしげたくなりました。

最近は，このような場面を見聞きすることは減ったように感じます。

第4章 聴覚障害教育の歴史（2）—「手話-手話論争」を中心に—

3節 「ろう児の人権救済申立」と保護者の要望

1 …… ろう児の人権救済申立

2003年5月27日に，保護者有志が日本弁護士連合会（日弁連）に対して「人権救済申立」を行いました。その「申立の趣旨（全文）」を以下に示します。

1. 文部科学省は，ろう学校において日本手話による教育を受けることができないことによって，教育を受ける権利及び学習権（憲法26条）並びに平等権（憲法14条）を侵害されている申立人らを救済するため，日本手話をろう学校における教育使用言語として認知・承認し，ろう学校において日本手話による授業を行う。
2. 文部科学省は，ろう学校において日本手話による授業を実施するため，①各ろう学校に，日本手話を理解し，使用できる者を適切に配置し，そうでない教職員については日本手話を理解し，使用できるようにするための定期的・継続的な日本手話研修を行うものとする。②各大学のろう学校教員養成課程に，日本手話の実技科目及び理論科目を設置し，ろう学校教員希望者は日本手話の実技科目及び理論科目を履修しなければならないこととする。

申立代理人の一人である小嶋（2006）は，日弁連から「具体的にはろう児のどのような人権が，どのように侵害されていると考えるか」と尋ねられ，「(1) 各学年に応じた教育（授業）がなされるべきところ（教育を受ける権利，学習権），ろう学校においては慢性的かつ恒常的に本来の学年に対応しない教科書を使用して授業が行われており，学習進度の遅れが顕著かつ明らかである。(2) 各科目固有の授業内容がなされるべきところ（教育を受ける権利，学習権），授業の大半が口話ないし発話あるいは読唇指導にあてられ，各科目固有の内容の授業を行う時間が限定され，十分な内容の授業が行われていない。(3) ろう学校における児童生徒の学力は，同学年の普通校の児童生徒の学力と比較して一般的に低くなっているが，これは，ろう児の学力ないし能力が普通校の児童生徒と比較して低いのではなく，普通校と同程度の内容の授業が実施されていないこと（平等権），さらには，ろう児が理解できる手段（言語）で授業が行われていない（教育を受ける権利，学習権，言語権）からに他ならない。（中略）(6)

学校生活における意思疎通は学習面のみならず，児童生徒の人格の発達，成長のために不可欠であるが（成長発達権），ろう学校の教職員は児童生徒が使用する日本手話を使用することや読み取ることができない。（後略）」と回答しています。すなわち，彼らは，現在の国公立聾学校における「学習進度の遅れ」を人権侵害の具体的事実の1つとして掲げていますが，これを裏返して言えば，彼らの主張する教育方法であれば「学習進度の遅れ」は生じないと言っていることになるのではないかと思います。

また，日弁連からの「日本手話・日本語対応手話の定義は確立されたものか。多くのろう者はその違いを十分に理解しているか。また，現実に使用されている手話をそのように二分類することは可能か」という質問に対して，「日本手話の存在，定義がすでに確立していることは（中略）明らかである」「現実に使用されている手話を二分類することは可能かという点については，十分に可能であり，現実に二分類できる」などと回答し，「『日本手話による教育を求める』を『手話による教育を求める』と変更することは可能か」という質問に対して，「そのような変更は不可能である」と回答しています。

人権救済申立に関わった人たちの中には，「私は対応手話を否定していない」と言う人がいますが，その「対応手話」は，中途失聴者や軽度の難聴者が使う対応手話であって，重度の聴覚障害者が使う対応手話は含まれていないのではないかと感じることがあります。言い換えると，筆者は「あなたが発声することは，聾者に対する抑圧になる」のようなことを言われた時，「自分が聴者あるいは軽度の聴覚障害者であれば，そのように言われることはなかっただろう。私が重度の聴覚障害者だから，このように言われるのだろう」と思いましたが，これと通底する感情から，「重度の聴覚障害者が使う対応手話」が否定されているように感じました。

2 ⋯⋯京都における2歳児保護者の要望

2003年7月28日に，2歳児の聴覚障害児を持つ保護者有志が，京都府立聾学校に対して要望書を提出しましたが，そのことが7月29日付の京都新聞に「授業に『日本手話』を」という見出しで掲載されています。以下がその記事です。

日本手話は，ろう者の間で発展してきた視覚言語で，手ぶりや顔の表情を組み合わせて表現するのが特徴。手話教室などで教える日本語の語順のまま訳す『対応手話』と異なる文法を持つとされる。多くのろう学校では，日本語の聞き取りや発声の練習が優先され，授業でも対応手話となっている。(中略) 要望書は▽日本手話を獲得後，書記日本語，口話日本語の順序で学習する▽日本手話で教育を受ける環境整備―などを求めている。(後略)

4節 全日本ろうあ連盟の「見解」と署名活動

1 …… 全日本ろうあ連盟の「人権救済申立に対する見解」

　この人権救済申立に対して，全日本ろうあ連盟（以下「連盟」とする）は，直後の評議員会で疑問の声を呈し，2003年10月17日に，「『人権救済申立』に対する全日本ろうあ連盟の見解」を発表しました。連盟は，言語の理論的研究としては日本手話と日本語対応手話に二分し得ても，現実のろう者のコミュニケーションとしては安易に二分できないことを指摘し，「もっと広い意味での手話の導入と，児童・生徒間での手話による自由なコミュニケーションの保障を全国のろう学校で実現させることが，現時点における全国共通の目標になる」と述べています。これは，筆者にとっては「救い」となるものでした。手話の安易な区別に反対する内容だったからです。

　なお，この「見解」の全文は，その後連盟のホームページから削除され，現在全文の入手が難しいと思われることから，以下に「見解」の全文を載せておきます。

「日本手話」によるろう教育を求める「人権救済申立」に対する見解

　2003年5月，日本弁護士連合会（以下「日弁連」と略す）に対して人権救済申立が行われました。申立人はろう児と親をあわせて107名，申立の趣旨は文部科学省が「日本手話」をろう学校における使用言語として認知・承認するべきことと，ろう学校教員に対する「日本手話」の研修を実施すること，及びろう学校教員養成に「日本手話」の科目を設置することを求めることにあります。

　この人権救済申立はマスメディアで大きく報道され，2003年度の全日本ろう

あ連盟（以下「連盟」と略す）評議員会でも，ろう運動との整合性を心配する声が多く寄せられました。そこで，連盟の見解を以下の通り述べたいと思います。

　手話はろう児の言語発達に欠かせない言葉です。ろう児が自らの障害を正しく理解・認識して生きる力を身につけるためにも重要なものです。この考えに立って，連盟は早くから教育対策部を設立し，文部科学省にろう学校への手話の導入を強く要望してきました。そしてろう教育に関わる多くの人たちと共通の理解を育んでいくことを目的に，1989年から毎年の「ろう教育を考える全国討論集会」に取り組み，「ろう学校への手話の導入」を基本テーマにろう学校教職員を中心とした教育実践や意見の交換を積み重ねてきました。

　この連盟が一貫して追求してきたテーマは，人権救済申立のそれと一見共通しているように見えます。

　しかし，その具体的な内容については，幾つかの点で，連盟の考え方は基本的に異なっています。

　まず，申立書では手話を「日本手話」と「日本語対応手話」に二分し，峻別しています。しかし，言語の理論的研究としての区分はあり得ますが，現実のろう者のコミュニケーションとしては，手話はさまざまな形で使用され，安易に二分できません。申立書での「日本手話」の定義説明も抽象的理論としては特に異論はありませんが，では，具体的にどんなことかと言われるとさまざまに議論が分かれます。申立人の間でも意見が分かれるのではないでしょうか。

　手話を，ろう者の現実のコミュニケーションから離して，抽象的・理念的定義に無理に当てはめ二分してしまう考え方は，ろう者の現実を無理に分類することであり，結果としてろう者を分裂させる恐れを孕んでいます。万が一，コミュニケーション方法の優劣を論じることに結びつくと，逆に人権侵害につながる恐れなしとしません。

　連盟はもっと広い意味での手話の導入と，児童・生徒間での手話による自由なコミュニケーションの保障を全国のろう学校で実現させることが，現時点における全国共通の目標になるものと考えます。

　次に，この人権救済申立によって提起された「人権侵害」についてです。広い意味での手話導入が優先課題であり，申立書に言う「日本手話」と「日本語対応手話」二分論には無理があること，まして教育の場において位置付けるのは一層無理があるということは先に述べたとおりです。したがって，申立書に記載されている内容を一律に「人権侵害」と把握することは，教育現場の変革が明日にでも可能であるような誤解を招くことになります。手話という面からはろう学校を今すぐ変革できる方法はありません。

　では，どのようにして体制を整えていくべきなのでしょうか。具体的にはろうの教職員の採用を積極的に推進すること，ろうの教職員を中心に，教職員と

保護者が協力して学校全体に手話の重要性についての認識を広げ浸透させていくこと，手話による指導カリキュラムを開発していくこと等の取り組みが考えられます。そして，手話の国民的普及運動が手話通訳制度の発展を切り開いてきた過去50年の歴史に学び，運動の輪を粘り強く広げていくことが何よりも大事でしょう。

　最後に，手話とは何かという，ろう者の間でも議論の分かれる大きな問題について，手話と直接の関わりを持たない日弁連という組織の判断を求める発想には，賛成しかねるということを付言いたします。

　連盟はろう重複障害者を含めた耳の聞こえない人たちや手話を学ぶ人たちと一緒に，社会の変革を目指す運動の中で，ろう教育に関しても今まで以上に議論を深め，ろう教育現場での取り組みや手話の研究の推進，政府への要望活動に全力を注いでいきます。

2003年10月17日　　財団法人全日本ろうあ連盟

2……「見解」を支持する署名活動

　人権救済申立者たちは「対応手話を否定するものではない」と述べていますが，人権救済申立を応援する人たちによる集会で，「京都校の学習発表会の劇で使われていた手話は日本手話ではない。勧告が出されたら，日本手話を使うよう全国の聾学校に要求して回るつもり」というような話を聞き，ある親は「わが子（重度の聴覚障害児）や親が使っている手話が否定されている」と感じたというような話を聞きました。

　そして，日弁連が人権侵害があるとして勧告を行うと，聾教育現場でさらに口話法が否定されるのではないかと懸念した京都の保護者有志が，2003年12月に全日本ろうあ連盟の「見解」を支持する署名活動を始めました。趣旨は「口話も手話も大切にしてほしい」というものですが，その呼びかけ文は，現在一般の人には入手が難しいと思われるので，資料として残すためにも，以下に全文を載せておきます。

全日本ろうあ連盟の「人権救済申立に対する見解」賛同署名のお願い
　　　　　　全日本ろうあ連盟の「見解」を支持する会

2003年5月27日に、ろう児の「人権救済申立」を支援する会より、ろう児の「人権救済申立」（以下「申立」とする）が日本弁護士連合会人権一課に対してなされました。それに対して、2003年10月17日、全日本ろうあ連盟より、「『日本手話』によるろう教育を求める『人権救済申立』に対する見解」（以下「見解」とする）が出されました。
　私たちは、全日本ろうあ連盟の「見解」を支持します。
　その理由は、以下の通りです。
(1) 全日本ろうあ連盟が指摘するように、手話は、机上では二分できるが、聴覚障害者や手話通訳者の実態を見ると、両者は融合して使用されているのが現実であり、二分することには無理がある。それを敢えて二分することは、結果として聴覚障害者を分裂させるおそれをはらんでいること。
(2) 「申立」文では、「日本語対応手話や口話を否定するものではない」と述べられているが、その一方で「日本語対応手話を使うな、声を出すな」という主張も見られ、教育現場に混乱の兆しが見え始めており、勧告が出されると、「口話」を希望する人々に対する「人権侵害」の可能性が強まること。
(3) 全日ろうあ連盟の「見解」にあるように、「日本手話」さえ導入すれば、聴覚障害に起因する諸問題は解決されるというものではないこと。日本手話を第一言語として獲得することが、書記日本語や高い学力の獲得につながるという「保証」が、現時点では少ないこと。すなわち、具体的な橋渡しの手法に関する臨床データの蓄積がまだ不十分であること。
(4) 社会生活を営むうえで、聴者とのコミュニケーションは必須であるが、日本語文法体系と異なり声を発しない日本手話のモノリンガルになった時の不利益は、現時点ではきわめて大きいものがあること。
　以上の理由により、全日本ろうあ連盟が言うように、広い意味での手話の導入、手話を含む自由なコミュニケーションの保障の実現、地道な教育実践や科学的な研究に基づく教育方法の改善を希望します。

5節　日弁連の「結論」

　2005年4月に、日弁連は、人権救済申立に対して勧告を出さず、「手話教育の充実を求める意見書」を発表しました。人権救済申立代理人は、日弁連（事件調査委員会）から「手話のうち、日本手話が独自の存在であるという事実について一致した意見を得ることができなかったため、勧告を出すことはできな

いと判断した」と説明されたということです（小嶋, 2006）。

ある「理想の教育」が実現されていないだけでは「勧告」は出せないので,「バイリンガル聾教育」が高いレベルの学力や日本語の力の獲得に結びつく確実性に対する見方が,「勧告」を出すか出さないかの分かれ目につながるのではと, 筆者は思っていましたが,「意見書」では,「手話による効果的な教育方法が確立していない」と書かれていました。

なお, 申立に関して, 親の会と連盟は対立的な立場をとりましたが, この日弁連の意見書は, 親の会の意に沿って出されたという見方と連盟の意に沿って出されたという2通りの見方があります。小嶋（2006）は,「申立書と意見書の最大の相違点は, 申立書の根幹である『日本手話』という概念を意見書は採用せず, すべて『手話』という概念で統一してしまったこと」と述べていることなどから, 筆者としては, どちらかと言えば連盟の意に沿って出されたように感じています。

6節 明晴学園の開校

2008年4月に, バイリンガル聾教育の考え方に基づいて教育を行う学校法人明晴学園（東京都）が開校しましたが, そのホームページ（2008年9月現在）から一部を紹介します。

- 「明晴学園は日本で唯一のバイリンガルバイカルチュラルろう教育をおこなう私立学校です」
- 「明晴学園で使われている手話は,『日本手話』です。日本手話は, 日本語を手の形に直したものではなく, 日本のろう者がむかしから使ってきた自然言語です。（中略）日本手話は日本語とは別の言語であり, 単語も文法も異なる独自の体系からなっています」
- 「日本語対応手話とは, 日本語を手の動きに直した手話です。ふつう日本の社会で目にすることが多いのは, この日本語対応手話の方でしょう。これは日本語がわかっている人にはよく通じますが, 生まれたときから手話で育ち, 日本語の習得ができていない子どもには通じません。通じないだ

けではなく，子どもたちにとってはあいまいで誤解を生みやすいコミュニケーション手段となり，言語発達や授業の妨げにもなりかねません。明晴学園で日本語対応手話を使わないのはこのためです」

以上の文章から，明晴学園は対応手話ではない日本手話だけを用いると明言していることになります。なお，「対応手話は言語発達の妨げにもなりかねない」などと聞いて，わが子に直接手話で話しかけることを控え，自分の代わりに日本手話が堪能な聾者の家庭教師をつけているというような話を聞くと，筆者は，母親たちに「どんな手話でもよいからどんどん話しかけてあげてほしい」と言いたい思いでいっぱいになります。

また，ホームページには以下の記述もありました。
- 「子どもが最初に身につけることばを母語，あるいは第一言語といいます。聞こえない子の第一言語は手話です。どのような言語であろうと，第一言語をしっかり身につけていなければ第二言語に進むことはできず，また人格の形成すらおぼつきません。ろう児の場合，当人に理解できない音声言語やノンネイティブの手話にさらされつづけることは，第一言語の習得に大きな障害となる可能性があります。明晴学園では，ろう児がまずしっかりと第一言語としての手話を身につけるよう，乳幼児への相談や正式な教科としての手話の学習，十分な数のネイティブのろう者教員や相談員の配置を実現しています」

この記述に沿えば，筆者は大学入学後手話を覚えたので，筆者の手話は「ノンネイティブの手話」ということになるでしょう。なお，明晴学園の教員の何％が「ネイティブサイナー（乳幼児期からの日本手話の使用者）」であるかは，把握できていません。また，「聾教育は日本手話のネイティブサイナーでなければ」と主張する人が見られますが，それは聴児の学校で「英語科の教員はネイティブスピーカーでなければ」と主張するようなものでしょう。

- 「明晴学園で行っているバイリンガル教育は，手話と日本語という二つの言語の習得を目指します。ただし日本語は読み書きだけで，発声や聞きとりは行いません」

この一文から，音声を使わずに日本手話から書記日本語を獲得させようとしていることがわかります。

その書記日本語の力については，以下のように述べています。
- 「ろう児は第一言語の手話が優位であるため，当初は日本語の力が遅れがちですが，少しも心配することはありません。手話をもとに，子どもたちはやがて確実に日本語の力を伸ばします。このことは明晴学園の前身であるフリースクールの実践でもくり返し確認されてきました。いたずらに日本語の学習を急ぐより，手話という100％わかることばによって伸び伸びと学び育つことが人間としての基本的な力をはぐくみ，その後の日本語修得を有利にするとバイリンガルの専門家は等しく認めています」
- 「言語学や認知科学の専門家に指摘されるまでもなく，私たちは日本手話が日本語とまったく同等の自然言語であることを知っています。日本手話をもとにした教育は，日本語をもとにした教育となんら変わることのない成果をあげうるものです。日本手話をもとに，明晴学園の子どもたちは日本語の読み書きを覚えます。そして日本手話と日本語という二つの言語ですべての教科の学習を進めます」
- 「こうしたバイリンガル教育の効果は，明晴学園の前身であるフリースクールでの9年間にわたる実践で十二分に実証されてきました」

しかし，その一方で，次のような記述も見られます。
- 「手話は自然言語であり，その環境のなかにいればろう児は自然に獲得することができます。しかしそうして獲得した手話は，日常生活で活用されるにとどまります。つまり，『いま』と『ここ』，『身の回り』にとどまる言語といえばいいでしょうか。しかし論理的な思考や推論を重ね，高度な学習や思索を進めるためには，生活言語だけで十分とはいえません。そうした高度な思考を行うための言語が学習言語です。ろう児の生活言語としての手話をいかにして学習言語にまで高めるか，また学習言語としての日本語の習得をどう進めるかは学問的に未知の分野で，明晴学園の大きな課題となっており，専門家の支援を受けながら研究が進められています」

筆者としては，これらの文章の間に整合性がないように感じます。「『生活言語・BICS』の領域では，日本手話は日本語と同等の成果をあげうるが，『学習言語・CALP』の領域では，日本手話から書記日本語への橋渡しの手法はまだ確立されていない」というような表現であれば，まだわかるのですが。

なお，明晴学園のホームページを読むと，補聴器や人工内耳の装用は否定されていませんが，現実には，子どもは全員が補聴器や人工内耳を装用していないということです。
　ある人は，「明晴学園では，日本手話を指導言語としているから，たとえて言えば，『英語が母語の人に日本語を教わる，日本語の教科書を使って英語で授業する』のと同様な状況が生じるのではないか」と言いますが，筆者としては，周囲の大人が，幼少時からいろいろな手段（対応手話や日本手話を含む）を効果的に駆使しながら日本語を絶えず紹介するならば，高いレベルの書記日本語の獲得に成功する確率は高まると考えます。両親が聾者の聾児で日本語の獲得に成功した例は，日本手話で育てられたからというよりは，両親が自信をもって豊かに語りかけ，また日本語の世界も絶えず紹介したからではないかと感じています。
　しかし，日本手話を第一言語とし，日本語とは読み書きの形でしか接触しない方法で，高いレベルの書記日本語を獲得させられるとは，あまり思えません（一部の優秀な子どもは可能でしょうが）。けれども，筆者としては，「書記日本語を獲得させることは無理」と言い切ってはおらず，1人の聴覚障害教員として素朴な感想や予想を述べているに過ぎません。昔，手話教育が聴覚障害教育の主となった時期があったとは言え，明晴学園の子どもたちとは教育の始期の点で異なります。つまり，聴覚障害が超早期に発見されるようになった現在，明晴学園のような教育方法で高いレベルの書記日本語や学力の獲得に成功する例が続出したならば，その手法に素直に学び，自分の教育実践に活かし，聴覚障害教育の今後のあり方を改めて検討したいと思います。
　日弁連による「意見書」の中でも，「手話教育の効果的な実践方法を早急に探求することは急務であり，（中略）民間での手話による教育の成果を検証することも一つの方法であろう」と書かれていること，人権救済申立代理人弁護士は，日弁連による事情聴取の中で，「人権侵害の具体的な内容」の1つとして「学習進度の遅れ」を掲げたこと，日弁連の聴覚口話法に対する評価に対して，「一握りの児童生徒の成果」だけで考えないでほしいと述べたこと（小嶋，2006）から，今後，明晴学園には，「バイリンガル聾教育」によって遍(あまね)く学年相応の学力が身につくことを，子どもたちの学力の実態に関するデータやその

手法とともに具体的に明らかにしていただけたらと思います。

　筆者は，手話を早期から導入した聾学校からの報告が小学校低学年までに集中している印象を抱いていますが，教育方法の成果は，なるべく高い年齢で論じられるべきだと考えているので，とりあえずは「9歳の壁」を越えているか否かに焦点を当てて，教育方法の成果が論じられるようであってほしいと思います。

　また，明晴学園のような教育方法が選択肢の1つとして存在することには意味がある（特に日本手話と書記日本語のみを教育方法として希望する人がいる場合）と思いますが，現実には，明晴学園以外の聾学校やその教育方法に対する批判の仕方を見ていると，残念に思う部分があります。「口話法ですべてがうまくいくわけではない」というインフォームなしで「（手話を用いない）口話法でなければ日本語の力や学力は身につかない」などと説明され，口話法にしがみついたことを後悔する親，それを恨む聴覚障害者が見られますが，今後その裏返しのようなことが起きることはない，と誰が断言できるでしょうか。

7節　「手話は一つ」というような考え方

　いろいろな書物や論文が，「手話には日本語対応手話，日本手話，中間型手話の3種類がある」と紹介していますが，ろうあ連盟の重鎮である高田英一氏は，「われわれろう者の多数，手話通訳者，手話サークルの多数はそんな分類があるという実感はないし，考えもしない。それなのになぜこのような分類が出て来るのだろう。それはろう者の一部，ほんの一部に『日本手話』vs『日本語対応手話』の図式で，『日本手話』を賛美，擁護する反面『日本語対応手話』を非難するグループがいるからであり，それに同調するほんの一部の健聴の手話研究者がいるからである。それがクローズアップされるのは，このような物珍しさを取り上げることが好きなマスコミ報道のせいであり，マスコミに配慮する立場の人たちのせいである」と述べ，「日本語対応手話」と「日本手話」を，「日本語の話しことば」と「日本語の書きことば」，「対面手話・コミュニケーション手話」と「多面手話・ステージ手話」などと関連づけて論じています（ろう

教育の明日を考える連絡協議会，2008)。

　筆者も，日本語における話しことばと書きことばが，それぞれ日本手話と対応手話に重なるのではないかと以前から感じていました。そして，「会話言語や教室言語は話しことばであるべき」として，口語体でない日本語を批判・排除することはないのに，手話の世界では，「日本手話」と「対応手話」を区別して後者を批判・排除する動きがあることを疑問に思ってきました。日本語の世界では，「話しことば」や「書きことば」が場面や目的に応じて使い分けられますが，その事情は，手話の世界でも同様だと思われます。高田氏も「『日本語対応手話』を非難するのは対面手話，コミュニケーション手話に郷愁を寄せる人たちの挽歌である」「手話通訳はコミュニケーション通訳から出発して発達してきたが，今後はステージ通訳の研究と発展が課題となろう」と述べていますが，筆者も同感です。

　その他，「手話－手話論争」に関わる記述について，「9歳の壁」と関連づけて読むほうが見方が深まると思うので，第8章で取り上げることにします。

　根本 (2008) は，「人工内耳か手話かという二極分化の傾向が強まるおそれがある。そうならないためには，教育全体を包含した新たな理念の確立と方法の具体化が必要である」と述べていますが，筆者も同感です。

8節　再び「口話－手話論争」か

　人工内耳の進歩と普及に伴い，最近，音声言語のみによる教育方法を希望する親が現れていると聞きます。「口話法のみを希望する親」が現れると，手話も希望する人々との間に軋轢が生じ，「日本手話（と文字）のみを希望する親」が現れると口話も希望する人々との間に軋轢が生じがちになりますが，聴覚障害教育関係者は，①聴覚障害教育の歴史に学び，②幅広い視野・長期的視野に立ち，親たちに適切に助言できるようであってほしいと思います。

　この「①聴覚障害教育の歴史に学ぶ」の意味は，具体的には，聴覚障害教育現場では「口話か手話か」という問題設定の仕方は堂々めぐりになりやすいということを念頭におくことだと思います。筆者としては，最近，手話というP

薬の効能だけを探し出そうとする傾向（あるいは口話というＱ薬の副作用を強調する傾向）が見られ，Ｐ薬の効能や副作用が現れる条件，効能を最大限に引き出し副作用を最小限に抑える条件はどんなものかを考える観点が薄いように感じます。お題目のように「Ｐ薬は効果的。必要」と言うだけであったり，Ｑ薬を必要以上に否定したりするやり方は，逆にＰ薬離れの現象を加速しかねないとも感じます。高橋潔（第３章の２節４を参照）は，口話法だけを絶対視する風潮に異議を唱えましたが，残聴がある子どもには口話法を勧めており，口話を否定していませんでした。

次に，「②幅広い視野・長期的視野に立つ」の意味は，聴者と同等の学力や日本語の力を獲得するために必要な条件を考えるということです。

卓球や野球では利き手を活用するほうが有利なのと同様に，学力や日本語の力の獲得にあたって，自分のもともと得意な情報処理の仕方（視覚利用，聴覚利用など）を活用するほうが効果的だと思います。「犬」「山」などの単語を示され，どんな単語が出てきたかをあとで思い出して再生する時，聴者であっても，音声だけで示されるより音声と映像が同時に示されたほうがたくさん再生できたという研究があるので，聴覚障害の程度にかかわらず，聴覚的情報と視覚的情報のどちらもできるだけ豊かに与えてほしいと思います。特に，聴覚障害があると，「聞き取る能力を伸ばすため」と称して，聴覚的情報だけを与えてしまいます。筆者は，こうした言語環境の設定には疑問を感じます。

また，卓球や野球も，練習せずに上達することは難しいのと同様に，学力や日本語の力の獲得のためには，それなりに意図的なトレーニングや言語環境が必要だと思います。最近，聾学校幼稚部の教員や保護者の中には「『お勉強ドリル』みたいな不自然はことはさせたくない。手話で楽しく会話しながら遊ぶことを大事にしたい」と言う人が見られますが，筆者としては「楽しい会話や遊びは大切だが，小学校入学時に取得できている日本語単語が数百語という状態でよいのか（聴児は2,000～4,000語取得しており，自らは使わないが意味が理解できる単語も含めると5,000語を超えると言われている）。小学校の時期よりスポンジのようにいろいろなことを吸収できる幼児期を逃して，小学校入学後に聴児と同等の日本語の力を獲得させられるのだろうか」と思ってしまいます。筆者は，「手話に流れる」と「手話を活用する」を区別しており，手話の

導入や使用がどちらになっているかを絶えず自己点検する必要性を感じます。
　同様に，人工内耳を装用すればすべて解決できるとして「人工内耳に流れる」ようなことはあってはならないでしょう。聴児の場合「手話を併用すると日本語が身につかなくなる」とは言われないので，人工内耳装用児を手話から遠ざけたい理由は，手話のほうが本人にとって「楽な言語」であることを（心のどこかで）認めているから，ということはないでしょうか。筆者としては，情報処理にあたって「楽な方法」を避けることは，長い目で見ると，学力や思考力の発達にマイナスに作用するように思います。聴児であっても視覚優位型の人が見られますし，聞こえているようでもその聞き取りにエネルギーを要する状況があるならば，視覚的情報は多いほうがよいと考えます。
　昔から「難聴者は谷間にいる」と言われていますが，そのことばの意味をもっと吟味する必要があるでしょう（補章のQ&AのQ14を参照）。また，筆者としては，異なる特徴をもつ二言語に幼少時から接するほうが，物事の認識が深まるように思います。

文献

木村晴美・市田泰弘　1995　ろう文化宣言―言語的少数者としてのろう者　現代思想，**23**（3），354-362.
小嶋　勇　2006　日弁連「意見書」と人権救済申立　ろう教育が変わる！―日弁連「意見書」とバイリンガル教育への提言　全国ろう児をもつ親の会（編）小嶋　勇（監修）　明石書店　Pp.137-172.
根本匡文　2008　わが国における聴覚障害教育の歴史と今日の課題　中野善達・根本匡文（編著）　聴覚障害教育の基本と実際〈改訂版〉　田研出版　Pp.11-26.
矢沢国光　1996　同化的統合から多様性を認めた共生へ　現代思想，**24**（5），23-31.
ろう教育の明日を考える連絡協議会　2008　会報　ろう教育の明日　12月号

第 5 章

筆者の経験から

> 困った！英語は母音がたくさんあるし、口形がはっきりしないし…
> 聞き取れないよ!! どうしよう!!

　多くの人が，「体験話は，実感がこもっており，興味をもって聞ける」と言います。筆者も，講義の中で，自分の体験を話すことがよくあります。本章では，筆者の経験を簡単に紹介します。「手話否定＝差別・人権侵害」という言い方について，筆者としては，理念上はその通りだと思いますが，「（従来の手話を否定する）口話法で育てた親や先生は，聴覚障害児を差別・虐待していた」というような言い方に対しては悲しみを感じます。

1節 「読唇」「読話」について

1 ……「読唇」「読話」の限界

「読話」は，唇の動きを読み取る「読唇」を中心にして，会話の流れやその場の状況などの情報を加えて，会話の内容を判断することですが，「読話」と「読唇」を同じような意味のことばとして用いる人が多いようです。どちらも非常にエネルギーを要し，またかなり難しいものです。

日本語は，英語に比べると，母音の数が少ないので，読唇しやすい言語だと思われますが，それでも，「たばこ」と「たまご」，「1（いち），7（しち）」，「2（に），4（し）」など，口の動きの似ていることばが多くあります。しかも，口の動きがあいまいな人の話は，わかりにくいのです。

筆者の母の口形は明瞭であり，1対1では（読話だけで）90％以上理解できました。しかし，その母が他の人と会話している時は，そばで目を凝らしてもその10％もわかりませんでした。父や祖母の話は，口形が不明瞭だったため，ほとんどわかりませんでした。また家族の団らんは，集団での会話になるのでほとんど理解できず，筆者は家族の団らんに入れませんでした。

また，結果的に相手がどんな文章を言ったのかわかった（読話できた）としても，それには非常なエネルギーを要します。例えば，相手が「約50年前に第二次世界大戦があった」と言ったとわかったとしても，相手の唇の動きに沿ってスムーズに読話できたのではないのです。相手の唇の動きを見ながら，筆者の頭の中では，「『約50年前』と『150年前』のどちらかわからないから，保留にしよう。次に，『第〇次世界大戦』は読唇できた。世界大戦は，『第一次』と『第二次』しかないが，それまでの話の流れから『第二次』のほうだろう。『第二次世界大戦』は『太平洋戦争』のことで，昭和20年に終わったから，『150年前』ではなく，『約50年前』のほうが適切ということになる。だから，相手は『約50年前に第二次世界大戦があった』と言ったんだ」というような思考が必要で，その間にも，相手は話し続けているのです。その話の口形を覚える作業と「さっき言った文章は何か」を考える作業は，平行して行われるのです。このように，読話は非常にエネルギーを要するので，一度わからなくなると，「ド

ミノ倒し」のようにわからなくなります。それが手話があると，最初から「約」と「百」のどちらかわかるので，迷いや保留がなくなり，コミュニケーションがとても楽になるのです。

　なお，幼少時から読唇してきた人と，中途失聴者とでは，読唇できる度合いが異なります。中途失聴者は，それまで耳に頼っており，唇の動きはあまり参考にしないできたからです。

　読話できるかどうかには，日本語の力（文章の流れから，次にどんな日本語単語が出てくるかを想像できる力）がかなり影響します。例えば，「今年は受験があるから，旅行は○○にするわ」と友達が言った時，「○○」に入ることばとして「近場」という漢字が脳裏に浮かんできて，友達の口形から「今まで『近場』は『ちかば』か『きんじょう』か迷っていたけど，『ちかば』と読むんだな」とわかった経験が筆者はあります。もし「近場」という日本語を知らなかったら，読話できなかったでしょう。このような経験が筆者にはたくさんあるので，読話は日本語の獲得や定着に一定役立つことを認めています。そして，その読唇は，発音指導と密接に結びついていることも，筆者の経験から痛感しています。筆者は，発音の練習を通して，わずかな唇の動きの違いを理解し，口形が明瞭な人であれば読話で一定理解できます。それでも，聞き慣れない専門的なことばや固有名詞の読話は難しいです。

2 ……読話しやすくするためにお願いしたいこと

　読話は，単語だけの場合より，文章のほうがわかりやすいです。例えば，筆者の子どもが幼い時，「ぞうのおもちゃがほしい」と言ったのですが，よくわからなかったので「何のおもちゃがほしいの」と聞き返したら，「ぞう！ぞう！」と繰り返しました。それでもわからず困っていたら，子どもは「鼻の長いぞう！」と身振りをつけて表したので，「象」とわかりました。このように，わからなかったら，別の言い方を試みてほしいです。例えば，「夏期休暇」と1回言って通じなかったら，「夏休み」と言い換えてみてほしいです。また，身振りが少しでもつくと，読み取りやすくなります。

　筆者は，手話を知らない聴者と，読話だけで長時間しゃべったことがあります。しかしその聴者に赤ちゃんが生まれ，赤ちゃんを抱っこした彼女としゃべ

ると，読話が以前と比べて難しくなったと感じました。赤ちゃんを抱っこしていたので，身振りや手振りが激減したためだと思われます。その時，読話の際に，身振りや手振り，表情をいかに参考にしていたかを思い知らされました。

また，非日常的な文章の読話は難しいです。難しいことばは，文字の形で示してもらうと，わかりやすくなります。

2節 筆者の経験・生い立ちから

筆者は薬の副作用で失聴しましたが，その後，両親たちは「カナマイシン訴訟」を起こしました。当時は薬害訴訟はまだ少なかったのですが，両親たちは「負けてもいい。カナマイシンで失聴する子どもがいなくなればいいと思った」と言います。最高裁判所で勝訴が確定しました（「院内感染の責任を問うた日本最初の薬害裁判」であると聞いたことがあります）が，中学・高校の時いろいろとあって「私を聞こえなくした医師が憎いと思うのはもうやめよう」と思いました。また，私たち3人の「原告」にカナマイシンを注射した医師の1人が，結婚後のわが家のホームドクターであったことをのちに知りましたが，筆談をていねいにしてくれる親切な医師でした。

● 図　幼稚部の入学式で
（立っている幼児が筆者）

1 …… 京都校幼稚部で

色分け，形の弁別から，口形記号とキューを指導され，それから，ひらがなを指導されました。ひらがなは，早ければ2～3歳から読めるように思います。

綿密なカリキュラムに基づき，日本語単語を指導されました。カードを多用する教育方法でしたが，筆者はカードを使ってのおさらいに反発することが多かったので，母はいろいろと工夫してくれました。母の言語指導は太陽方式(子どものやる気を引き出して取り組ませる方法)だったと思います。北風方式(子

どもに力づくで取り組ませる方法）による言語指導は，筆者の性格には合わなかっただろうと思います。

当時は，教室で習った助詞だけを用いて話す方法（例えば，「へ」をまだ学習していない時は，「学校　行きます」という言い方をします）でしたが，筆者の母は「それは不自然」と言って，キューを併用しながら自然に話しかけるようにしたそうです。

筆者の母が幼稚部に発音指導をお願いすると，「この子の聴力では無理」と言われ，あきらめられず図書室で本を調べていたら，図書室の先生から，森原一夫先生（当時高等部主事）を紹介され，森原先生の奥様のマツヨ先生（昔，聾学校に勤務されていました）に，週に1回発音指導を受けることになりました。当初は幼稚部に内緒でしたが，筆者の発音が変化したので，担任の先生から「どこかへ発音訓練に行っているのか」と聞かれました。その後，その担任の先生は他の子どもの母親にも森原先生を紹介し，筆者の同級生8人のうち4人が森原先生の発音指導を受けました。偶然かもしれませんが，この4人はのちに大学へ進学しました（この進学率は，当時の聾教育界では驚異的な数字であるように思います）。なお筆者のあと，幼稚部では発音指導にも力を入れ始めました。

当時の京都校では，全学部で手話に否定的でした。学校の近くのバス停で，高等部の生徒たちの手話を見て「あれは何？」と母に聞いたら，「あれは『手まね（手話）』と言って，勉強が遅れている人（「あほ」というニュアンスで）が使うもの」と言われた記憶があります。

母は，「子どものストレス解消には，思い切り遊ぶのが良い」という考えをもっていました。聾学校への付き添いや家庭学習に追われ，平日はほったらかしだった兄のこともあって，休日にはいろいろなところへ連れて行ってくれました。それを通して，自然にふれ，いろいろな経験をしたことが，生きたことばの獲得につながったと思います。

絵本や紙芝居にもたくさんふれました。森原先生の述懐によると，多くの大人たちは読ませたい本を子どもに押しつけ，読んだ後は質問攻めにして，子どもをうんざりさせることがよくあったが，筆者の母は，その点上手だったといいます。例えば本屋では，筆者に好きな本を選ばせ，それが母の意に添わない

ものであっても,「いいけど,この本も一緒に買っていいかな」と言って両方買ってくれました。それで筆者は,結局両方とも読むことになったのです。また,「おばあさんはどこへ何をしに行きましたか」のようなテストっぽい質問を筆者はきらったので,「紙芝居を作ったけど,話してくれるかな」「この登場人物があなただったら,どうする？」などと,自然な会話を通して余韻を楽しむ工夫をしてくれました。その結果,筆者はますます本好きになり,近所に同年齢の友達がいなかったこともあって,本を多読・乱読しました。

2 …… 小学校難聴学級で

小学校は,家から1時間のところにある京都市立出水小学校（現 二条城北小学校）の難聴学級に入学しました。

筆者の入学を認めるかどうかで,適正就学委員会ではかなりもめたと聞きます。筆者の母はのちに,「大学に入れるかどうかよりも,この時のほうが心配で眠れなかった」「難聴学級の先生から『他の子の発音はわかるが,この子だけわからない』と言われたのが一番悲しかった」と話してくれました。それで小学校入学後も,筆者に発音訓練を受け続けさせようとしたのでしょう。

その後,聾学校から難聴学級に入学する例が増え,筆者は高校の時,「君のせいで聾学校はすたれた」みたいなことを言われて悲しかった記憶があります。

この難聴学級は,他府県の難聴学級とは少し異なります。地域校の中に聾学校があるといえば,イメージしやすいでしょうか。筆者は,主要教科や音楽など大半の授業を難聴学級で受け,体育や図工,給食は聴児の学級（親学級）で受けました。当時の難聴学級では,手話のような動きをすると怒られましたが,先生の言っていることがわからないと悩んだ記憶はほとんどありません。

小学校低学年の間は,シールの交換などで聴児と「友達になれた」と思いましたが,高学年になると会話が必要になり,聴児の学級へ行くのが苦痛になりました。「大人は聞こえる友達ができることを喜ぶ。おかしいなぁ」と感じました。毎日日記を書かされ,この時の分厚い日記は今も筆者の宝物です。読書が大好きで,乱読しました。読むスピードが速く,先生に「ちゃんと読んでいるのか」と言われ,内容を詳しく説明したこともありました。小学校高学年から「自学自習」の宿題が多くなりましたが,今から思うと,周囲の大人は私を

中学校からインテグレーションさせるつもりでおり，そのために自学自習できる力を身につけさせようとしていたのでしょう。

近所には同年齢の子どもがいませんでしたが，小学2年生の頃，近所の小学6年生の男の子が石を投げて，筆者の発音を笑いました。その時，母は「ばかにされないように，がんばって発音の勉強をしようね」と言いましたが，筆者は「発音が下手＝いじめられてもしかたない，ということなの？　それはおかしいな」と思いました。けれども，当時の筆者は，それを言語化することができませんでした。

3……（私立）中学・高校で

筆者の地元にある公立の中学校は，京都市内でも有数のマンモス校だったこともあり，親の勧めにより，私立の中・高一貫校に入学しました。聴覚障害児は，筆者ひとりだけで，学校では「読話」のみで会話をしました。手話はまだ知りませんでした。「聞こえないからといって，特別扱いを要求してはいけない」という雰囲気がありました。先生の話はほとんどわからなかったので，家で自分で勉強しました。英語のスペリングテストは，単語の順番まで覚え，必死で唇の動きを読み取りました。

筆者の発音がなかなか通じず，やさしそうで口形が明瞭な友達を見つけるのに苦労しました。苦しみを母に言っても，「がんばったら道はひらける」「今は読話できなくても，いつかはわかるようになるから，先生の口を見続けるのよ」と言われ，「毎日夜遅くまで勉強しているのに，朝から晩まで読話するのはしんどい。悩みを言っても『がんばれ』と言われるだけ」と思い，心を閉ざしました。

「聴覚障害者は医者や薬剤師になれないという法律があるから，医学部や薬学部は最初からあきらめなさい」と言われ，「建築学科がおもしろそう」と言うと，「施主との会話が必要だから，やめたほうがよい」と言われました。

当時，大半の私立大学は，障害者の受け入れに消極的でした。筆者の知り合いの聴覚障害者は，入学にあたって「特別扱いは要求しない」という念書を書かされたと聞きました。その頃，京都大学が（全国でおそらく初めて）公費でノートテーカー（先生の話を紙に書く人）をつけたことが新聞に載ったのを読み，「ぜ

ひ京大に入りたい。大学の先生は，高齢で口形がはっきりしない人ばかりだろうし，テキストがない講義も多いと聞いているし」と思い，猛勉強しました。

4 …… 大学入学後

　大学に入って，手話と出会い，「人との会話は，こんなに楽しいものだったのか。生きていて良かった」と思いました。そして筆者が「もう少し早く手話と出会いたかったな」ともらした時，母から「手話を覚えなかったから大学に行けたのに，なんてことを言うの」と言われたことがショックでした。その時，「大学に行けるかどうかよりもっと大事なことがある。家族の団らんで，私はいつも後回し。ずっとさみしかった」と怒りが爆発しました。その後，母は手話サークルに入り，聾学校の先生に「中学校に入った時，この子は口話教育で成功したと思いましたが，本当はやはり聞こえない子どもでした」と語ったそうです。その時，聞こえない自分が受け入れられたと感じました。それまでは「健聴者に近づけ！」と追い立てられているように感じ，苦しかったのです。

　大学では手話サークルを作り，手話学習を始めて1か月もたたない学生に通訳してもらいました。今から考えると「何という無茶を…」と思いますが，その頃は必死でした。手話がわからない単語（例えば，「コミュニケーション」）は，口だけを動かしたり，最初の一文字（「コ」）だけを指文字で表しながら口を動かしたり，「コ（指文字）／話す」と表したりして，通訳してもらいました。

5 …… 教員採用試験

　教育実習は，母校の中学・高校で，口話だけで行いました。

　手話通訳の草分けで有名な伊東雋祐先生（京都校教員）から「聴覚障害教員がほしい」と言われ，教員採用試験の受験を決意しました。受験の時手話通訳がほしいと思い，伊東先生に相談したら，「現状を見ると，手話通訳を希望しないほうが合格する確率が高まると思う。とにかく早く合格してほしい」と言われたので，口話でやると決めました（現在は，希望すれば手話通訳者が配置されます）。面接の時は，聴覚障害があることを説明して，椅子を前の方に動かし，読話と少しの筆談で切り抜けました。模擬授業は，堂々と声を出して行いました。

6 ……結婚・育児の中で

　筆者の子どもたちは3人とも聴者ですが,「1人ぐらいは聞こえない子がほしかったな…」と思う時があります。すると,「あなたは聴覚障害児を育てる大変さを知らないから,そんなことが言えるのよ」と言われましたが,それでもそう思う時があります。子どもは,最初から「泣いてもママは来てくれない」とわかっており,はいはいして母を呼んでくれました。保育所でも,最初は,人をとんとんたたいて手を引っ張る方法をとっていました。最初から手話も使って育てましたが,子どもは聴児なので,やはり音声が先立つ思考様式が多く,子どもの言いたいことがすぐにわからず,何回も泣かれました。

　「聞こえる子どもが,両親の聴覚障害のことで友達からいじめられる」「子どもと外を歩く時は,5メートルぐらい離れて他人のような顔をして歩く」などの話を聞いていたので,筆者もそれを心配しましたが,実際にはそんなことはほとんどありませんでした。例えば,保育所の生活発表会で,子どもたちが歌っていた時,筆者の子どもが,筆者と視線が合ったとたん手を動かしながら歌ってくれたことは,とてもうれしく感激した出来事でした。また,保育所で,子どもの友達が「おばちゃん,アメリカ人?」と聞いてきた時,子どもはすぐに「ママは日本人だよ。耳が聞こえないから,ちょっと話し方がちがうだけ」と説明しており,それも感動した出来事でした。

　もちろん苦労話(今となっては笑い話)もあります。例えば,子どもが赤ちゃんの頃,「補聴器の電池を飲み込んだかも!?」と思い,あわてて病院へ駆け込むという失敗をしました。また,帰宅しようと自転車の後ろに子どもを乗せ,坂道をのぼっている時,子どもが筆者の背中をたたいてきました。筆者は「家に帰ってから話を聞くね」と口で言いました。そして,帰宅後,子どもに尋ねると,「カバンを落としたんだよ」と言われ,筆者は「そういう時は,ママが『あとでね』と言っても,『違う,違う』と背中をたたき続けてほしい」と言って,カバンを探しに行ったことがあります。

　また,補聴器は,体調によって音が不快に聞こえることがあるかもしれません。筆者は妊娠中,補聴器をつけると音がくぐもった感じに聞こえ,長時間つけると気分が悪くなりました。出産したとたんにその感じは消えたのですが,

「あれは何だったのだろう」と今も謎のままです。また，聴力検査では，音が聞こえたと思っても，その音が長く続いているような感じ（残聴感と言うらしいです）がして，気持ち良いものではありませんでした。

3節 筆者が受けた教育に対する感想

1 …… 母が掲げた「恩人」

母は，「恩人」として，聾学校や難聴学級の先生方以外に，以下の3人の方の名前をあげたことがあります。

- 松田道雄氏（小児科医師）：筆者に聴覚障害があると判明し，あちらこちらの病院を回ったり祈祷にすがったりしていた両親に，「聾教育に頼るしかない」と教えてくださいました。
- 林保氏（元京都教育大学学長）：聾学校の三歳児クラスに入るために，田舎から京都市内に転居し，母は京都市近くの小学校に異動しました。その年の初夏，同級生の中で情緒不安定で「遅れていた」筆者を見て，母は「転勤してわずか一学期で教員を辞めると，小学校や子どもたちに迷惑がかかる」と悩んでいた時，林先生の「お金のもうけ直しはできても，教育のやり直しはできないよ」のことばに，教員を辞める決心がついたといいます。
- 森原一夫・マツヨ夫妻（発音指導の先生）：筆者の性格を考慮に入れて，筆者が興味をもったものを題材に取り入れて発音指導をしてくださいました。おかげで，現在，いろいろなところで聴者に直接語りかけることができると感謝しています。

2 …… 筆者の考える批判点

筆者としては，「発音訓練は楽しいものではなかった」と思いますが，「不要だった」とは思いません。聾学校や難聴学級の先生方に対して「感謝している」とは言えますが，特に手話を否定したという面で「満足している」とは言えません。「発声」「読話」「キュー」は，音韻意識の形成や日本語の獲得に役立ったと思います。

以下，順に筆者が批判したい点を述べます。なお，同級生の中で，自分の受けた教育方法に一番批判的なのは，筆者であるように感じています。

①手話に否定的な考え方があったこと

「手話に否定的な考え方」については，本書の第3章を参照してください。

森原先生（筆者の発音指導の先生）には，その後もときどき近況報告に行っていましたが，大学入学後「手話を覚えて人と話すのが楽しい」などと話した時，森原先生は「あなたまで手話を覚えたのですね。仕方ありませんね。時代の流れですね」と言って，ため息をつかれました。そのとても悲しそうな表情は，今も筆者の心に突き刺さっています。「あの世へ行って森原先生に会ったら，何を話せばよいのかと悩んだことがある」と，ある教育オーディオロジー研究会の先生たちに話したら，ある先生が「萩原浅五郎先生（「9歳レベルの峠」で有名）は手話を否定されませんでした。みんな，あの世へ行ったら，手話を否定した先達に『手話も口話も必要』と話しましょうね！」と言われ，感動したことがあります。

②「健聴者に近づける発想」（「障害＝マイナス」の考え方）があり，度を過ぎた聴能訓練や発音訓練が見られたこと

聴覚活用や読話には，努力しても限界がありますが，当時「聞こえる＝良い，聞こえない＝悪い」「発音がきれい＝良い，発音が不明瞭＝悪い」という雰囲気を感じました。聴覚活用ができる友達は，先生からほめられていましたが，筆者は聴覚活用ができないので，悔しい思いをしたことがあります。「『話せなければ人間じゃない』という雰囲気を感じ，肩身の狭い思いをした」と語った保護者も見られます（詳細は，脇中，2002を参照）。

なお，発声・発音や聴能の訓練が優先され，本来の教科学習のための時間が少なかった点を批判する人が見られます。筆者の場合は，そのように感じた記憶はあまりないのですが，そのような授業は確かに良くないと思います。

③ことばの授け方が「訓練的・要素法的・不自然・整理しすぎ」だったこと

ことばの授け方について，当時の幼稚部では，疑問詞を使って質問して回答させるやり方が多く用いられていました。筆者は幼稚部の時，「大人はみんな，私が単語を覚えたかをテストしようとしている」「先生は同じ質問を8回（子どもが8人いたので）繰り返す」と感じ，「これは何？」と聞かれると「知っ

ているもん！」と言って反発したこともあります。

　筆者が大学に入学した時，ある大学の発達心理学者など，いろいろな人が京都校幼稚部の言語指導法に対して，「ことばはコミュニケーションの中で育つもの。『最初にことばありき』ではない」「あれは教育・保育ではなく，調教だ」「私は幼児教育に携わっているが，『ライオンはネコ科です』と教えたり，昼と夜ができる理由を地球儀を使って説明したりするのは早すぎる。幼児期にはもっと他に大切にされるべき内容がある」「『かわいい動物は犬とネコです』などと，最初から答えを決めて教えようとしている感じ。犬は，他の人にとってはこわい動物かもしれないのに」などと，批判的であることを知りました。また，植物園へ行って，もうすぐ解散という時，子どもがブランコやすべり台を見つけて，そこへ行きたがったが，先生は『今日は，植物の名前などを家庭でも復習してください。ブランコやすべり台で遊ばないで帰ってください。もしここで遊ぶと，〈植物園〉の概念が崩れます』と言われ，びっくりした」と語った保護者がいました。

　また，他校（キュー導入校）の先生が，小1の児童に，「明日は遠足ですね。雨が降ったらどうしますか？」と尋ねたら，児童たちは「傘をさします」と答え，驚いていると，「先生はまだ満足していないな…」という顔をして，今度は「長靴をはきます」「合羽を着ます」と言ったそうです。「遠足がどうなるか」を考えようとする児童はいなかったそうです。その先生は，「この質問にはこの答え方をする」というワンパターン的なものを感じたと述べています。

　京都市立二条中学校のある先生は，レインコートを準備するよう指示したら，難聴学級の生徒たちが「何，それ」とざわついたので，「なんでこんな簡単なことばを知らないのか」と驚きました。ある生徒が「合羽のことや」と言ったら，皆口ぐちに「わかった」と言ったので，その先生はさらに驚いたそうです。1人の生徒に尋ねたら「幼稚部では『合羽』と教わったから」と言っていましたが，普通は，その後，合羽とレインコートは同じ意味だと自然に理解されるだろうが，この子たちのことばの獲得の仕方はちょっと変だなと思ったそうです。

　聴覚障害があると，日本語が自然な形で入りにくいので，意図的・計画的にふれさせる，すなわち「教える」必要があります。この時，同じ「教える」で

も「ことばを詰め込む」と「ことばを育てる」では，大きな違いがあります。前者は，子どもの興味・関心や意欲を無視・軽視してむりやり覚えさせようとする方法であり，後者は，子どもの興味・関心や意欲を引き出しながら自然に入れていく方法です。また，「自然」なやり方に関して，「なりゆきに任せる・放任する」ことと「意図的・計画的でありながら，無理のないやり方で進める」ことは異なります。上手な教師は，意図性を秘めながら自然に楽しくことばを授けていきます。意図性むきだしでむりやりやらせようとしたり，「自然なやり方で」を標榜しながら，実質的に「放任」し，日本語をあまり獲得させられない結果に終わるのは，良くないやり方だと思います。

④家庭で，母親が「教師化」しすぎであったこと

　筆者は，毎日家でも母にことばの復習をさせられました。母親の子どもに対する接し方も家庭によってさまざまで，絵カードをあまり使わずに，自然な会話の中でことばのおさらいを工夫した母親もいれば，絵カードの単語を全部覚えさせることに躍起になった母親もいました。「赤いりんご」の絵を見て「りんご」と言えても，「青いりんご」も「りんご」であることを認めようとしない子の話を聞きました。「母親は母親であるべき。教師になりすぎてはいけない」という批判は，③のことばの授け方と関連します。子どもが転んで泣いた時，駆け寄って「大丈夫？」と言うのが自然だと思われますが，ことばを教えることを優先するあまり，泣き叫ぶ子どもに「今，ころびました」などと言わせようとした母親の態度を見て，残念に思ったという話を聞きました。「大丈夫？」「うん」というような心と心の交流と，ことばをタイミングよく授けることのどちらを優先すべきかは，場面や親子間の結びつきの度合いなどによって変わってくるでしょう。

⑤子どもらしい遊び，集団的活動が少なかったこと

　「遊び」に対する概念は人によって異なります。幼稚部では「遊びの時間も設定している」と言われますが，「遊びの時間」の後，「さあ，本当に遊ぼうか」と言った子どもがいたと聞きます。筆者の母は，「幼稚部では，遊びが少ないと思ったけど，それは家で補えばよいと思った。幼稚部では，きちんと日本語を指導してほしいと思った」「何月何日はこのことばを指導すると細かく決まっていて，大雪が降っても，『関係ない』と言って教室でことばを教えようとし

た先生もおられたが，（筆者の）担任は，大雪で興奮する子どもたちを見て，『今日は外で遊ぼう』などと臨機応変に授業を進めてくれ，ありがたかった」と話してくれました。現在の幼稚部は，以前と比べてかなり変化が見られます。

⑥「暗記」だけが勉強ではなく，もっと「想像力」も育むべきであったこと

　高等部では，「勉強＝覚えるもの」と思っている生徒が時どき見られ，授業の時「説明はいらない。答えだけを言ってくれ」と言われた経験があります。その生徒は，問題の出し方や位置を少し変えると，すぐに答えられなくなっていました。ですが，今ふり返ってみると，このような生徒は，以前と比べるとあまり見られなくなっていると感じています。

　筆者が生物を担当した時，「人間のからだの中に細胞がいくつあるかな」と冗談半分で尋ねると，「46！」「23！」などという答えが返ってきました。「細胞は小さいから，顕微鏡を使って見たね」と言ったのですが，生徒から「無数にある」という答えはなかなか出てきませんでした。それを幼稚部のある先生に話すと，「あの子たちが幼稚部の時，私が『顕微鏡は目に見えない小さなものを見るためにある』と教えたのに，あの子たちはもう忘れてしまったのね」と言われ，さらにびっくりしました。それは，「目に見えない小さなもの」の意味を本当に理解できるのは，もっと高い年齢になってからではないのか，また，その後の学力獲得のために，幼児期には想像力を育むことのほうを優先させるべきではないのか，と思ったからです。筆者は，化学を担当した経験もありますが，原子や分子の概念を理解させることが難しいと感じさせられました。

　以上，筆者が受けた教育に対する批判点について述べましたが，生徒と話していると，最近は，発音訓練や聴能訓練（最近は「発音学習」「聴覚学習」という言い方に変わってきています），言語指導に対して「いやな思い出」を抱く生徒は激減していると感じます。「（自分が親になった時）もしわが子が聾なら，口話も大切にして育てたい。でも，親である私が聞こえないから，手話も使いたい」と言う生徒も多いです。補聴器の進歩に伴って，以前と比べてわずかな学習で大きな成果をあげられるようになったことと関連するでしょう。また，幼稚部での教育方法が，少しずつ変化してきていることの表れだと思います。

4節 「手話−手話論争」に関連して

　筆者の聴力レベルは100dBを超えていますが，10〜20代の頃聴力検査を受けた時，「この聴力だったらもっと聴覚活用できるはず」と言われたことがあります。けれども，「手話−手話論争」の時代に入った頃から，「聴覚活用偏重に対する反省」がなされるようになり，現在は「筆者の年代で，筆者の聴力では聴覚活用はまだ難しかった」と言われるようになったと感じています。

　「手話−手話」論争の中でストレスを感じ，病気で休職している聴覚障害教員がいるという話を聞きました。筆者も「聾者としての誇りをもつなら，声を出すな，対応手話を用いるな」「あなたが本物の手話を使えば，京都校でも本物の手話が広まる。そうすれば，子どもたちは学力を獲得できる」などと言われたりして，非常にストレスを感じましたが，それを他の人に言っても，「そこまで言う人がいるのか。気にしすぎ。被害妄想では」などと言われると，自分のストレスが理解されないというストレスを二重に抱えることになりました。「発声や日本語対応手話を否定しない筆者の存在を疎んじている人が陰で真実でないことを言ったりして不穏な動き方をしているようだと聞いた時は，大変不愉快な思いをしました」と筆者は雑誌につづりました（脇中，2005）。すると，これを読んだ人が「こんなことを書く奴はクビだ！」と息巻いたという話を聞きました。「こんなこと」というのは，「口話も必要」の部分だろうと推察しました。「口話を許容する聾者」に対して嫌悪感や反発心を抱く人がいますが，だからといって，筆者は「口話は不要」などと言うことはできません。「聾学校教員は，最初から声を出さない手話で子どもたちに教えるべきだから，手話講座では，そのような手話を正しいものとして指導すべき」などと言われ，ストレスを感じ，手話講座の講師をすべて辞退した年度もありました。その後，京都校の管理職たちも口話法や対応手話をめぐる論争の渦中に身を置くことが増え，筆者は，ストレスを抱いているのが自分ひとりだけではないことが感じられるようになり，気持ちが楽になっていきました。

　かつて，佐藤在寛（函館盲啞院院長）は，手話を徹底的に排除しようとする口話法支持者の動きに対して，「事大主義」などと言って，自分の考えを他者

に押しつけることを批判したと聞きますが,その時と似た雰囲気を,現在の「手話－手話論争」の中で感じることがあります。昔の裏返しのようなことが繰り返されることを,残念に思います。

なお,「手話－手話論争」に関して,「歩み寄りが大切」と言う人がいますが,「対応手話や口話を否定する傾向をもつことが,相手に歩み寄るということになる」のならば,筆者はそんな歩み寄りはできないと思います。

例えば,主治医から「P薬しかない」と言われてP薬を服用し続け,悪い結果になった後,患者がP薬の副作用や他の薬の存在を知ったり,主治医が「他の薬も効果的」と言い出したりすると,その患者はやりきれない思いでいっぱいになるでしょう。P薬が手話と口話のいずれであっても,聾学校教員としては,このような患者の例が生じないような言動を心がけたいものです。筆者も長い年月の間に考え方や言い方を変えることがありますが,「P薬により学力伸長を図りたい」という願いや理想が,根拠なしに「P薬でなければ学力伸長はできない」という言い方に変わらないよう気をつけるべきこと,周囲の雰囲気を見て主張内容を変えるという無節操な変わり身は逆に信用を失う場合があること,「当時は若かった・知らなかったから」ではすまされない場合があることを考慮に入れた行動が,教育関係者に求められるように思います。

「口話－手話論争」と同じように距離感をもって「手話－手話論争」を短く記述できる時期,「あの時,実は…」などと昔話として笑いながらさらりと言える時期が,早く到来してほしいと願っています。

文献

脇中起余子 2002 聴覚障害者本人および親の意識調査（1）—「京都難聴児親の会」親と本人に対するアンケートから　ろう教育科学, **44** (2), 55-72.

脇中起余子 2005 聾教育の課題と展望—コミュニケーション論争を中心に　発達4月号　ミネルヴァ書房 Pp.70-76.

第6章

現在の日本における聴覚障害教育

> D子さんは耳が聞こえないので席は窓寄りで前から二列目のところにしてあげるように

　「インクルーシブ教育」を目指す現在の特別支援教育に対して，聴覚障害教育関係者と他の障害教育関係者とで反応に違いが見られます。特別支援教育の始動に伴い，「○○聴覚特別支援学校」などと校名変更する聾学校，知的障害児を受け入れる聾学校などが出始めています。本章では，現在の日本における聴覚障害教育の全体像について簡単に紹介しますが，他の聴覚障害教育概論に関する本（中野・根本，2008 など）も参照してください。

1節 聴覚障害児に対する教育の場

2007年4月の学校教育法の改正施行によって，法制上は「聾学校」は「（聴覚障害者である幼児，児童，生徒に対する教育を行う）特別支援学校」と改められ，それに伴い，校名変更する聾学校が相次いでいます。しかし，文部科学省の通知では，「聾学校」という名称を用いることができるとされており，また，校名変更したものの通称として以前の「〇〇聾学校」を用いるとした聾学校も多数あります。「難聴学級」についても，新しい制度では「難聴特別支援学級」となりますが，通称としての「難聴学級」もよく使われています。

本書では，特に法律に関わる記述では，「特別支援学校」や「特別支援教育」という用語を用いますが，それ以外のところでは，従来の言い方を用いることとします。

■ 聾学校（特別支援学校）

特別支援教育制度の発足に伴い，山口県立聾学校は，知的障害児など他の障害児も受け入れる「山口県立山口南総合支援学校」に変わりました。このように，聴覚障害児以外の障害児を受け入れることになった聾学校，逆に聴覚障害児も受け入れることになった養護学校が見られます。2008（平成20）年度の時点で，「学則等で受け入れを明示している障害種別で分類」すると，「聴（99校），聴・知（2校），聴・知・肢・病（1校），聴・知・肢・病・視（14校）」となっています。

この「聴（99校）」，すなわち「聴覚障害を対象とする特別支援学校」は，国立が1校（筑波大学附属聴覚障害特別支援学校），公立が96校（分校8校を含みます。また，幼稚部しかない聾学校や高等部しかない聾学校などがあります），私立が2校（日本聾話学校と明晴学園）です。この99校に在学する幼児・児童・生徒数は，2008年5月現在，幼稚部が1,264名，小学部が2,175名，中学部が1,276名，高等部が1,712名，計6,427名です。

なお，2006（平成18）年度の場合，盲・聾・養護学校児童・生徒1人当たりの学校教育費は，小学校の約9.7倍，中学校の約8.3倍でした。

■ 難聴学級（特別支援学級）

難聴学級に在学する児童・生徒数は，2008年5月現在，小学校が901名，

● 表　聴覚障害の児童・生徒数

		幼稚部	小学部	中学部	高等部
2008年度 (文部科学省資料より)	①聾学校（99校）	1264名	2175名	1276名	1712名
	②難聴学級（706学級）	※1	901名	328名	※2
	③通級		1616名	299名	
2002年度 (藤本，2008より)	補聴器・人工内耳装用者で，①②③のいずれでもない者		781名	841名	

中学校が328名です。

■ 通級（特別支援学級）

　通級による指導を受けている聴覚障害児童・生徒数は，2008年5月現在，小学校が1,616名，中学校が299名です。

　小学校の段階では，難聴学級と通級に在籍する児童・生徒数を合わせると，聾学校の在籍人数を超えていることになります。

　また，以上の「聾学校」「難聴学級」「通級」のどれにも該当せず，地域の学校に在学していると考えられる聴覚障害児は，藤本（2008）によると，2002年5月の場合，小学校が781名，中学校が841名とされています（補聴器・人工内耳装用児に占める比率は，それぞれ27％，57％です）。

　なお，障害者手帳がなくても補聴器を装用しているケースは相当数見られます。また，「障害者手帳は所持していないが，聾学校に在学しているケース」も，少数ですが見られます。

　聾学校，難聴学級，通級，地域校（特別な支援なし）のそれぞれに在籍する児童生徒間に，聴力レベルの差異が存在するかに関するデータは探し出せませんでしたが，筆者の印象では，京都府では，聾学校と難聴学級を比べると，聴力レベル上の差異より学力や日本語の力の差異のほうが大きい傾向があるように感じます。また，京都市内と京都府下とでは，選択できる学校に違いが見られます。地域校を選択した親に対して，聾学校に行かせないことをなじるような言動があったと聞いたことがありますが，筆者も，聾学校に行かせたいと思ったら寄宿舎に入るしかないような地域に住んでいるとしたら，わが子にはなるべく家から通ってほしいと思うゆえに，日本語の力や学力がある程度あり，積

極的な性格の子どもであったら，地域校を（障害ゆえの支援を求める方向で）選択するかもしれないと思います。

なお，表の中の※1について，京都市の場合，児童福祉センター「うさぎ園」が療育機関として存在します。他府県についてもこのような療育機関が存在します。しかし，母子家庭であり，母親が就労せざるを得ず，子どもを保育所・園に通わせるケース，幼い弟妹がいたり聾学校が遠かったりして聾学校幼稚部に通えないケースなどがあると思われます。また，※2について，高校生に対する支援が小学生や中学生と比べると少ないという現状が見られます。京都府立山城高校は，聴覚障害児を受け入れている高校として有名ですが，授業は通常の学級で行われています。これらのケースに対する支援のあり方は，今後の課題となるでしょう。

2節 言語指導の方法

1 …… 構成法的アプローチと自然法的アプローチ

四日市（2008）は，言語指導の方法として，基本的には，「構成法的アプローチ」と「自然法的アプローチ」があると述べています。

構成法的アプローチは，「要素法」とも言われ，要素の組み合わせによって日本語を指導し，徐々に複雑な文章も理解できるようにさせるものです。例えば，筆者の受けた教育の場合，まず簡単な名詞や動詞が教えられ，助詞は簡単なものから教えられます。自動詞と他動詞の区別も，カードなどを用いて教えられます。スモールステップで進められ，この順序に従えば，一定の質と量の日本語が獲得できます。しかし，この方法に対して，「限られた状況の中でしか使えない。思考やことばの使い方が硬い。生きた言語の獲得につながらない」などと批判する人が見られます。

それに対して，自然法的アプローチは，まず子ども自身の心や感情を動かし，その心や感情の動きに沿った言語表現を授けるというものであり，聴児の場合の言語習得の状況に近いものであると言えます。しかし，この方法は，教師の指導技術による差が大きく，常に大きな成果を生み出すとは言えないとされて

います。これに関して，四日市（2008）は，構成法的アプローチと自然法的アプローチは排他的なものではないと述べています。

　筆者としては，前者の代表的な例として京都校幼稚部を，後者の代表的な例として筑波校幼稚部をイメージしますが，京都校でも，自然法に近いやり方を取り入れるなど，最近変化が見られるように思います。

　その他，聾学校による教育方法の違いや言語指導の実際については，都築（1998）の『聴覚障害幼児のコミュニケーション指導』や，我妻（2003）の『聴覚障害児の言語指導』などを参照してください。

2 ……コミュニケーション手段によるさまざまな方法

　聴覚口話法は，聴覚活用や読話（読唇），発声によって日本語の習得を図る方法ですが，現在，幼稚部から高等部まで聴覚口話法だけで教育を行っている公立の聾学校はほとんど存在しません。また聴覚口話法だけで教育するべきだと主張する人もほとんど見られないと言えるでしょう。あえて言えば，日本聾話学校が，日本でいちばん「純然たる聴覚口話法」を採用していると言えるかもしれませんが，日本聾話学校は，教室では手話は使わないものの，家庭での手話の使用を禁止するわけではないと聞きます。

　都築（1998）は，「キュードスピーチ法」を，キュードスピーチを補助的に使用する聴覚口話法としていますが，京都校では，「キュードスピーチ」と「キューサイン」は異なるという意見が見られます。他校に勤務する聴覚障害教員から「生徒たちは中学部や高等部になってもキューを使い続ける」と聞きましたが，京都校では，筆者は高等部でもキューを使い続ける生徒はあまり見かけません。筆者は，「先生はキューを知らないだろう」と思った生徒が，HRの時に内緒話をしようとしてキューを使う場面を見かけたぐらいです。筆者も，小学校に上がる頃には「キューを使うのはもうやめようね」と指導されました。キューを導入した聾学校として，京都校以外に，千葉校，奈良校，広島校，鳥取校，香川校などを聞いていますが，奈良校や広島校では，現在は手話や指文字に切り替えられていると聞きます。

　「同時法」は，栃木校で用いられている方法であり，「読話・発語・聴能利用・手指法など，多くの通信路を併用して，日本語の通信容量を大きくして，日本

語の学習の成果を高めようとする方法」であるとされています。栃木校で使われる手話は，ちまたで使われている手話とは少し異なっており，「同時法的手話」という言い方がよくされています（栃木校で使われている手話を「対応手話」と言う人も見られるので，文献を読む時は，注意が必要です）。

「聴覚手話法」は，東京都立足立校（現在綾瀬校と統合され葛飾校となっています）で使われた教育方法でした。指文字より手話のほうが話しことばのリズムにあうという理由などから始められた方法だそうです。

「バイリンガル聾教育」を学校として採用している聾学校は，2008年に開校した明晴学園だけであるといえるでしょう。詳細は，第4章の6節を参照してください。

なお，手話を導入した公立聾学校の幼稚部として，奈良校や三重校，広島校，足立校，岡崎校，平塚校などが有名ですが，その後，小学部に入った子どもの実態から，幼稚部での手話導入の仕方を再検討した聾学校があると聞きます。「日本語の力が弱く，小学校の教科書が使えない」「手話で通じるのに，なぜ日本語を覚えなくてはならないのかという雰囲気の子どもが見られる」「良く言えば活発で人なつっこいが，悪く言えば椅子に長く座っていられず，ため口をきく子どもが多い」「手話が未熟な教師を見下して話を聞こうとしない子どもがいる」「相手からの歩み寄りを一方的に要求し，自分から歩み寄ろうとしない例が見られる」などと聞いたことがありますが，このような例が存在するからといって手話法を全面否定してはいけません。「手話法にある条件が加わった時にこのような例が生じる」と考え，その「ある条件」とは何かを考えて改善策を考える必要があります。「口話法は臨床心理的な問題を引き起こす」についても，同様に考える必要があります。

3節 聾学校における教育の目的

聾学校の教育目的として，学校教育法では，障害の状況などを考慮に入れながら，「幼稚園，小学校，中学校又は高等学校に準ずる教育を施す」とされています。すなわち，各学部で「準ずる教育」を行うとともに，障害から起因す

るさまざまな問題の解決のための指導を行う必要があり，後者のために「自立活動」という名目の授業が行われています。「自立活動」については，第11章の2節で詳しく述べます。

　全国の聾学校高等部を見ると，普通科と職業科，重複障害児のためのコースがあり，職業科として「産業工芸科」「デザイン科」「被服科」「理容科」「印刷科」「歯科技工科」などが見られますが，最近職業科の統廃合の動きが激しくなっています。京都校では，昔は「手に職を」という願いから職業科だけが設置されていましたが，（一般の高校で言うところの）普通科がほしいという要望があり，1992年度に普通科が設置されました。そして現在では，例えばデザイン科を卒業してもデザイン関係の仕事に就くわけではないというように，職業科での学習と進路が直接結びつかない傾向が見られます。

　聾学校では「準ずる教育」を行うとされていますが，現実には，第7〜8章で述べるように，小学校高学年以降の教科学習に困難を示す児童・生徒が多く見られます。どの学部でも，該当学年の教科書の使用が難しく，該当学年より下の学年の教科書や聾学校用の教科書を用いる例が多く見られます。教科書の採択にあたって，「前年度に採択した教科書より下の学年の教科書は採択できない」と言われているので，各学部間の連携が求められます。

　聾学校の教育課程を調べればわかるように，高等部（の普通科や職業科）では，高等学校の教育課程で使われている教科名で構成されていますが，実際には，高校の教科書を使うことが難しい例も見られます。具体的に言えば，教育課程上は「数学Ⅰ」や「数学A」を履修済みとなっていても，実際には，小学校や中学校レベルの算数・数学の指導で終わっているケースがかなり見られます。

4節　超早期発見と聴覚障害教育

　新生児スクリーニングにより，聴覚障害がさらに超早期に発見されるようになりました。ただでさえ出産直後の母親は不安定になりがちですが，わが子の障害（やその可能性）を告げられ，母乳が止まった例が見られるといいます。

そのこともあり，障害（やその可能性）の告知の仕方や母親支援のあり方が問われています。同じ聴力であっても，補聴器装用が早いほど効果があると言われているので，超早期に発見されたことが「プラス」の方向へ作用するように，病院や教育機関，保健所などの連携が求められます。

なお，京都校におけるカリキュラム（口形記号やキューを併用する昭和40年頃からの聴覚口話法）について，これは，聴覚障害が1歳～2,3歳の間に発見されることを前提としていたと思われます。最近は0歳台で発見されるようになりましたが，0歳児に今まで2歳児に対してしていたことを行うのは無理があり，視覚言語（「身振り」「手話サイン」「手話」などを含む）も求められるようになっていると感じています。現在の京都校幼稚部は，家庭での手話の使用を禁じることはなく，むしろ，どんな形であれ会話（意思疎通）がたくさんできるほうが，その後の指導がスムーズに進みやすいと考えているようです。ただ，聴覚活用や日本語の音韻意識の形成という面をおろそかにしてはいけないと考えており，それは筆者も同感です。

聴児であっても，視覚優位型の生徒がおり，京都市立二条中学校では，視覚を利用しての指導が多く行われる難聴学級に，聴覚障害はないが視覚優位型の生徒が混じって授業を受けたことがあると聞きます。聴児の場合も，「ベビーサイン」がブームになったことがありましたが，「聴覚活用を妨げるから，ベビーサインの使用は控えるように」という声は聞いたことがありません。それと同様に，聴覚障害児の場合も，超早期から視覚と聴覚のどちらでもいいので言語的刺激を豊かに与える必要があると考えます。その後，その子どもの認知特性や好み，言語の獲得状況がわかってきて，指導方法を子どもに合わせて変えることはあり得るでしょう。

なお，「障害認識」は，単なるアイデンティティ形成の面だけでなく，ふだんの行動様式とも関わってきます（前者については，第11章の1節2を参照）。筆者は，「0歳から障害認識が始まる」と考えています。聾者の友人から「聴者の両親をもつ赤ちゃんは声で泣くが，聾者の両親をもつ赤ちゃんはからだで泣く」と聞いた時，「筆者の子どもは3人ともそうだった」と思いました。つまり，筆者の子どもは3人とも聴児でしたが，声だけで泣くより手足をばたつかせて泣くほうが，母親が早く反応してくれるとわかり，さらにからだや顔全

体でコミュニケーションするようになったのです。「ママは聞こえないから、とんとんして呼んでね」などと説明する以前に、からだや表情で話す習性が形成されていました。それで、保育所に入った当初も、先生や友達をとんとんたたいて手をひっぱって呼ぶ方法をとっており、保育所の先生から「先生やお友達は聞こえるから、声で呼べばいいのよ」と教えられ、子どもは、すぐに母親（筆者）と他人を区別して呼ぶようになりました。これらのことから、聴覚障害があると超早期からわかったならば、声だけでなく、手や表情、からだ全体を使って会話するようにしてあげてほしいと思います。

5節 重複障害教育

　聴覚障害の発見が遅れると、日本語の獲得が遅れる場合が多く見られます。以前は、知的障害があるとまちがえられた例が多く見られ、現在も少なからずまちがえられるそうです。聾学校では、重複障害があるか否かの判断が難しいケースがよくあります。「手話を会話の道具として流暢に使えていたら、知的障害ではない」と言う人が見られますが、筆者は、ある知的障害者（養護学校出身であり、簡単なたし算ひき算はできるが、九九が難しい）の話の内容をことば通りに手話通訳してもらい、「聴者並みに普通に会話できている！」と驚いたことがあります。

　京都校では、単一障害児に対しては、通常の学校に準ずる教育を行うことになっており、教育課程を見ても（自立活動を除いては）一般校と大差は見られないといえます。一方、重複障害児に対しては、「養護学校的なカリキュラム」を組むことがあります。

　なお、筆者の個人的な印象ですが、聾学校にずっと在籍している重複障害児と養護学校や地域の障害児学級から来た重複障害児とを比べると、前者は、日本語の語彙量がやや多く、まちがいの少ない文章を書くが、ややワンパターン的である例が多いのに対し、後者は、日本語の語彙量は少ないが、周囲の状況を見て的確に動ける例が多いように感じることがあります。

　また、養護学校から来た教師と一般校から来た教師の間に違いを感じるとい

う声も聞いています。「国語などの専門教科の枠での教員採用試験になかなか合格できなかった人が，特別支援教育の枠でやっと合格した例が見られるが，聾学校では，『準ずる教育』をすることになっているので，専門教科の力をもっと身につけていてほしい」という声を聞いたことがあります。聾学校教員は，特別支援教育の専門性，専門教科の力（「準ずる教育」を行う力），手話の力（しかも単に手話に翻訳する力だけではなく，日本語指導を念頭に置きながら手話を活用する力）などが求められる厳しい状況にあると感じます。

　長年聾学校にいると，養護学校ではなく聾学校を選択する保護者は，日本語や計算の力などを少しでもわが子に指導してほしいという要望が強いように感じます。そんな状態の中で，筆者が考える指導上の「留意点」は，以下のようなことです。

- 「ことば」がほとんどないように見える生徒であっても，音声や手話でたくさん話しかけること——ある保護者が「絶えず話しかける先生を見て，親である私の話しかけが少なくなっていたことに気づきました」と連絡帳に書いていました。
- 重複障害児の場合は，さらにきめ細かい「スモールステップ」を追求すること——「同じことばかりやらせないで」と言った保護者がいましたが，それは「同じ内容ばかりやらせないで」ではなく，「少しずつでいいからスモールステップで次つぎと異なる教材を準備して進めてほしい」という意味の場合があることを，筆者は学んだことがあります。
- なるべく本人が興味をもつ範囲から学習を始めること——本人が興味をもったり必要だとわかったら，それまでなかなか進まなかった学習が格段に進むことがあります。「興味をもってくれない」と言うのはたやすいですが，「興味や意欲をもたせる」ための工夫も求められます。家庭の協力の有無によっても，興味や意欲の度合いが変わってくると感じます。
- その子にとって有効な方法を見極めながら指導を進めること——手話が否定されていた頃，重複障害児学級では手話の使用が黙認されていたところが多いことからもうかがえるように，重複障害児は音声より手話のほうが理解しやすいと考えられていますが，音声が効果的であるならばそれも活用する必要があります。ある生徒は，物を数えたりする時，口も動かすほ

うが正確に数えやすいように感じたので，口も動かしながら数えることを勧めました。

6節 高等教育

　文部科学省の統計資料を見ると，2008（平成20）年3月に聾学校高等部を卒業した422名のうち，大学や短大に進学した人は47名（11％），聾学校専攻科が113名（27％），職業能力開発校等が33名（8％），就職が179名（42％）でした。

　また，日本学生支援機構の調査（2007年5月）によると，大学と短大，高等専門学校の計1,230校に在籍する障害者は5,404名で，そのうち「聴覚・言語障害」者は1,355名ということです。欧米諸国と比べると，日本では，障害のある大学生の比率は非常に低いと言われています（ただし，障害者と非障害者の境目が日本と外国とで異なる可能性を考慮に入れる必要があります）。

　以前は，聴覚障害があると薬剤師や医師になれないという欠格条項があり，筆者も高校の時「薬学部や医学部はあきらめるように」と言われました。現在は，この欠格条項はなくなり，聴覚障害のある薬剤師や医師が誕生しています。

　大学での情報保障について，筆者が大学生の時と比べると格段に進んでいますが，現在も課題はまだたくさんあります。特に，専門教科のノートテイクやパソコン通訳，手話通訳は難しいです。外部からの手話通訳者が首をかしげながら「S＋チーム」という手話で表した時，筆者は「エスチーム（尊重：esteem）」という用語があることを通訳者に伝えたことがあります。筆者がその用語を知らなかったら，きっと筆者もわからないままだったでしょう。

　なお，筆者の出身大学に，数年前に聴覚障害学生が入学し，情報保障のことで相談された時，筆者の時にあった体制がなくなったことを知りました。せっかく良い制度や体制が作られても，聴覚障害のある学生がしばらく入学しないとなくなることがないように，何らかの手立てが求められます。また筆者は，外部からの通訳者やノートテーカーの派遣が，同級生と筆者を引き離すように感じた経験があります。大学では，濃密な人間関係を築くことも大切な学習の

1つと考えることから，障害学生と同級生を引き離すことがないような情報保障の体制作りが求められます。それから，通訳者やノートテーカーの配置には人件費がかかるので，音声認識ソフトがさらに開発されると，今後の情報保障は音声認識ソフトを利用したものに変わっていくように思います。

7節 特別支援教育制度と聾学校への影響

1 ……「インテグレーション」と「インクルージョン」の違いに関わって

現在，障害児は非障害児と共に教育を受ける権利があるという考えがさらに広がり，「インテグレーション」(integration) ということばに代わって，「インクルージョン」(inclusion) ということばが頻繁に用いられるようになっています。

荒川（2003）によれば，「インテグレーション」は，「既存の通常学級システムに障害児を同化させる」という理念であるのに対し，「インクルージョン」は，「子ども観の修正，教育目的の再考などを含む『学校システムそれ自体の改革を要求している』」ものであるといいます。すなわち，障害の有無や程度に関係なく，同じ場所で共に学べるよう教育的環境を整えようとするものであり，現在の「特別支援教育」は，この「インクルーシブ教育」(inclusive education) を目指すものであるといえます。その一方で，「特別支援教育はコスト節減のため生まれたもの」という見方もあります。

このインクルーシブ教育に対して，聴覚障害者に関わる人たちからの反応と，それ以外の障害者に関わる人たちからの反応に違いが見られます。

世界的なインクルーシブ教育への動きに伴って，文部科学省は2003年3月に「今後の特別支援教育のあり方・最終答申」を発表しました。これは，発達障害の1つと言われているAD/HD（注意欠陥・多動性障害）など，通常学級にいるとされる障害児に対する対策を講じようとする点で評価される一方で，特に聾教育関係者からは，「聾学校の存在が危うくなる」「聾教育の専門性が薄れる」などの声が多数出されました。世界ろう連盟のはたらきかけによって，サラマンカ宣言（インクルーシブ教育の必要性をうたったもの）の中に聾者の

コミュニケーションニーズに関わる項目が付記され，全日本ろうあ連盟も，「ろう児がろう学校で学ぶことが適切」であること，「ろう学校に聴覚障害教員を配置する」必要があることなどを指摘しました。

　聴覚障害があると，聴覚的情報の欠如・不足により，その国の聴者が用いる音声言語の獲得が困難であり，そのことが社会性など他の面にも影響を及ぼすことになりますが，他の障害児教育の場合，そこで用いられる言語は非障害児・者の言語と同一であるのに対して，聾教育の場合，「自然手話」は，その国で用いられる音声言語と異なる特性をもつゆえに，非障害児・者の用いる言語と異なる言語になります。どんな言語でも，その言語の獲得のためには，その言語を用いる集団や環境を必要とすることから，とりわけ聴覚障害児の場合，「どんな集団や教育的環境を用意するか」が大きな問題になります。上野(1991)も，「障害児教育と言われるものの中で，聾教育は，この言語指導という点において，他の障害児教育とは異なる著しい特徴を示している」と述べています。

2 ……特別支援教育の発足と聾学校に対する影響

　特別支援教育制度の発足に伴い，校名変更された聾学校，知的障害児を受け入れる聾学校などの例を，以下に紹介します。

(1) 校名変更

　2007年4月から校名変更した聾学校として，筑波大学附属聾学校（筑波大学附属聴覚特別支援学校に改名），横浜市（横浜市立ろう特別支援学校），兵庫県（神戸聴覚特別支援学校など），広島県（広島南特別支援学校など）があります。2008年4月から校名変更した聾学校として，大阪府（生野聴覚支援学校など），静岡県（浜松聴覚特別支援学校など），宮崎県（都城さくら聴覚支援学校など），山口県（山口南総合支援学校）などが見られます。それ以降も，いくつかの聾学校が校名変更を行っています。

(2) 養護学校や盲学校との統合や校名変更に反対する動き

　山口県立山口南総合支援学校では，幼稚部から中学部までは聴覚障害児だけが在籍していますが，高等部では，聴覚障害児3名，知的障害児9名，病弱児3名が在籍しており，体育以外の授業は障害別に行っているといいます（『日本聴力障害新聞』2008年8月号より）。このように，すでに知的障害児などの

受け入れに向けて動き出している聾学校が見られます。

　長野県では，長野聾学校の校舎の老朽化の問題と絡めて，長野聾学校と長野盲学校の統合案が出され，反対意見が相次いでいます。愛媛県や沖縄県でも同様な動きがあり，全国各地で，養護学校や盲学校との統合や校名変更に反対する動きが起きています。

(3)「センター的役割」に関わって

　「センター的役割」の必要性が叫ばれるようになり，各聾学校では，地域校に在籍する聴覚障害児に対する支援に力を入れ始めています。また，今までも重複障害児に対する教育のあり方が問題になっていますが，今後さらに検討されなければならないでしょう。

文献

我妻敏博　2003　聴覚障害児の言語指導　田研出版
荒川　智　2003　特別ニーズ教育とインクルージョン　中村満紀男・荒川　智（編著）　障害児教育の歴史　明石書店　Pp.89-105.
藤本裕人　2008　わが国における聴覚障害教育の目的と制度　中野善達・根本匡文（編著）　聴覚障害教育の基本と実際〈改訂版〉　田研出版　Pp.43-58.
中野善達・根本匡文（編著）　2008　聴覚障害教育の基本と実際〈改訂版〉　田研出版
都築繁幸（編著）　1998　聴覚障害幼児のコミュニケーション指導　保育出版社
上野益雄　1991　十九世紀アメリカ聾教育方法史の研究—1840〜1860年代を中心に　風間書房
四日市　章　2008　聴覚障害児の言語とコミュニケーションの方法　中野善達・根本匡文（編著）　聴覚障害教育の基本と実際〈改訂版〉　田研出版　Pp.27-42.

第 7 章

聴覚障害児に見られる「つまずき」
―日本語の獲得における例を中心に―

　「9歳の壁」ということば（詳しくは第8章を参照）は聾教育現場でいちはやく指摘されてきました。「9歳の壁」を越えられないと，小学校高学年以降の教科学習や自己客観視などが難しいと言われています。本章では，日本語獲得における「つまずき」を中心に，いろいろな「つまずき」の例を具体的に示しますが，これらを，「9歳の壁」と関連するもの，それ以前の「壁」と関連するもの，単に経験不足や情報不足と関連するもの，などに分類することは難しいと思われます。

1節 聴覚障害児に見られる「つまずき」の例

　言語獲得期以前に失聴すると，音声言語が耳から入ってこないので，日本語の獲得が困難になります。聾学校では，「お昼は，パン終わってから，グラフ（クラブの意）をやります」「数学の中間テストの返って何点,87点でした」「集中を高めて，合格ができるようがんばりたい」のように，だいたい意味がわかるものの「正しくない日本語の文章」がよく見られます。書記日本語の力が不足していると，文字の形で情報保障がなされても，文の意味が正しく理解できず，職業選択の幅が狭められたりします。そこで，補聴器や視覚的手段などの活用によって，書記日本語や学力の獲得を図ることが大切になります。

　日本語を自然に獲得した非障害者や言語獲得期以降の失聴者は，言語獲得期以前に失聴した場合の日本語獲得の困難さを，具体的にイメージしにくい人が多いようです。そこで，以下に具体的な「つまずき」の例を紹介します。

1 …… 日本語の獲得に関わって

(1) 語彙量が少ない

　小学校入学時に必要な語彙量は，2,000〜4,000語と言われています。
　「日本語の語彙量が多い」イコール「日本語の力が高い」,とは限りませんが，語彙量が不足していると,文章がなかなか理解できないことも事実です。また，語彙量が少なくても（決定的に少ないのは致命的ですが）意味を推測しようとする力を育てることも大切です。それで，すぐに答えを教えたり辞書で調べさせたりするのではなく，意味を推測させることも大切にしたいと思います。

(2) 字面が似ていると混同しやすい，単語の音節が正確に覚えられない

　聴覚障害児は,「耳たぶ」を「耳ぶた」,「あらたに」を「あたらに」というように,音節を入れ替えて覚えている例がよくあります。また,「プレイ」と「レイプ」,「ビル」と「ビール」を混同したり,「まきじゃく」を「まじゃくし」(「おたまじゃくし」との混同か？）と書いたりする例のように，字面の印象が似ていると混乱したり，字面が似ている漢字を混同したりする例が多いです。
　聴児であっても，小さい時は「ヘリコプター」を「ヘリポクター」などと言

うまちがいが時どき見られますが,「みみたぶ」と「みみぶた」は,耳にした時のほうが文字を目にした時より, はっきり「この2つは違うことば」という印象を与えるように思われます。したがって,聴覚活用できるならば,耳も使ってことばを学習するほうが効果的であると考えます。

なお,担任や毎日顔を合わせる教科担当者など,人の名前がなかなか覚えられない例が,時どき見られます。

(3) 漢字が正確に読めない

聴覚障害児は,漢字が正確に読めないことが多いです。難しい漢字が読めるのに,簡単な漢字の読み方をまちがう例もよく見られます。

筆者は,友人の結婚式で,聴覚障害者が次つぎと「結婚」の手話の前に「オ」という指文字をつけて「お結婚,おめでとうございます」と言うのを見て,「『ご』と読むのでは」と思いながらも自信がなくなった経験があります。「御」を「お」と読む例として,「御礼」「御宅」などがあり,「ご」と読む例として「御挨拶」「御恩」などがありますが,「お」と「ご」は口形が似ていることもあり, 正確な読み方を身につけることは難しいと思われます。

「一日」の読み方(「一日かかる」「一日に行く」「一日千秋」),「中」の読み方(「今日中」「相談中」「町中に広がる」「町中の家」) など,枚挙に暇がありません。

「ひとつ,ふたつ…」のような言い方を知らないので,「2つ」を「につ」,「6つ」を「ろくつ」と読んだりします。「1匹,2匹,3匹…」の「匹」は,数字によって読み方が変わってきますが,これも難しいです。筆者も,幼稚部の時,「いっぴき,にひき,さんびき…」「いっぽん,にほん,さんぼん…」などと, 何回も言わされた記憶があります。

パソコンで文書を作る時,漢字が読めない人は,1字ずつ入力するため時間がかかります。例えば,「消去」が読めないと,「けす　さる」と入力して「消す去る」とし,「す」と「る」を削除する,という具合になるでしょう。「聴覚障害があるから,漢字は正確に読めなくても,意味がわかればよい」と言った教員がいましたが,パソコン入力のことを考えると, 読み方はできるだけ正確に覚えているほうがよいでしょう。

(4) 漢字に頼りすぎて意味を考える

ひらがなやカタカナより漢字のほうが, イメージがわきやすい人が多いよう

です。筆者も，手話通訳の時，「バジトウフウ」という指文字より，「馬／耳／東／風」という手話のほうが，意味がわかりやすいと感じています。

しかし，漢字に頼りすぎて，意味をまちがって解釈する例も多くあります。「大便は大きなうんこのことで，小便は小さなうんこのこと」「座薬は，座って飲む薬のこと」「木枯らしは，枯れた木のこと」「所得税は，得という字があるから，多いほうがよい」などです。漢字から意味を想像できる力は大切ですが，漢字に頼りすぎて判断してはいけません。音読みと音読，赤い鉛筆と赤鉛筆，見下すと見下ろす，など，読み方や送りがなによって意味が変わる例も多いからです。では，これらを，どんな手話で区別して表せばよいでしょうか。

(5) 抽象的なことばが少ない，理解しにくい

従来から，聴覚障害児は具体的なことばは覚えられても，抽象的なことばが理解しにくいことが指摘されています。

「お金」は，具体物である硬貨や紙幣を見せて「これがお金よ」と言えますが，「税金」は，「これが税金よ」と提示できません。「国民や府民からお金を集めて…」などと説明しなければなりません。この「ことばによることばの説明」の理解が難しいのです。

特に，目に見えないもの（原子や分子など），相対的な関係を表すもの（比率，濃度など），微妙な心理を表すことば（義理，意地，依怙地など）の理解が難しいと感じています。

聾学校で，理科と数学の免許をもつ教員が，「理科の中でも，生物は教えやすいが，化学や物理は教えにくい。特に，目に見えない概念のところで，説明が難しい」「数学と理科とでは，理科のほうが，具体物を使っての導入がしやすい。数学は，興味をもたせたり意欲を引き出したりするのが難しい」と語ったことがあります。

(6) 具体的なことばの適用範囲が正しく理解できない

聴児であっても，最初から，単語の意味を正確に理解できているとは限りません。ある聴児は，出されたジュースを一口飲んで，「ジュースちゃう！」と叫びましたが，母親から「これもジュースよ」と言われて，その後「ジュース」に対するイメージを修正したことでしょう。聾学校では，「青いりんご」も「りんご」と言えることに抵抗し続けた例があったと聞きます。

第7章　聴覚障害児に見られる「つまずき」—日本語の獲得における例を中心に—

先生から「この賞状を廊下に貼ろうか」と言われて，「それはだめです。下（床）に置くと，踏んでしまうから」と言った例が見られました。つまり，「廊下に貼る」は床に貼ることだと思っていたのです。

筆者も，「雷＝ぴかっという光」というイメージを抱いていましたが，ある日，「『稲妻・稲光』ということばがある。『雷』と同じ意味だね」と母に言ったら，「『雷＝光＋音』と思ったらいいよ」と言われました。「雷」は，手話では「ぴかっ」という稲光を形容するので，「雷＝光＋音」というより「雷＝光」というイメージを抱いている聴覚障害者が多いかもしれません。

（7）具体的なことばであっても覚えにくいものがある

（5）で，抽象的なことばの理解が難しいと述べましたが，具体的なことばであっても，また，通常幼児や小学校低学年の子なら知っていると思われることばであっても，理解が難しいものがあります。聴覚障害児が他の範疇に比べて覚えるのが不得手と筆者が感じている例を，以下にあげます。

● 親戚関係を表すことば

「いとこ」「めい」などの意味を知らない聴覚障害児が多く見られます。これらは，聴児であれば日常的に耳に入ってくると思われるものです。

筆者が，娘（聴児）に「おばあさんは，ママのママなのよ」と言うと，娘は「ハハハ。また，ママ冗談を言ってる」と笑いました。みんなで「ハハハ。この子，まだ幼いから，おばあさんはママのママであることがわかっていない」と笑ったものでした。ですが，娘は聞こえるので，筆者が「（娘にとって）おばあさん」に対して「お母さん」と呼びかけたりするのを聞くなどして，徐々に親戚関係を理解していったようです。

聴覚障害児の場合は，そのような経験が少ないので，理解が遅れがちになるのでしょう。「誰と一緒に行ったの？」「その『おばあさん』は，お母さんのお母さんかな？」に対して答えられない例が時どき見られます。

●「ふけ」「垢」「げっぷ」「お通じ」など，教科書にあまり出てこないことば

机の上にふけを落としていたので，「汚い！　それは『ふけ』といって，垢と同じようなものよ」と教師が説明すると，「垢って何？」と聞かれ，改めて説明すると，珍しそうにふけをいじっていた生徒が見られました。

「お通じがあるか」の意味を正しく理解できている生徒は，重複障害がない

とされる生徒であっても3割前後であるような印象を，筆者は抱いています。「話が通じるか（わかるか）」の意味にとらえる例が多く，笑い話になりますが，「屁がよく出るか」の意味にとらえた例もありました。

このように，教科書にあまり出てこないことばや俗語の理解が遅れる例が見られます。

● からだの名称と，それを使った慣用句

からだの名称について，「ここ」と指さすことはできても，名称が言えない生徒がかなりいますが，手話ではそのからだの部位を指さすだけのことが多いことと関連するのかもしれません。保健室で「ここ，痛い」と訴えた生徒に対して，そこにできていたおできに薬を塗って教室に帰したら，その後その生徒がバタンと倒れたので，「こめかみのところが痛い。めまいがする」などと言いたかったのだろうとあとでわかった例があったそうです。

「耳をすます」「耳を傾ける」「耳を貸す」などの表現を知らない聴覚障害児がよく見られますが，これは，周囲の大人が（聴覚障害児が聞き取りやすいよう，または読唇しやすいよう）「聴く」と言い換えることが多いことと関連するように思います。他にも，「口に合う」「口を合わせる」「顔に出る」「顔に出す」「顔を出す」「腹黒い」など，日本語では，からだの名称を使った慣用句が多いですが，それらの意味の理解が遅れがちです。

● オノマトペ（擬音語・擬態語）

擬音語については，「わんわん」「モーモー」などといった具体的なことばを意図的に学習しないと，理解できません。

筆者も，幼稚部の時，「犬は『わんわん』と鳴く」「牛は『モーモー』と鳴く」などと意図的に覚えさせられました。そして，英語を学習した時，「bow-wow」というのを見て，「アメリカの犬は，日本の犬と違う鳴き方をするのか」と思って家族に言ったら，「同じ鳴き声だけど，人によって聞こえ方が違う」と言われました。それは，筆者にとって一種の衝撃的な出来事であり，カルチャーショックでした。「雪がしんしんと降る」についても，本当に雪が「しんしん」という音をたてながら降っていると思っていた時期がありました。

「ころころ」と「ごろごろ」，「かちかちと」と「かちかちに」などを使って適切に短文作りができる力を，聴覚障害児にどうやって獲得させればよいで

しょうか。オノマトペは、「m」や「n」が柔らかい音で、「t」や「k」が硬い音であることを知っているほうが覚えやすいように感じます。この意味でも、筆者は、無理のない範囲で、それぞれの音をどのように発音するかを一定学習したほうがよいと考えています。

● 助数詞

手話は英語と同じで、助数詞は表さないのがほとんどです。それと関連するかはわかりませんが、助数詞が適切に選択できない例があります。本やノートを「1冊」でなく「1本」と数えると思っている例が時どき見られます。また、数字によって読み方が変わることの理解も難しいです。筆者も、生徒によっては、「匹」は数字にかかわらず「ひき」と読めたらそれで良しとしています。

(8) 活用形の誤り、時制による意味の違いが理解できない

「おもしろいかった」と書く誤りがかなりよく見られます。

「雨が降りそうだ」と「雨が降るそうだ」、「彼は食べてばかり」「彼は食べたばかり」のように、活用形の違いによって意味が変わりますが、それが理解できません。また、「地震の時に何をしていたか」と「地震の時に何をしたか」、「東京へ行く時に盗まれた」と「東京へ行った時に盗まれた」のように、時制によって意味が変わる文が理解できません。

動詞の活用形がすぐに作れません。特に、「かす（掠）る・課する・かすむ」「つむる・つむぐ」のように字面が似ていると、活用形をとっさに考えることが難しいです。「どつく」という動詞に初めて出会った時、「書く→書いて」「咲く→咲いて」だから「どつく→どついて」になるだろうというように考えることも難しいです。（聴者の）皆さんは、例えば「りつく」という架空の動詞を「〜て」の形にせよと言われたら、「りついて」になるのかな、「きたむ」なら「きたんで」になるのかなと、とっさに考える力があるのではないでしょうか。

(9) 助詞の理解が難しい

日本語の助詞の使い分けは、外国人にとっても難しいようです。

「黒板に書く」と言えるから「黒板に消す」と言える、「これで終わります」と言えるから「これで始めます」と言える、と思っている生徒が見られます。「黒板を消す」「これから始めます」を見て意味がわかっても、書かせると「黒板に消す」「これで始めます」と書く例も見られます。

場所を意味する「に」と「で」の使い分けも難しいです。「『に』は『存在する場所』で，『で』は『動作が行われる場所』を表す」と覚えると，例えば「教室に机がある」「教室で勉強する」となり，これらはもちろん正しいものです。しかし，「『〜がある』は存在を示す動詞なので，『に』を使う」と覚えると，「教室に机がある」「あの部屋に会議がある」となり，後者の文章はまちがいになります。さらに，「家を出る」の「を」は起点を，「空を飛ぶ」の「を」は通過場所を表すと教えると，「町を出る」と「町に出る」，「海を泳いで島へ行く」と「海で泳いで島へ行く」の違いは説明できます。しかし，「海で泳ぐ魚」より「海を泳ぐ魚」のほうが自然に感じられる理由の説明は難しいです。

　文章の理解に関して，助詞を無視して，最初に出てきたものを主語，あとに出てきたものを目的語と解釈する「語順方略」（「BにAが頼む」では「B」が「頼む行為をした人」という意味とする）や，「Aが」の「A」が，その動作の行為主と解釈する「主語方略」（「AがBにもらう」では，「A」が「渡す行為をした人」とし，「AがBに批判される」では，「A」が「批判した人」とする）をとる例が時どき見られます。

(10) やりもらい文，受身文，使役文，比喩文の理解が難しい

　「くれる」や「もらう」が適切に使えません。「私は妹にくれた」（正解は「私は妹にあげた」「妹は私にくれた」），「母が本を読んでもらった」（正解は「母に本を読んでもらった」）などと書く例が見られます。「私がAにあげる」「Aが私にくれる」「私がAにもらう」は正しいが，「Aが私にあげる」「私がAにくれる」「Aが私にもらう」は正しくないことの理解が困難です。

　受け身文や使役文，例えば「おこられる」か「おこれる」か，などの判断がかなり難しいです。「犬にケガされた」と書いた生徒に，「犬にケガさせられた」と書くと言うと，「『私は彼に掃除させられた』では，彼が私に掃除をするよう命令した意味だが，『私は犬にケガさせられた』では，犬が私にケガをするよう命令した意味になるから，おかしい」と言った例が見られました。

　「滝のような雨」「鉄の心臓を持った男」といった比喩文，「井の中の蛙になるなよ」のようなことわざや四字熟語を用いた文の理解が難しいです。

(11) 複文の理解が難しい

　「象が虎を蹴った馬を飛び越えた」という文で，「虎を蹴ったのは象」と解釈

し,「ペンは赤い本の上にある」という文では,「ペンの色は赤」と解釈します。

「彼女は彼に電話をして部屋を出た」や「彼女は部屋を出て彼に電話をした」は理解できても,「彼に電話をした彼女は部屋を出た」「部屋を出た彼女は彼に電話をした」の違いの理解が難しいです。「電話をする行為」と「部屋を出る行為」をしたのは誰か,どちらが先に行われたのかの理解が難しいです。

(12) ひとつの動詞にいろいろな意味があることが理解できない

「2種類の目薬がある。一方をさしてから3分間あけて,もう一方をさしてください」と筆談で指示され,1つめの目薬をさしてから,必死でまばたきをしないように目を開け続け,3分後に2つめの目薬をさした聴覚障害者が見られたといいます。「あける」ということばについて,「戸をあける」「目をあける」「道をあける」「夜があける」などのような文であれば理解できても,「1分間あける」のような文が理解できないのです。

(13)「辞書的意味」からはあっているが,不自然な文章を書く

聾学校では,辞書を引かせるようにしていますが,文章を作らせると,「辞書に書かれている意味から考えるとあっているが,文章としては不自然でおかしい」と思う例がたくさんあります。例えば,「耳にする＝聞く」だから,「私は,一生懸命先生の話を耳にした」と書きます。「口をきく」の意味の1つが「話す」と知ると,「私は,口をきかないで,先生の話を聞いた」と書きます。「そのニュースは皆に希望をあげた・希望を贈った」などと書き,「希望を与えた」が正しいと指導しても,同じまちがいを繰り返してしまいます。

(14)「仮定」の意味の理解が難しい

「もし～なら」の意味の理解が難しいです。

「絶交よ」と「もしそんなことをし続けるなら絶交よ」の違いがわからないのです。「もしねずみが犬より大きいなら,そして,もし虎が犬より小さいなら,何が一番小さいか？」に対して,「そんなことはありえない」と言って考えようとしません。「それでも,もし～と仮定すると,どうなるか」と尋ねても,思考を拒否する聴覚障害児が見られます。

(15)「部分否定」や「二重否定」の意味の理解が難しい

「全部わかるわけではない」を「全部わからない」意味だと受け止めてしまいます。

「問題がないわけではない」で,「問題がある」のか「問題がない」のかがわかりません。「水ほどほしい物はなかった」で,「ほしい物はない」「水はほしくない」と解釈してしまいます。「行けないこともない」の意味がわかりません。

「行けないわけではない」に対して,「こういう二重否定文では,『行ける』に直して手話通訳する」と述べた手話通訳者が見られました。その時,「行ける」と言い切ることにためらいがあるから「行けないわけではない」と言うのではないか,と当時の筆者は思いましたが,二重否定の理解が難しい生徒が多いことを目の当たりにして,二重否定が理解できない人に対しては,そのような手話通訳になっても仕方ない場面があるだろうと思いました。

2 ……日本語の使用に関わって

(1) 文法的には正しいが,使われる場面が不適切

ある聴覚障害児が「私は驚嘆しました」と日常会話の中で言ったことがあり,それを聞いた教師は違和感を抱いたそうです。確かに,「驚嘆する」は,「びっくりする」「驚く」意味ですが,ふだんの会話では,「びっくりする」「驚く」を使うほうが自然だと思われます。

ある聴覚障害児は,友達にケガをさせ,友達とその両親に謝罪する時に,「誠に遺憾でございます」と言い,相手の気分をさらに害したといいます。本人は,新聞などをよく読み,文法的にはまちがいのない文章が書ける生徒でしたが,国会の答弁などで「誠に遺憾であります」などと言うのを知り,それがきちんとした謝罪のことばだと思っていたようです。

会社で初対面の人に対して「補聴器をしているから,全部聞こえると思うのは誤解です」と言うと,「あなたは誤解している」と相手を責めているような印象を与えるので,単に「補聴器をしているからといって,全部聞こえるわけではありません」と言うぐらいでいいと思います。このような使い分けが難しい聴覚障害者が多く,本人にそのつもりがなくても,相手(聴者)は「とがめられた,責められた,批判された」と感じる場面が生じることになります。

「そのニュースは皆に希望を(　　)た」の(　　)には,「与え」が入りますが,何かの大会で優勝した時「(聴覚障害がある人に)希望を与えられてうれしい」と言うと,「傲慢」な感じを与えます。「私の入賞が,皆の励みになればうれし

い」などと言い換える必要があるでしょう。このような，場面による微妙な使い分けが難しいです。

　さらに，文化圏による違いもあります。「つまらないものですが」「下手なものですが」などと言って人に何かを贈るのは，日本ではよくあることですが，英語圏では「良い物だったので」「がんばって作ったので」などと言う必要があります。筆者も，中学生の時，アメリカ人への手紙の中で「下手なものですが」と書いて，注意された記憶があります。

(2) 知っているけど自ら使えない—「言語知識」と「言語運用力」は別—

　仲間分類テストに関して，清水（1961）によると，聴覚障害児は，早くから聴児より高い正分類率を示しましたが，その理由づけ（言語化）を見ると，聴児より低い正答率を示しました。当時の聾学校では，カードのマッチング訓練が盛んに行われていましたが，清水（1961）は，聴覚障害児の高い正分類率について，「受動的なもの，教えられたそのままのものではないか」と述べています。

　筆者（脇中，1987b，1988a，1988b）が清水（1961）の追試を行ったところ，小学校低学年の聴覚障害児は，聴児より高い正分類率を示しましたが，理由づけについては差は見られませんでした。ただ，「これは鳥の仲間で，これは魚の仲間，これはけものの仲間」と言い，テスターが「それらを1つの仲間にできないか」と尋ねると，「できない」と答える例が，聴覚障害児に多い印象を受けました。小学校高学年以降は，正分類率は差がなく，理由づけは聴児のほうが高い正答率を示しました。

　さらに，理由づけが難しいことについて，清水（1961）は，聴覚障害ゆえに日本語の語彙量が少ないことと関連するようなことを述べています。そこで，正分類はできても，その理由づけができなかった児童に対して，テスターが，「家具に入るカードを集めて」などと指示すると正答できたことから，「家具」や「食器」などのことばを聴覚障害児は知らないわけではないことがわかりました。すなわち，「ことばを知っているのに使えない」のです。これは，「言語知識」と「言語運用力」は別物であることを示唆すると言えるでしょう。

(3)「上位概念から出発した思考」が難しい

　筆者（脇中，1987b，1988a，1988b）が行った仲間分類テストに関して，そ

の分類過程も分析したところ，聴児は，小学校高学年以降，「家具の仲間はこれとこれと…だ。食器の仲間はこれとこれと…だ」のように，上位概念から出発する分類の仕方が多く見られましたが，聴覚障害児は，結果的に正分類で理由づけもできた者であっても，「これは家具の仲間，これは食器の仲間，これは魚の仲間，これは家具の仲間…」のような分類の仕方を行う者が多く，「1つしかない仲間」を作る例も見られました。『新制田中B式知能検査』の結果との関連を検討したところ，分類過程の違いとの関連が明瞭に見いだされました。すなわち，「9歳」までは，下位概念（「ハト」「スプーン」など）を中心に思考していますが，「9歳」以降は，上位概念（「生物」「家具」など）から出発した思考も可能になると思われます（脇中，1987a を参照）。

(4) パラディグマティックな関係がシンタグマティックな関係に先行しがち

筆者（脇中，1988b）は，動物の仲間をたくさんあげる調査結果（国立国語研究所，1981 の連想語彙表）を分析したところ，聴児の幼児は「犬・猫」を出す比率が低く，加齢に伴って高くなるのに対し，聴覚障害児は，早期から聴者の大人に近似した結果を示すことを見いだしました。そして，聴児・聴者の場合は，低年齢では，動物園へ行った経験を思い出して（シンタグマティック（syntagmatic）な関係に基づいて）連想しているのに対し，加齢とともに「動物の仲間」というパラディグマティック（paradigmatic）な関係に基づいて連想しているのではないか，そして，早期から聴者の大人に近似した結果を示した聴覚障害児の結果は，聾教育現場では，早くから「動物の仲間には～と～がいる」と教えることと関連するのではないかと考えました。

筆者は，「犬は走る」「犬はかわいい」などのようなシンタグマティックな関係を十分に積み上げずに，「犬や猫は同じ仲間」などとパラディグマティックな関係を早急に積み上げようとすることの危険性を感じています。

3 ……ことばとことばの集合的関係に関わって

(1)「PするとQになる」という形の文で，「P」と「Q」の関係が理解できない

「PするとQになる」という形の文で，日常会話と数学的な問題とで，解釈の仕方が異なります。「氷点下になると，水は凍る」は，「氷点下になると，必ず水は凍る」という意味です。それに対して，「ゲームをしすぎると，視力が

落ちる」は、日常会話では、必ずという意味ではありませんが、数学的な問題では、必ずという意味であると考える必要があります。このことを説明しても、理解できない例が時どき見られます。

(2)「PはQ」という形の文で、「P」と「Q」の包含関係が理解できない

「P」と「Q」という2つの概念（集合）の関係図は、以下のように（a）～（e）の5つが考えられます。

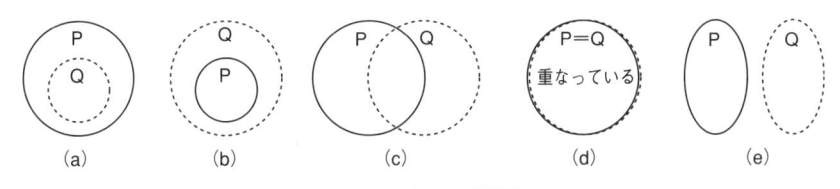

(a)	(b)	(c)	(d)	(e)

● 図　PとQの関係図

① 「象（P）は、動物（Q）である」
② 「種（P）は、鳥のふんによって運ばれる（Q）」
③ 「運動をする人（P）は、顔色が良い（Q）」

筆者は、上記のような、「PはQ」という形の文における「P」と「Q」の関係を尋ねたことがあります。

①「象（P）は、動物（Q）である」は正しく（関係図は（b）となります）、「動物は象である」は正しくないので、「日本の首都は東京である」と「東京は日本の首都である」のいずれかが誤りになると考える例が見られます。

②の文章は、ある教科書に載っていたものです（関係図は（c）となるでしょう）が、ある聴覚障害児は、この文章を読み、「この前、公園でハトのふんを踏んだけど、種は入っていなかったよ」と言いました。

③に関して、日常会話では、「一般的に、運動をする人（P）は、顔色が良い（Q）ことが多い」（関係図は（c）となるでしょう）と述べているにすぎませんが、公務員試験などの「判断推理」の問題であれば、「運動をする人は、必ず全員顔色が良い」（関係図は（b）となります）と考えて、「運動をしないA君は、顔色が良いか」という質問に対しては、「A君は、集合Pの外側に属するとしかわからず、集合Qに属しているかどうかわからないから、どちらとも言えない」というように適切に考えて答える必要があります。

（3）ことばとことばの集合的関係を考えることが難しい

科学的概念の理解や抽象的・論理的思考力の獲得のためには，2つの集合AとBの包含関係を厳密に考える必要があります。事例aと事例bの関係ではなく，集合Aと集合Bの関係のことです。

例えば，「男」「女」「人間」の間の関係，「20歳以上の人」と「選挙権がある人」の関係，「正方形」と「長方形」の関係などについて，その理解度をベン図の作成でみたことがあります。

「男」「女」「人間」の関係

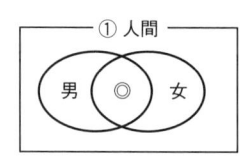

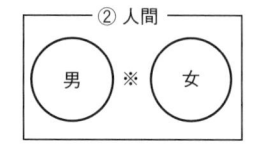

「A：20歳以上の人」と「B：選挙権がある人」の関係

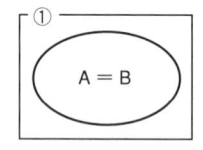

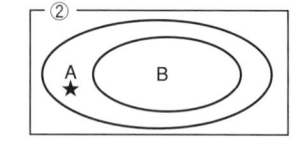

● 図　ことばの理解度をみるベン図

「男」「女」「人間」の関係について，上の図のように書く例が見られました。①のように書いた生徒に，「生物学的に男でも女でもある人の例」を知っているのかと思い，「◎の部分にくるのはどういう人？」と尋ねると，あわてて②のように訂正しました。そこで，「※の部分にくるのはどういう人？」と尋ねると，また困った表情を見せていました。

「A：20歳以上の人」と「B：選挙権がある人」の関係について，図の①のように書く人が多く見られましたが，ある時，②のように書いた生徒がいました。そこで「★の部分にくる人って，誰？」と聞くと，「皇族」と答えたのです。その頃天皇の娘と民間人の婚約が話題になっており，そこで皇族は選挙権をもたないことを知ったようです。その時，他の生徒が「★には，選挙違反した人もいる」と言いました。そこで，筆者は，「一般的には①のように考えてよいけど，②のように書いて，★にくる人はどういう人かを考えると，さらに勉強になるね」と話しました。

（4）定義から出発した思考が難しい

「正方形は長方形である」と「長方形は正方形である」の違いの理解が難しいです。「4つの角が直角なら長方形といえるという定義（ルール）がある。

それで，正方形も長方形といえる」というように，定義から出発した思考が難しいです。「正方形は，長方形と言ってもかまわない」ことを説明したら，その後「先生が『長方形は正方形と言ってもかまわない』と言った」などと言われたことがあります。この図形の名称間の理解（「正方形は，菱形でもあり，平行四辺形でもある」などを含めて）は，聴児の中学生でも難しいらしいので，それ以降，筆者は，この図形の名称間の関係の指導は，明らかに高校レベル以上の生徒に対して以外は控えるようにしています。

4 …… 問題の解き方や思考の仕方に関わって

(1) 情報の一部分だけに注目して答えを考えようとする

具体的な単語だけを拾い上げて，文章の意味を類推しがちです。

算数文章題で，文章の意味がわからなくても，「全部で」「あわせて」とあれば，出てきた数字を足して答える例，「違いは」とあれば出てきた数字の差を答える例，出てきた数字が36と9であれば，わり算だろうと推測して4と答える例がよく見られます。しかし，この方法では，「太郎が3個持っていて，花子のとあわせると5個である。花子は何個持っているか」に対して，「あわせる」があるので，3＋5＝8と答える例が見られます。

(2) 「わからない」ことがわからない，認められない

例えば，「にわかに水かさが増した」の意味がわかるかと尋ねると，「わかる」と言いますが，手話で表させると，知っている単語「庭」「カニ」「水」「傘」を組み合わせて，「庭／カニ／水／傘／増える」と手話で表します。「なぜ『カニ』が出てくるの」と尋ねたら，「水が多いからカニが出てくる」などと言うのです。このように，語彙量が少ないと，知っている単語を組み合わせ，こじつけて解釈する方略を取らざるを得なくなるのは，まだ理解できますが，ここで問題としたいのは，庭やカニがここで出てくるのはおかしいな，庭とカニの間に助詞もないな，とすると「にわかに」ということばが（意味はわからないが）あるのかな，と考えられないことです。「『にわかに』の意味がわからない」などと最初から言えるかどうかについて，聴児と聴覚障害児の間に差があるように感じています。

なお，少し気の回る子どもは，「にわかに」のところで指文字を使って自分

が意味を知らないことをごまかそうとしますが,教師が「意味が近い手話を使ってみて」と指示すると,そこでやっと「わからない」と言う例が見られます。

(3) 位置関係に過剰な意味をもたせる

「AはBより大きい」で,「『大きい』ということばに近いBのほうが大きい」と言う例が見られます。「象は犬より（?）」では「大きい」と言えたので,「象は犬より大きい」と「AはBより大きい」を板書して見比べさせましたが,それでも難しかったようです（主語と述語はどれかと尋ねると正答していました）。そこで,筆者が,右左を効果的に使う手話（右で「A」「大きい」,左で「B」を表す手話）で表すと理解できても,文字になるとまた混乱するのです。

「メロンと箱に入った8個のりんご」で「箱に入っている」のは「メロン」と解釈してしまいます。

このように,ことばの位置が近いものを結びつけて解釈する例が見られます。

(4) 矛盾になかなか気づかない

「私の家の住所は,京都市北区…」などと言える生徒に,「じゃ,あなたは京都府に住んでいるね」と言うと,「母に聞かないとわからない」と言います。「京都市に住んでいて,京都府に住んでいないということがあるか」と尋ねても,意味がわからないのです。

「この腕時計の重さは100（　　）」の（　　）に対して,「kg」と答えてしまいます。「あなたの体重は50kgぐらいでしょ。この腕時計のほうが重いの?」と尋ねても,矛盾になかなか気づかないのです。

(5) 教えてもらっていないからわからないと言う

「私の誕生日は,昭和52年〇月〇日」などと言える生徒に,「じゃ,昭和50年に,あなたはどこにいたの?」と尋ねると,「教えてもらっていないから,わからない」と言いました。また,数学で,そのような答えになる理由を説明しようとすると,「説明はいらない。答えだけ教えてくれ」と言うのです。数字だけを変えて再テストすると（そのことを予告しても）,前のテストの答えをそのまま書いているので,答えだけ覚えたことがわかります。それを言うと,「なんで数字を変えたのか」と言って怒った例がありました。

筆者は,聾学校に着任した時,このような生徒に驚きましたが,最近このような傾向はほとんど見られなくなったと感じています。幼稚部での教え方の変

化（以前と比べると，教え方が柔軟・自然になってきていると感じています）と関連するのかもしれません。

(6) 問題に対して試行錯誤を繰り返す

パズルの一種である数独の問題に対する生徒の解き方を見ていると，①「この数字しか入らない」というのを見つけて，マスを埋めていく生徒，②数字をあてずっぽうに入れ，行き詰まったら，記入した答えを消して，またあてずっぽうに入れていく生徒，③最初は，②のやり方を行うが，説明すると，①のように解ける生徒に分類されます。そして，②の生徒には，「こうだからこうなる」という論理的思考，筋道立てて考える力が弱い例が多いように感じます。

数学では，「場合分け」が求められることがあり，あるケースがこぼれ落ちないように注意する必要がありますが，答えを1つ見つけたらそれで終わりとする例がよく見られます。

この力は，計画的に筋道立てて考える力と関連すると思われます。

5 ⋯⋯ 物事の見方や社会性に関わって

(1) 単眼的思考にとどまり，複眼的思考が難しい

英語・日本語・アラビア語・手話などいろいろな言語がありますが，筆者としては，「この言語のほうが好き，就職に有利，通用性が高いなどの違いはあっても，言語間に優劣関係はない」と考えています。そして，「英語と日本語とでは，どちらが『立派』な言語だと思うか」と尋ねられたら，「その『立派』とはどういう意味か」と尋ね返したり，「英語・日本語・同じ」のいずれかを選べと言われたら「同じ」を選んだりするでしょう。しかし，小さな子どもは，「日本語。簡単だから」などと簡単に答える例が多く見られます。

京都校高等部の自立活動で，口話と手話の問題を考える時の導入として，「①英語とアラビア語とでは，どちらが『立派』な言語だと思うか？」「②英語と日本語とでは，どちらが『立派』な言語だと思うか？」などと，当時の1年生（15名）に対して尋ねたことがありますが，その時の反応は以下の通りでした（京都府立聾学校高等部，1999より）。

①に対して，「英語」が73％，「アラビア語」が7％，「同じ」が20％でした。英語を選んだ生徒は，その理由として，「使う人が多いから」「世界に通用する

から」「楽だから」「カッコいいから」「左から読む方がわかりやすいから」「今習っているから」「アラビア語はなじみが薄いから」などをあげました。なお，ある短大の学生（46名）に対して同様の質問をしたら，「英語」が15％，「アラビア語」が2％，「同じ」が83％でした。

②に対して，「英語」が7％，「日本語」が53％，「同じ」が40％でした。「日本語」を選んだ理由は，「地元の言語・母国語だから」「知っているから」「たくさんの言葉があるから」「言いやすくわかりやすい」「簡単だから今使っている」などでした。先述の短大生たちの場合，「英語」が7％，「日本語」が7％，「同じ」が87％でした。

言語間に優劣関係はないと考えて回答する比率が半数を超え始める年齢が，聴児の場合何歳かはわかりませんが，個人的にいろいろな年齢の聴児に尋ねた時の感触では，「9歳」ではなくもっと高い年齢（14歳前後）であるかもしれないと思いました。

京都校における設問①②に対する反応や，口話と手話の問題を話し合った時の様子から，低年齢の時の価値観は，親や教師など周囲の大人の言動の影響が強いが，友達の考えを聞いたりして，それまでの価値観を疑ったり変えたりし始めること，「立派」かどうかを考える時，低年齢では，好き，簡単などの「主観的なものさし」や，使う人が多いなどの「客観的なものさし」と，「立派かどうかのものさし」を混同していることを感じさせられました。また，低年齢の子どもにとっての「立派」は，かっこいい，すごいなど，自分1人から見ての評価であるのに対し，大人にとっての「立派」は，いろいろな人の観点を同時に考慮に入れたうえでの「立派」であることがうかがえました。複数の観点が視野に入った時，「日本語。簡単だから」と言った人に対して，「英語圏の人にとっては，英語のほうが簡単だから，それは理由にならない」などと指摘できるようになるのでしょう。

京都校高等部の自立活動で，自分がそう思った理由を生徒どうしで交流させた後，再度同じ質問をしたら，設問①②ともに「同じ」を選択した比率が増えており，今まで他人の意見を聞く経験が少なかったのではないかと考えさせられました。視点の複数化のためには，真の意味での集団，すなわちいろいろな人と意見を交流する経験が必要と思われます。

(2) 自己客観視と現実の直視が難しい

　小さい時は，周囲の人のほめことばをそのまま受け止めますが，「9歳」を越えると，自分が描く自己像と他者が自分に対して抱いている像の間のずれに気づき始めます。「ああ言ってくれるけど，うわべ・口先だけではないか」などと思い始めます。できない自分に気づき，こうありたい自分と現実の自分のギャップに悩み始めます。

　将来なりたい職業を聞かれて，小さい時は素直にプロ野球の選手，歌手などと言っても，現実が見え始めると，かなわぬ夢をもち続ける人は減ります。かなわぬ夢をもち続けていても，他人からの冷笑を予想して，胸に秘めるようになります。中学生や高校生ともなると，運動能力や学力がさほど高くないのに「プロ野球の選手になりたい」「有名大学に入りたい」などと簡単に口にすると，同級生から「あの運動能力・学力で，この年齢にもなってそんなことを平気で口にするなんて，変な人」と思われるようになりがちだからでしょう。筆者も，小学校高学年の時，「歌手になりたい」と語った聴覚障害者の友人を見て，「発音がおかしい（不自然な）のに，この人，何を言っているんだろう」と思ったことがあります。ですが，現在は，聴覚障害のある俳優や歌手デュオの「アツキヨ」の「キヨ」の例もあり，昔の自分に対して「最初から無理と決めつけてはいけないよ」と言いたいと思います。

　高等部ともなると，通常，自分の発音が通じにくい場合は，そのことを自覚しています。しかし，ある生徒は，自分の話がすぐに聞き取れない聴者にいら立っていたので，「発音だけでは相手に伝わりにくいから，筆談や手話なども使って，相手に通じるよう工夫する必要があるよ」と言うと，「私の発音は上手よ。だって，お母さんがそう言ったもの」と言い，すぐに聞き取れない相手のほうが悪いと言わんばかりの態度を示しました。自信をもたせるためのことばかけと，現実を伝えるためのことばかけの兼ね合いの難しさを感じさせられました。

　生和（1978）は，聴覚障害児と聴児を比較して，聴覚障害児は聴児に比べ，
・各自己像が十分に分化しておらず，自我構造の単純さが見られること
・現実自己（あなたは自分をどんな人間だと思うか）と他者自己（周囲の人はあなたをどんな人間だと思っているか）のイメージが分化しておらず，

自分の否定的属性が他者の眼に映ることを受容する程度が低いこと
・現実自己と理想自己（あなたはどんな人間になりたいか）の分化が十分で
　なく，一般に甘い自己認知をする傾向が強いこと
などを指摘しています。京都府立聾学校高等部（2000）は，生和（1978）の用
いた質問項目の一部を用いて追試を行い，高等部全体でみると，生和（1978）
の聴覚障害児と聴児の中間の様相を呈しましたが，学年や教育歴，国語力によっ
てばらつきが見られたことを報告しています。

(3)「自分にとっての事情」がすべて

　高等部のある女生徒は，友達とトラブルがあるたびに，場所を選ばず号泣し
ました。教師が「一般の高校では，泣きたい時は，誰もいない所を選んで声を
抑えて泣く人が多いと思うよ」と言うと，そういう話は初めて聞いたかのよう
でした。また，泣いて授業に遅れた時，「泣きたかったから，遅刻した。仕方ない」
という態度だったので，教師が「遅刻は遅刻。泣くのは休み時間だけにして，
遅刻しないようにするのが社会のルール」と言うと，最初は「泣きたいから泣
いた。先生は，私の気持ちをわかってくれない」と怒りました。しかし，同級
生の冷たい視線を感じたのか，その後泣き方が少しずつ変化していきました。

　目上の人から命令され，それが悪いことであっても断れないような状況だっ
た時，「悪いこととわかっているが，先輩から怒られるほうがこわい」「先輩に
怒られるから，先生には言わない」などと言います。「先輩はこわいけど，こ
れは悪いことだから，勇気を出して断ろう」とか「登下校の時オーバーを着て
はいけないという規則はおかしい。オーバーを認めてほしい。この規則がある
理由を先生に尋ねてみよう」などと考える力が弱いのです。

　自己客観視，現実の直視ができない人は，何かトラブルが起きた時，人のせ
いにしたり，言い訳に終始したり，開き直ったりする人が多いように思います。
自分にとっての理由がすべてであって，相手にとっての理由は見えないし理解
できないのです。自分にとっての事情と相手にとっての事情の両方を把握し，
両者にとって良い方法を考え出すことは，さらに難しいことです。

　成長するにしたがって，親や先生から言われた価値観やルールを鵜呑みにし
ていたのが，「待てよ」「あれ，おかしいな」などと考え直すことができる力が
育つかどうかも，「9歳の壁」と関係があるように思います。

（4）「間接的・精神的加害」や「信頼を裏切る」に関する理解が難しい

　生徒が問題行動を起こすと，教師は生徒と話し合います。なぜ問題行動であるかについて，直接的・物理的な加害であれば理解できますが，間接的・精神的な加害は理解が困難です。例えば，万引きや盗みの行為について，「お店の人は利益が減って困ったから，自分は悪いことをした」と理解できます。しかし，「あなたを信じている友人や親を裏切る行為だ」「生徒会役員選挙の時，あなたに信任票を入れた友達を裏切る行為だ」というような話が理解できません。「このことを知ったら親は悲しむ」ことは理解できても，「親が知らないままだったら，関係ない。だから，先生が親に言わなかったらいい」などと言います。信頼を裏切る行為や罪の意識，良心の呵責などの意味の理解が難しいです。教師が生徒と長時間話し合い，最後に「今，何を後悔しているか」と尋ねた時，「悪いことをした」ではなく「あれをしなかったらばれなかったのに」と言われると，教師はどっと疲労感に襲われます。「見つかると叱られるからしない（他律）」時期から，「その行為が良くない理由を理解したからしない（自律）」時期へ移行してほしいと思います。

　少年非行の増加は，子どもたちの中で地獄の概念が薄らいだからと言う人がいます。「地獄へ行きたくないから，悪いことをしない」というのは，まだ他律の段階と言われるかもしれませんが，閻魔王の裁き，浄玻璃の鏡（閻魔王庁にあり，亡者の生前の行いを映し出す鏡）などは，昔の人々が生んだ叡智の1つではないかと思うことがあります。

（5）「道義的責任」などに関する理解が難しい

　トラブルには，AがBに悪意をもってやった言動が原因で起きたものや，AはBに悪意がなかったもののAの言動が原因で起きたものなどがあります。Aは「悪意をもってやったのでないから，Bに謝る必要はない」と言い張りましたが，Bは「悪意の有無は別問題として，私が苦しんだ時のAの態度に傷ついた。たとえて言うと，自分が足を伸ばしたことで誰かが転んでケガをしたら，普通なら『大丈夫？』などと言って駆け寄ると思う。転んだ人を見て，開口一番『私は，害を加えようと思って足を伸ばしたのではない。私は悪くない。私は無関係だ』と言っているように感じたのだ」と言いましたが，そのBの気持ちはAになかなか伝わりませんでした。日本では，「ごめんなさい」は，

謝罪の意味で使う時と潤滑油の意味で使う時があるという話や，法的責任と道義的責任に関する話の理解は，（抽象的であることもあり）難しいです。

モラルジレンマに対する反応や非行に走る理由，本人の言い分を分析すると，9歳の壁と関連する発達的変化が見られるように思います。

2節 読書力診断検査などから

聴覚障害者教育福祉協会（1993）は，アメリカでは「平均的な読みの力は小学校4年を越えていない」こと，また，スウェーデンでは「第8学年（中2）の学力検査で読書力の平均が第4学年で，1割くらいが第8学年という調査（1985〜1989）がある」ことを述べています。Karchmer & Mitchell（2003）に掲載されているFigure2-5（Stanford Achievement Test）を見ると，15歳（9年生）の聾児や難聴児の平均得点は，聴児の8歳（小学校2年生）と9歳（小学校3年生）の平均得点の間に位置していたことから，アメリカでも，「9歳の壁」とでもいうべき現象は見られると思われます。Paul（2003）も，聴覚障害児の読解力について，小学校3，4年生のあたりで横ばい状態になっていることを述べています。

日本でも，長南・澤（2007）は，ある聾学校で教研式全国標準読書力診断検査A形式小学校高学年用を行ったところ，小学部5〜6年（27名），中学部（24名），高等部（44名）の読書学年の平均は，いずれも小学校5年3学期であった（重複障害のある生徒は含まれない）ことを報告しています。京都校高等部における読書力診断検査の結果を見て

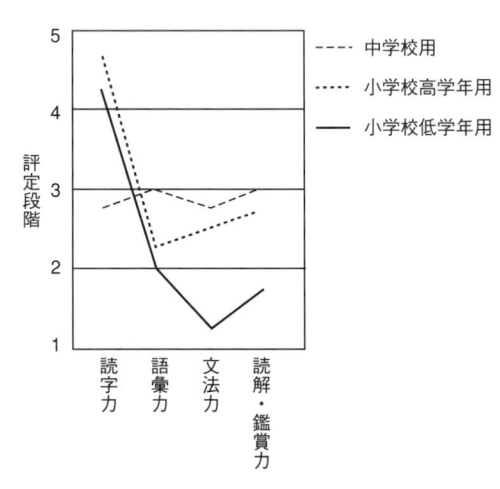

● 図　京都校におけるある年度の読書力診断検査の結果

も，小学4年生レベルを超えていない生徒が見られます。なお，京都校高等部で見られた傾向を以下にまとめます。

- 同じ生徒でも，小学校高学年用を実施した結果と中学校用を実施した結果の間に差が現れている。中学校用のは「読書年齢」が算出できないが，SS（偏差値）が50になる年齢を表から探して，それを仮に読書年齢とすると，中学校用は1〜2年高く現れる。
- 低学年では，「読字力」が高く現れ，「語彙力」「文法力」「読解・鑑賞力」が低く現れるが，高学年以降になると，この4つの間の差が小さくなる生徒が多い。

このような傾向がどの年度も見られるものか，見られるとしたら，それはなぜなのかを分析することは，今後の課題です。

3節 「日本語獲得のつまずき」に関する筆者の経験

「日本語獲得のつまずき」に関する筆者の経験した具体例を以下にあげます。

(1) 音節の順番の入れ替え

「耳たぶ」を「耳ぶた」などとするというように，音節の順番が入れ替わったりするまちがいが多いと述べましたが，筆者の場合は，まちがいを口にすると，周囲の人からすぐに訂正されたこともあり，そのようなまちがいは比較的少ないと思います。しかし，音節の順番に無頓着な傾向は，筆者にもかなり見られるように思います。その例を以下に記します。

アニメーション映画『もののけ姫』の「もののけ」は「物の怪」を意味するとわかっていましたが，なぜか「仲間はずれにされている姫，孤立している姫」というイメージを筆者は抱いていました。ある日，「もののけ」の順番を入れ替えると「のけもの」になることに気づきました。

筆者の子どもが「（通信教育の）今度の先生はこれ」と言って，紙を見せてくれました。それを見て，筆者は「今度は，『いぬこ（犬子）先生』と『くまこ（熊子）先生』ね」と言い，子どもの怪訝そうな顔に，あわてて紙をよく見直したら，「こぬま　いくこ」と書かれていました。「こぬま　いくこ」を並べ替える

と「いぬこ　くまこ」になるのです。

「フレスト会社」という看板を見て，「えっ，ストレス会社！？」と思ったこともあります。

(2) 漢字を中心とする文字による思考

ひらがなより漢字のほうが（読み方を知らなくても）意味がよく伝わることがあります。筆者も，どちらかと言えば，文字で思考していると思います。何か難しいことを考える時は，漢字が脳裏に浮かんでくる感じがする時があります。ある時「あれは，岩波新書」と言おうとして，「丹波」と言いかけたことがあります。その時筆者の脳裏には，「岩波」という漢字がおぼろげながら浮かんでいて，それを読みまちがえたのでした。また，手話通訳者が「衣食住」のところで「食べる／着る／住む」という手話をした時，筆者の脳裏には「衣食住」という漢字が浮かんできて，「順番が変」と思ったことがあります。

筆者は，パソコン字幕通訳を見て，字が少しずつ流れてくる字幕表示の仕方にいら立ち，「私は最初から1字ずつ読んでいない。ある程度まとまった文章全体を吸い上げるように読んでいる」と言いたくなる時があります（だから音節の順番の入れ替えが起きやすいのでしょう）。

(3) 情報の偏り

「O-157」に関するニュースが流れた時，筆者は「O」を「ゼロ」と読むと思い，聾学校で生徒が先に「ゼロ」と口にして先生から訂正されていたのを見て，「私が先に口にしなくて良かった」と思ったことがあります。そのこともあり，筆者は，ニュースで話題になっているもので読み方がわからない語があれば，それを家族に尋ねるようにしています。

中国や韓国の首相たちのニュースが流れた時，筆者が「彼らの名前を，私はつい日本語で読んでしまう。温家宝首相の読み方がなかなか覚えられない」と言ったら，「あなた，朝日新聞でしょ。朝日新聞は，『ウェンチアパオ』とルビをふっているけど，ほとんどのテレビは『おんかほう首相』と日本語で読んでいるよ」と言われたことがあります。筆者は，テレビのニュースも含めてすべての人が現地読みをしていると思い込んでいたのでした。

(4) 口話の利用による日本語の獲得

筆者は，日本語を読みまちがえたり単語を不正確に覚えていたりすることは

少ないほうだと思いますが，その筆者のまちがえた例を，以下にあげます。ふり返ると，家族にその都度訂正されたことが，日本語の定着に役立ったと思います。家族間のことなので，「恥をかいた」という思いも少ないです。聴覚障害児は，聞こえない・聞こえにくいゆえに，まちがいが多くなりがちなので，家族は，本人とどんどん会話して，その都度訂正してあげてほしいと思います。

「ひとたまりもない」について，筆者は長年「ひとかたまりもない」と思い込んでいましたが，家族から笑われた時に，自分のまちがいに初めて気づきました。

筆者は，「かつて」と書くべきところを「かって」と書いたことがあります。ふだんの会話で「かって」と言っても訂正されなかったこと，「つ」と「っ」が区別しにくい表記が多かったことが，その理由でしょう。また，「場合」を「ばわい」と言う人が見られますが，そのことに対して抵抗感を抱いたこともあります。筆者の子どもが書いたものを見ると，「聴児は，聞いたそのままを覚えて，そのまま書くのだな。活字からことばを覚えた私とは，書きまちがいの傾向が違う」と改めて感じさせられたことがあります。

なお，パソコンへの入力を通して読み方のまちがいを知った例が見られます。筆者も，パソコンを打つ中で，「繁華街」を「はんががい」とまちがえて覚えていたことに気づきました。けれども，全体的には，口話も利用するほうが，日本語の単語を正確に覚えやすいと思います。

(5) 手話による意味の確認

生徒に手話で表させると，文章の意味を理解できているかどうかがわかることがよくあります。

「何とかして…」を，「何＋貸して＋…」という手話で表す生徒や，「女どうしで遊ぶ」を「女＋どうして（なぜ）＋遊ぶ」という手話で表す生徒は，文の意味を理解できていないとわかります。逆に，「ひとりでにそうなった」の「ひとりでに」を，「1人」ではなく「自然」の手話で表されると，「意味を知っているな」と安心できます。

「あのビルの高さは200（　　）」の（　　）に「円」と答えたので，手話で表させたら，「あのビールの値段は200円」となっていました。それで，「ビル」と「ビール」を混同していることや，「山の高さ」と言えるから「品物の高さ」

と言えるだろうと思っていたらしいことがわかりました。

　この意味でも，京都校高等部では，手話はとても大切な教育手段であるととらえています。

文献

聴覚障害者教育福祉協会　1993　聴覚障害乳幼児の言語獲得―バイリンガル教育をめぐって　聴覚障害者教育福祉協会調査研究委員会

長南浩人・澤　隆史　2007　読書力診断検査に見られる聾学校生徒の読書力の発達　ろう教育科学，**49**（1），1-10.

Karchmer, M. A. & Mitchell, R. E.　2003　Demographic and Achievement Characteristics of Deaf and Hard-of-Hearing Students. In M. Marshark & P. E. Spencer (eds.), *Oxford handbook of deaf studies, Language, and education*. Oxford; Tokyo: Oxford University Press. Pp.21-37.

国立国語研究所　1981　幼児・児童の連想語彙表　国立国語研究所報告69　東京書籍

京都府立聾学校高等部　1999　今年度入学生のコミュニケーションに関する実態とその変化　京都府立聾学校研究紀要，**30**，80-96.

京都府立聾学校高等部　2000　本校高等部生徒の自我構造に関する一考察 ―生和（1978）と山口（1998）の追試より　京都府立聾学校研究紀要，**31**，55-70.

生和秀敏　1978　聴覚障害児の自我構造に関する研究　ろう教育科学，**20**（2），68-83.

清水美智子　1961　概念化の発達的研究　ろう教育科学，**3**（1），11-24.

Paul, V. P.　2003　Processes and Components of Reading. In M. Marshark & P. E. Spencer (eds.), *Oxford handbook of deaf studies, Language, and education*. Oxford; Tokyo: Oxford University Press. Pp.97-109.

脇中起余子　1987a　児童の「概括作用」についての実験的検討―カード分類テストを通して　京都大学教育学部紀要，**33**，99-109.

脇中起余子　1987b　聴覚障害児の概念に関する実験的研究（1）　ろう教育科学，**29**（2），93-106.

脇中起余子　1988a　聴覚障害児の概念に関する実験的研究（2）　ろう教育科学，**30**（1），29-42.

脇中起余子　1988b　聴覚障害児の概念に関する実験的研究（3）　ろう教育科学，**30**（2），93-105.

第 **8** 章

「9歳の壁」と「手話－手話論争」

　「9歳の壁」という現象は，聴児にも見られますが，聴覚障害教育現場でいちはやく指摘されてきました。「小学校低学年に相当する語彙量や文章力があれば，小学校高学年以降の学習は可能」「日本手話を第一言語として十分に獲得できれば『9歳の壁』は越えられる」と言う人が見られますが，筆者は，「9歳の壁」を越えるために必要な条件が明らかになれば，コミュニケーション論争はもっと意義あるものになるだろうと考えています。本章では，筆者の考えていることをまとめました。

1節 「9歳の壁」とは何か

1 …… 聾教育界における「9歳の壁」の存在の指摘

「9歳レベルの峠」ということばは、聾学校校長の萩原浅五郎が1964年に使い始めたとされますが、それ以前も、「峠ないし壁」の存在は指摘されていました（住，1953；京都府立聾学校高等部，1964など）。すなわち、小学校低学年までの学習は何とかできても、小学校高学年以降の教科学習が困難な現象をいいます。

岡本（1985）や馬場（1999）は、その後「9歳の壁」のほうが広く使われていると述べており、筆者もそのように感じるので、以下「9歳の壁」という用語を用いることにします。

2 ……「9歳の壁」は、学力面だけでなく他の面でも現れる

9・10歳の成長の質的転換期を、森原（1989）は、「具体から抽象へ移行していく時期」とし、認識面では、計画性と見通しをもった行動が可能になり、「AとBの類似点や共通点」が考えられるようになる、教科面では、話しことばから書きことばに移行する、かけ算やわり算を使う思考が可能になる、絵においては知的リアリズムから視覚的リアリズムに移行する、人格面では、価値が多面化する、自分や他人、障害に対する見方が変容する、などの特徴が見られると述べています。加藤（1986）は、「書きことばの本格的獲得」の時期ととらえ、「考えてから〜する」、つまり「思考をくぐらせる」ことができるようになる、「論理的思考の獲得」が始まる、自分の目で確かめて判断するといういわば「概念くだき」が始まる、自分の将来を現実的にとらえ始める、などの特徴が見られ始め、自治集団が成立し始めるといいます。

すなわち、「9歳の壁」を越えるということは、学力面だけではなく、人格の面や社会性の面でも、転換期を迎えるということです。

3 ……「9歳の壁」は、聴児にも現れる

小学校高学年以降の教科学習で使われる言語が日本語の場合、「9歳の壁」は、

①一般の聴児，②日本語を母語としない両親の子ども，③聴覚障害児のいずれもぶつかる壁です。しかし，以前（戦後〜1965年頃）は，②の例は少数であったこと，①の場合も学力不振は登校日数の少なさや本人の知的能力に帰すると考える人が多かったことから，③の聴覚障害児において「9歳の壁」がいち早く指摘されることになったのでしょう。また，当時は，語彙量の少なさが「9歳の壁」の原因とされ，絵カードを多用して語彙の拡充に努める聾学校が多く，同じ語彙量であっても，聴覚障害児は聴児と比べて，1つの単語を見聞きした回数が少なく，しかも限られた場面（絵カードを使って学習する場面など）であったことが多いでしょう。そのため，「いろいろな状況の中でことばをからだで獲得する」ことが「9歳の壁」を越えるために必要な条件の1つであるならば，聴覚障害児において「語彙量は一定あるのに，小学校高学年以降の学習が困難な現象」が明瞭に現れることになったのだと思います。

4……小学校4年生頃からの「本格的な教科学習」に関わって

この9歳という時期は，ピアジェ（Piaget, J.）の言う「具体的操作期」から「形式的操作期」へ移行する時期と重なっています。形式的操作期に入ると，具体物を離れ，形式的・抽象的な操作を伴う思考や，「もし〜ならば〜」という仮説演繹推理ができるようになると言われています。

坂本（1995）は，小学校3年生頃までの学習と小学校4年生頃からの学習の違いについて述べていますが，それを以下の表のようにまとめてみました。

第7章でも紹介したように，聴覚障害児にとって，「お金」「硬貨」など具体的なことばの獲得は容易でも，「税金」「年金」など，ことばで意味を説明する

● 表　学習や思考に関する違い

小学校3年頃まで	小学校4年頃以上
生活中心の学習	本格的な教科学習
具体的思考	抽象的思考
言語指導	教科指導
直接経験学習	間接経験学習
言語を覚える学習	言語でものを考える学習

必要があることばの理解や獲得が難しいのです。

5 …… 2つの言語形式：「BICS」と「CALP」に関わって
(1) バーンステイン（イギリス）の説

イギリスでは，労働者層と中流以上の階層の間に学力格差が見られますが，バーンステイン（Bernstein, B.）は，前者は，「限定コード」しか使えないのに対し，後者は，「限定コード」と「精緻コード」の両方とも使えることと関連すると述べています。日本の外川（2002）も，バーンステインの説を援用しながら，学力格差を考察しています。

● 表 「限定コード」と「精緻コード」

「限定コード」の特徴	「精緻コード」の特徴
・『これ』『あれ』といった指示代名詞が多く使われる。 ・単語や単文であったりすることが多い。	・複文が多い。 ・状況が客観的に説明される（「もし〜すると，〜だから，〜ね」など）。

(2) 朝日新聞記事（2008年6月29日）

前述した「②日本語を母語としない両親の子ども」の場合，家庭でCALPへの移行の下地を育む言語環境に恵まれず，そのことがCALPへの移行，すなわち「9歳の壁」を越えることを困難たらしめることになるでしょう。

朝日新聞は，「移民・在日外国人労働者」の子弟など，日本語指導が必要な子どもが多い学校での取り組みを記事にしていました。例えば，「寒いからシャツをかぶってきた」と言う子，「よう頭が切れるな」とほめると「頭なんかケガしていない」と返す子，「悪魔と残酷は同じか」と聞いてきた子などの例を紹介しています。「日本語を習得させる手法でも手探りが続く。（中略）日本語の能力を『聞く』『話す』『読む』『書く』ごとに7段階で判定する基準を作った。この基準を使ってみると，学校の先生たちは驚く。力がついたと『取り出し』指導をやめた子たちが軒並み，『授業をみんなと一緒に聞くのは難しい』と判定されるからだ。日常会話は1，2年で身につくが，学習言語能力の育成には5〜7年かかるという」という文から，日常会話と学習言語能力が区別されていることがわかります。

「賢い」はわかっても「頭が切れる」がわからない例,「言う・話す」はわかっても「口に出す」「口にする」「口をきく」がわからない例,「口に出す」と「口を出す」の違いがわからない例は,聴覚障害児にも多く見られます。

(3) バイリンガリズム

東（2000）は,「日常会話的な英語（BICS：basic interpersonal communicative skills）」には2～3年かかり,「教科学習などに使われる英語（CALP：cognitive/academic language proficiency）」には5～7年,あるいはそれ以上かかることから,自分の子がネイティブとペラペラ英語を話しているのを見て,これで教科学習にもついていけると思ってはいけないと述べています。この「BICS」や「CALP」は,特に最近のバイリンガル研究に関する書物の中でよく見かける用語です。

(4) BICSとCALP

Baker（1993）によれば,BICSは,「会話的能力（conversational competence）」のことであり,コンテクストの支えがある（context embedded）場面において,非言語的な助け（目や手の動き,手がかりなど）を借りてはたらくものであるのに対して,CALPは,「学力に結びついた言語能力（academically related language competence）」のことであり,コンテクストの支えがない（context reduced）学業的な場面ではたらくとしています。したがって,特に小学校高学年以降のテストに現れる学力は,後者のCALPと密接に関連します。岡（1996）は,前者を「伝達言語能力」,後者を「学力言語能力」と訳し,山本（1996）は,前者を「基本的対人伝達能力」,後者を「認知・学習言語能力」と訳しています。

筆者のほうで,BICSとCALPのそれぞれと関連があると思われる用語を,表にまとめてみました。岡本（1985）は,小学校時代を「子どもが自分の内の語用辞典をより豊かにさせながら,さらにそこから新しい形式の語彙辞典の編集へ

● 表　2つの言語形式

BICS	CALP
話しことば	書きことば
一次的ことば	二次的ことば
語用辞典	語彙辞典
限定コード	精緻コード
生活言語	学習言語
高コンテクスト	低コンテクスト
訓読みが多い	音読みが多い

と進んでゆく過程」とし，「一次的ことば」と「二次的ことば」を提唱しました。また，斎藤（2008）は，言語発達の時期を「前言語期」「生活言語習得期」「わたりの時期」「学習言語習得期」に分け，各時期における授業研究の方法を論じています。聾教育現場では，この「わたりの指導」の重要性が指摘されており，「具体から，半具体へ，抽象へ」とよく言われています。

同じ日本語でありながら，BICSとCALPは異質なものです。9歳を境目にして，学校で用いられる言語（「教室言語」）は，BICSからCALPに移行します。形式的操作期に入ると，具体物を離れ，形式的・抽象的な操作を伴う思考，「もし〜ならば〜」という仮説演繹推理が可能になります。このように考えると，非現実的な話や低コンテクストの話の理解，厳密な因果関係の推理，三段論法などの論理的思考，複数の条件を同時に考慮することができていることは，CALPを獲得できていることを示すと言えるでしょう。

BICSの獲得は，CALPの獲得のための必要条件ですが，十分条件ではありません。このように考えると，①BICSが不十分であり，小学校低学年の学習内容の理解が課題となる群，②BICSが貧弱であるため，「9歳の壁」を越えられない群，③BICSは充実しているが，CALPに移行できず，「9歳の壁」を越えられない群，④CALPに移行できており，「9歳の壁」を越えている群，の4つが存在することになります。

Cole & Scribner（1974）は，事実的根拠に基づいて物事を処理しようとし，三段論法的推理ができなかったクペレ人の長老の例を紹介していますが，筆者はこれを③の例としてとらえています。

2節　「9歳の壁」に関する筆者の仮説や研究

1……「高度化」と「高次化」の区別

「手話は，学力獲得に有効」「いや，手話の早期導入は，高いレベルの日本語の獲得に直結しない」などの意見を聞きますが，筆者は，どちらも一理あると思いながら，両者の間のずれを感じてきました。そのずれを説明するために，以下の「高度化」と「高次化」という概念と仮説を，博士論文の中で提起しま

した。

「高度化（横の発達）」は，「BICSの充実」ともいえます。一方，「高次化（縦の発達）」は「CALPへの移行」ともいえます。下の図を見ればわかるように，「9歳の壁」を越えるためには，高度化と高次化の両方が必要です。誤解を恐れずに一言で言えば，手話は高度化には効果的ですが，高次化には別の手だても必要となります。

高度化を促す条件を考える時のキーワードは，「豊かな経験・情報」「人間関係」「集団的活動」「経験知」などであり，高次化を促す条件を考える時のキーワードは，「日本語による形式的・抽象的思考」「論理的思考」「文法に基づく読解」「低コンテクスト（文脈）における読解」「学校知」などです。

(1)「高コンテクスト」と「低コンテクスト」

高次化のためには，日本語による形式的思考，文法に基づく内容の理解，コンテクスト（文脈）やありそうなことから離れてことばだけを操作して思考する力が必要であると述べましたが，その具体例を以下に示します。

① 兄は妹より5kg重い。……「高コンテクスト」
② AはBより5kg重い。……「低コンテクスト」

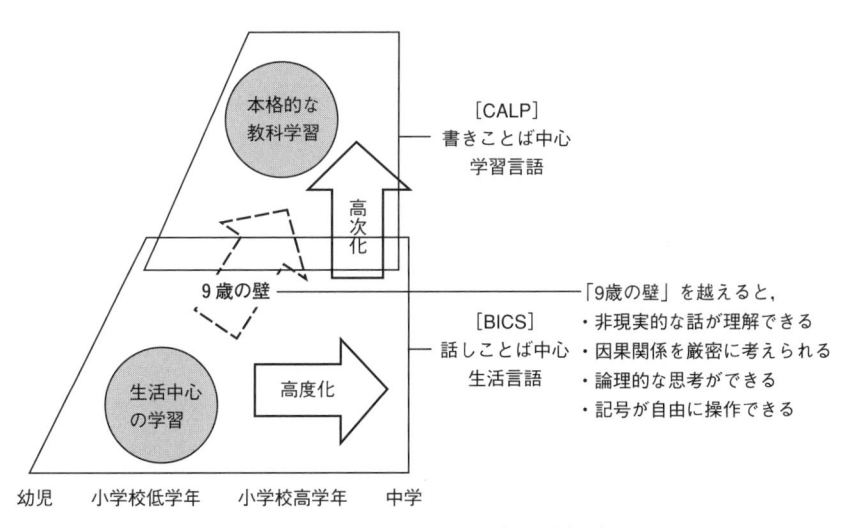

● 図 「9歳の壁」と「高度化」「高次化」

①と②とで，作図のしやすさが異なります。①では，通常，兄は妹より重いという「ありそうなこと」や「コンテクスト（文脈）」を手がかりにして作図できますが，②では，「A」や「B」からは何のイメージもわかないので，「は」や「より」の助詞を手がかりにして文章の意味を把握する必要があります。これが，聴覚障害児には難しいのです。言い換えると，高次化のためには，低コンテクストにも対応できる力，助詞などの文法を手がかりにして意味を理解する力，ことばだけを操作して思考する力が必要です。

　さらに，「Aは，Bより大きく，Cより小さい」のように，複数の条件を同時に考慮に入れて考える力が，高次化には求められます。

　上記のような問題の難しさをある教師に話したら，「あの子たちは，『象は犬より大きい』などとすらすら言えているよ」と言われたことがありますが，単文の形では使えても，状況が変わったり複文になったりすると，理解できているとは限りません。その例を次にあげます。

(2) 同じ問題でも，内容によって難易度が異なる

　＜問題＞

　①太郎は，みかんよりアメのほうが好き。アメよりチョコのほうが好き。太郎の好きなものを順に書け。

　②もしネズミが犬より大きく，犬が虎より大きい時，大きい順に書け。

　③A，B，C，Dの4つの町がある。AはCより大きく，CはBより小さい。BはAより大きく，DはAの次に大きい。4つの町を大きい順に書け。

　岸本（1984）は，聴児に教えた経験から，上記の①のような問題が解けないと小学2年生レベルは難しく，②のような問題が解けると，ことばだけ操作して思考することが可能であり，小学3年生レベルの学習ができること，さらに，③のような問題が解けると，論理的思考が可能であり，小4レベルの学習ができることを述べています。そこで，筆者（脇中，2001）は，京都校高等部生徒28名に対して，岸本（1984）と同じ問題を実施したところ，正答率は，①が82％，②が50％，③が39％でした。②と③のどちらができたら「9歳の壁」を越えているとはっきり言うことはできませんが，筆者は，当時の高等部では「9歳の壁」を越えている生徒は4割前後という印象を抱いていたので，「②50％，③39％」という数字はうなずけるところでした。

(3)「複文・重文」が理解できない

「象＞馬＞犬」を前提として，「（　　）は馬より大きい」「馬は（　　）より大きい」のような単文に正答できた京都校高等部生徒24名（単文理解群）に対して，下記のような複文・重文の形の問題を行ったところ，かなり正答率が低い問題が見られましたが，その例を以下の表に示します（脇中，1999を参照）。したがって，単文の形の問題が解けても，複文・重文の形の問題が解けるとは限らないことになります。

● 表　京都聾学校高等部24名（単文理解群）の正答率（脇中，1999より）

問題（「くじら＞象＞馬＞犬＞ねずみ」を前提として）	正答	正答率
「Pは犬より大きく，象はPより小さい」のPは？	くじら	38%
「象はQより大きく，Qは犬より小さい」のQは？	ねずみ	42%
「Rは犬より小さく，象はRより小さい」のRは？	解なし	63%

2 ……数学の場合の「高次化」

数学の場合の高次化が難しい例として，筆者（脇中，2000）のデータを以下にまとめます。

①分数を1つのまとまりをもった数字として認識できない。

　　例えば，「3／4」を小数に直せません（3.4，0.43などと言う）［正答率30％］。また，「3／4は1／4の（　　）倍」に答えられても［正答率77％］，「3／4は3の（　　）倍」という問題になると，答えられません［正答率17％］。このことは，「1／4」という分数を1つのまとまりをもった数字として認識できていないことを示すといえるでしょう。

②数字が文字に変わると答えられない例が，非常に多い。

　　「18の半分は（　　）」に答えられても［正答率83％］，「xの半分は（　　）」に答えられません［正答率27％］。

　　筆者の経験では，「190の半分」に対して正答しても，「90＋90＝180だから違う，100＋100＝200だから違う」などと試行錯誤し，「95＋95＝190」をやっと見つけ出して「答えは95」と正答する生徒と，最初から「190÷2＝95」として正答する生徒が見られました。

③「4の倍数か否か」などの判断について。

「43」のような数字であれば正答します［正答率81％］が，「4 × 10 + 3」のような形になると，正答率は58％に下がりました。しかも，答案用紙を見ると，「4 × 10 + 3 = 43」と計算してから，それを4で割って判断している例がかなり見られました。さらに，「4a + 3」のような形になると，ほとんどわからないという状況でした（正答率は50％でしたが，○か×かの二者択一ですから，あてずっぽうに答えた場合の正答率は50％になります）。

3 ……「9歳の壁」を越えた生徒の比率

筆者は，博士論文の中で，「9歳の壁」を越えた生徒の比率を，以下のような方法で推定しました。すなわち，「4 − (　) = 6」「3 ÷ (　) = 6」などの問題を混ぜた時の反応によって，生徒（小数や分数，負の数を未学習の生徒は含まれない）を以下の3つの群に分けました。

H群：小数や分数，負の数が必要な時とそうでない時を見分けて正答する。
M群：H群とL群の中間。「この問題はおかしい」と言う，など。
L群：すべて自然数で答える傾向が見られる。つまり「4 − (　) = 6」や「3 ÷ (　) = 6」など，答えを「2」とする。

L群は，小数や分数，負の数について学習したにもかかわらず，「4 − (　) = 6」や「3 ÷ (　) = 6」のように自然数しか出てこない式を見ると，小数や分数，負の数が必要とわからず，自然数の範囲で答えを考えようとするグループということになります。

そして，いろいろな問題（上述した問題の他に，松尾，1995の命題の真偽判断に関する問題などを含む）を実施し，聴児の結果と比較したりして，H群は「9歳の壁」を越えており，L群は越えていない，と言えそうな結果を見いだしました。そして，「H群および聾学校以外の高校に進学した生徒は，すべて9歳の壁を越えている」と仮定すると，京都校幼稚部に在籍したことがある者の65～74％が「9歳の壁」を越えている，という結果を見いだしました。

他府県の聾学校の幼稚部に在籍したことがある者の何％が「9歳の壁」を越えているというようなデータがないので，これ以上のコメントは控えます。

4 …… BICS での日本語と CALP での日本語

「あげる」と「与える」の手話は同じになります（『日本語－手話辞典』などを参照）。「そのニュースは皆に希望を与えた」を手話でどう表すかと尋ねると，「そんな文は，手話表現の時は使わない。『そのニュースを聞いて皆希望をもった』のように言い換える」のような意見が見られましたが，これは BICS（生活言語）における文章といえるでしょう。現実には，「そのニュースは皆に希望を〈あげ・与え・渡し〉た」の答えがわからない生徒が多く見られます。「そのニュースは皆に希望を与えた」という文は，CALP（学習言語）における文章と言えるように思います（この例は，第 10 章でも紹介します）。

このように，「日常会話ではあまり使わないが，問題として出されたら答えがわかる」ようになるためには，どんな取り組みが必要でしょうか。

3節 「9歳の壁」の克服へ：取り組みの変遷

第3～5章で述べたように，聾教育界ではコミュニケーション論争が昔から続いていますが，それは，聾教育現場で「9歳の壁」を越えられない生徒が依然として見られることとも関連するでしょう。筆者は，以下の3つの時期があると言えるのではないかと考えます。

1 …… 話しことばを獲得させる取り組みの時期

「聴覚障害者には手に職を」と言われてきましたが，健聴者中心の社会で生きるために「話しことばの獲得」が求められるようになりました。一般の聴児は，話せるようになってから書けるようになるので，聾学校でも，まず話せるようになることが重視されました。その頃は，語彙不足や基本文型の未獲得が「9歳の壁」の原因と考えられ，聾学校では，いろいろな方法によって語彙を拡充し，基本文型を獲得させようとしました。「9歳の壁」は，BICS を獲得させれば越えられると考えられていたと言ってもよいでしょう。

鳥越（2001）は，今までの聾教育の考え方は，「手話には書きことば（学習言語）

がない。学習言語である日本語の読み書き能力をつけるためには，やはりその基盤となる生活言語（話しことば＝口話）が必要だ」というような考え方であり，それは「書きことばは話しことばをそのまま文字にしたもの，読み書きの力は話しことばから自動的に移行したものという古い考え方」からきていると述べていますが，話しことばを獲得させる取り組みの時期は「話しことばを文字に直したものが書きことば」と単純に考えた時期と重なるように思われます。

2 …… BICSを充実させる取り組みの時期

その後，話しことばと書きことばの異質性に目が向けられ，自然で豊かな会話や経験の蓄積，質の高い遊びが「9歳の壁」を越えさせると考えられるようになり，「自然法」による聴覚口話法や手話の導入が図られました。また，自然手話（日本手話やアメリカ手話など，音声言語とは別個の文法をもつ手話）を第一言語とし，書記日本語を第二言語とする「バイリンガル聾教育」の主張が現れることになりました。バイリンガル聾教育を主張する人々は，「『9歳の壁』が生じるのは，聴覚口話法がろう児の自然な母語習得を妨害するから」「母語が発達しなければ知的発達も停滞する」（中村，2003）などと述べ，日本語とは別個の文法をもつ日本手話の獲得や，日本手話による思考力・メタ言語能力などの形成を重視しています。バイリンガル聾教育を主張する人々は，口話法や対応手話を批判しますが，この主張の根拠の1つが，カミンズ（Cummins, J.）の「第一言語と第二言語の間には共有基底能力（CUP: Common Underlying Proficiency）が存在する」という説（「氷山のたとえ」は有名です），すなわち，第一言語として日本手話を十分に獲得していることが，第二言語としての書記日本語の獲得を可能にするという説です。これに関しては，本章の4節でさらに詳しく述べます。この「バイリンガル聾教育」は，日本手話を通してBICSの充実を図ろうとするものであり，日本語のCALPへの移行に直結しないという問題が立ち現れてくることになると思われます。

前述した「話しことばを獲得させる取り組みの時期」やこの「BICSを充実させる取り組みの時期」は，BICSの獲得や充実を目指した時期であり，ちまたでは，BICSの早期獲得によってCALPへの移行を早めようとする考え方（知的早期教育）が広がったように思います。それに対して，糸山（2003）は，暗

記力と計算力の伸長に走りすぎて「考えない習慣」をつけてしまった子どもは，高学年になると学力不振に陥ると述べています。

3 ⋯⋯CALPへの移行を射程に入れた取り組みの時期

　前述した「話しことばを獲得させる取り組みの時期」と「BICSを充実させる取り組みの時期」は，BICSの獲得や充実がCALPへの移行に自動的につながると考えた時期であるといえるでしょう。筆者としては，BICSの充実はCALPへの移行に直結しないことを念頭に置き，CALPへの移行の下地を育む取り組みが今後求められるだろうと考えます。例えば，「頭が切れる」「口をきく・口に出す」「食費を6割抑える・6割に抑える」などの言い方について，「これらの言い方は学習言語・CALPであり，その意味は学校で教えればよいから，手話表現の仕方をそんなに考える必要はない。それより，生活言語・BICSを豊かにすることが大切」などと言われたことがあります。筆者としては，これらの言い方に教室で初めてお目にかかるよりは，それまでに生活の中で聞いた経験があるほうが，授業で教えられた時に，より深く理解でき，より確実に定着できると感じています。

　聴児の場合も，音声日本語あるいはBICSに長年親しんだ後にやっと書記日本語あるいはCALPを獲得できることから，日本語におけるBICSの形成を軽視できないと考える人は，日本手話の十分な獲得が書記日本語の獲得に直結するという考え方には同意できないと考えるでしょう。また，聴覚障害ゆえに，音声言語（発音・読話・聴覚活用）だけによるBICSの形成は困難であると考える人は，結果的に対応手話も必要と主張することになるでしょう。

　アメリカでは，以前は，自然手話であるアメリカ手話の有効性を強調する論文が多数見られましたが，最近は，2つの手話のどちらであるべきかというよりは，「音韻コード」(phonological coding)の形成のために，「視覚的な情報」(visual information)の提供や指文字の多用（a heavy use of fingerspelling）が大切だと考える風潮が高まっているように感じています。日本でも，今後「CALPへの移行を射程に入れた取り組み」が必要であり，そのために，どちらの手話であるべきかという論争ではなく，音韻意識の形成のために2つの手話を包含する新しい方向性の追求が必要であると考えます。

4節 現在の「手話-手話論争」と「9歳の壁」

1……「日本手話から書記日本語へ」の筋道に関して

兵庫教育大学の鳥越隆士氏や金沢大学の武居渡氏が，明晴学園の教育方法をどのように評価しているかはわかりませんが，筆者の近辺で，対応手話に否定的な人たちは，その主張の根拠として鳥越氏や武居氏の文章を引用することが多いので，彼らの説を取り上げてみます。なお，論文（の一部）が，本人の意図を離れてある主張の根拠に使われること，特に「このような方法も考えられる」が「このような方法であるべき」にすり替えられることはよくあることであり，筆者も本書の文章がそのように使われることを懸念します。

鳥越（2001）は，岡本（1985）の「一次的ことば」や「二次的ことば」を援用して，「二次的ことば」を育てるためには「集団の中での対話の拡がりと深まり」が必要であり，「二次的な話しことば」を十分に育てるためには「手話と集団が必要」であるとします。その二次的な話しことばが十分に育った時に，日本語の読み書きの力は身につくと述べています（図を参照）。この考え方の斬新さは，二次的な話しことばに着目し，単に書かれたものだけが二次的ことばや学習言語ではないと考えたところにあるでしょう。

武居（2003）は，「『日本手話』とは，主にろう者によって使用される音声言語とは全く異なる独自の語彙と文法体系を持った自然言語である」「ネイティブのろう者は，日本手話で表せない事柄はないという」と述べており，彼の言

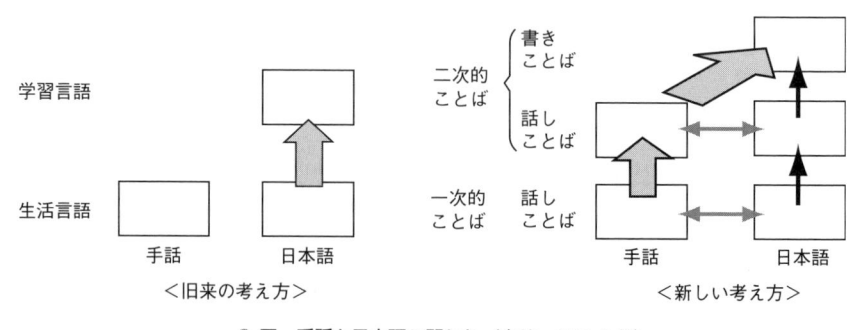

● 図　手話と日本語の関わり（鳥越，2001より）

う「日本手話」は,「対応手話」ではない手話であると思われます。そして,武居（2003）は,「5歳を過ぎるころになると,『今ここを越えた記号としての手話』の段階になる」「『今ここを越えた記号としての手話』の段階に達して初めて,他言語との比較や言語の形式的側面への着目が可能になり,第二言語習得の土台となる」「日本手話のリテラシーを高めることこそが,日本語のリテラシーにつながる」と述べています。さらに,武居（2008）は,「手話でコミュニケーションは豊かになったけれど,日本語の力につながらない」という最近の聾学校教員からの声に対して,「本当に手話でコミュニケーションの力がついたのだろうかと問い直したい。すなわち,一見手話の力がついたと思っても,その手話はコミュニケーションとしての手話の段階であり,今ここを越えた記号としての手話の段階にはいたっていないのではないだろうか。だとすると,そのような手話の段階で教科指導をしようとしてもなかなか国語の力にはつながらない。むしろ手話の力を伸ばすことが,結果的に日本語の力につながるのではないかと考える」と回答しています。

「二言語間の異質性が少ないほど,その二言語のバイリンガルの成立は容易である。異質性の度合いは,フランス語と英語＜日本語と英語＜視覚言語（手話）と音声言語であろう」とあるバイリンガル研究者から聞いたので,図を作成しました。すなわち,フランス語と英語の間の距離を最も短く,手話と日本語の間の距離を最も長くしました。また,ここで言うバイリンガル聾教育は,最初に定義したように,日本語の音声にふれないやり方とします。

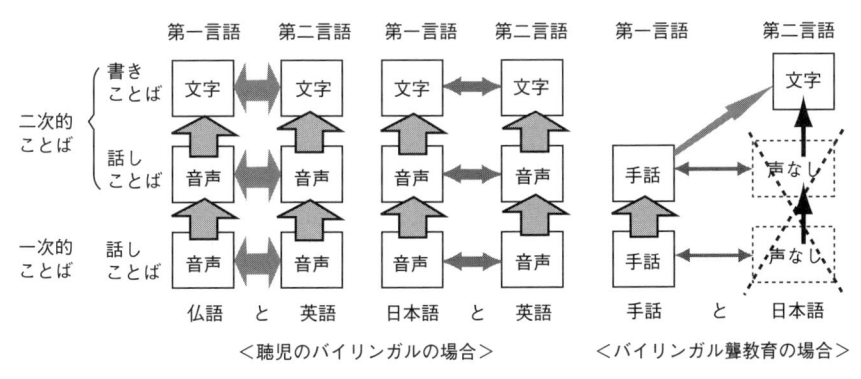

● 図　第一言語と第二言語の関わり

図を見比べると，聴児のバイリンガルとバイリンガル聾教育は，以下の点で異なります。
　①聴児のバイリンガルの場合は，2つの言語の音声に接しているが，バイリンガル聾教育の場合は，それができない。
　②聴児のバイリンガルの場合は，第一言語の文字や書記言語に十分親しんで，培った力を第二言語の文字や書記言語に活かすことが可能であるが，バイリンガル聾教育の場合は，手話には文字がないことから，それができない。
　③バイリンガル聾教育の場合，「日本語の話しことば」は「ひらがなでの読み書き」と考えるとしても，聴児の場合の2言語間の距離と比べると，手話と日本語の間にはさらに隔たりがある。
　①に関して，「日本人の聴児は，英語の音声にふれずに，英語の書記言語を獲得できる」と言うと，同意できないと言う人が多いと思われます。現実を見ると，日本では，英語の音声にふれてもなお高いレベルの英語の力を獲得できる人は，多くはないでしょう。
　②と③について，第一言語と第二言語の間の双方向の矢印は，カミンズの言う「共有基底能力（CUP）」と関連するでしょう。Paul（1999）や上農（2003）は，カミンズの理論（「氷山のたとえ」）をバイリンガル聾教育に当てはめることに疑問や反対の声を呈しています。また，手話と日本語の関係について，上農（2003）は，1対1の対応が成り立つ単純な単語や単純な文の場合は，それなりに「移行」「翻訳」できるが，複雑なレベルとなると，どこまで対応できるか疑問であると述べています。
　筆者は，手話を介して思考する力のみならず日本語から直接的に思考する力の育成が必要だと考えます。第一言語や第二言語の「第一」や「第二」の意味するところとして，時期的な順序性を重視する人（第一言語が不十分な段階では，第二言語の導入は避けるべきという考え方）や，単にその人の言語活動に占める割合を意味する人（第一言語と第二言語は時期的に重なってもよいが，初期は第一言語を中心とすべきという考え方）が見られますが，筆者は，手話と日本語のどちらが先か中心かなどと一般論として考えるのではなく，その子どもの実態や環境に応じて考えるほうが良いと考えています。
　なお，付言すれば，鳥越氏や武居氏は，発声や対応手話の使用に否定的では

なく，また日本手話の使用がすべてを解決するとは言っていないように，筆者は感じています。例えば，武居氏は，いろいろな場面で，手話の使用は音韻の問題を解決しないと述べています。

その一方で，小学校低学年で「スイミー」などの手話ビデオ（日本手話）がよく用いられていますが，武居（2003）は，「日本語を目に見える形で表すのを目的として手話を導入した場合，そこで用いられる手話は日本語対応手話になる」と述べ，この枠組みは聴覚口話法と変わらないとし，この理念のもとでは手話教材ビデオは不要と述べています。また，「手話教材ビデオで使われている単語を安易に教科書の日本語に一対一で対応させたり，日本語と手話を表面的なところで比較したりすることは，かえって日本手話を用いて指導する利点を弱めることになる。ここで大切なのは，手話ビデオ教材で議論し，推測し，手話で表現されている内容と形式をクラス内で深めて，その上で教科書の日本語と結び付けていくことである」と述べていますが，この記述からは，筆者は，日本語の具体的な指導の仕方がうまくイメージできませんでした。筆者は，「みかん」「おたまじゃくし」「扇風機」などの基本的な単語であっても，手話環境の整備だけでは，その日本語単語の正確な記憶や定着は難しいと感じています。

上農（2003）も，「手話さえ導入すれば，基本的問題は容易に解決すると言わんばかりの明らかに行き過ぎた状況」が最近出てきているのではないか，「バイリンガル教育を標榜している人たちの一部には，『二言語習得』とは戦略上の建前，あるいは消極的な添え物的願望にすぎず，本音は（中略）モノリンガル（単一言語）志向が根底にある」のではないかと述べています。

また，「日本手話による教育で書記日本語も身につく」と言うなら，バイリンガル聾教育を主張する人々は具体的なデータを示すべきであり，「書記日本語の獲得は二の次で，日本手話の獲得が最も重要」と言うなら，バイリンガル聾教育では書記日本語の獲得は難しいことをインフォームしたうえで，手話モノリンガルでよいと主張すればよいという声も聞きます。

大学で発達心理学や教育心理学を教えているある教員は，「『ろう文化宣言』を読んだ当時は，手話モノリンガルでよいと堂々と主張していると受け止め，すばらしいと思ったが，日本語の音声言語にふれずに日本手話を通して書記日本語を獲得できると主張していると聞いて，それは難しいのではないかと思っ

た。また，『ろう文化宣言』により，一種の新たな障害者差別ないし分断が生まれているようにも感じた」と筆者に語りました。

2……音声日本語の果たす役割に対する評価について

長南（2003）は，「A先生は，聴覚障害児に音を聞かせなくても指文字などの視覚的記号を利用することにより，日本語の音韻表象を形成させることは可能だと主張した。これに対し，私は音を利用することによって，より効果的で発達上無理の少ない音韻表象形成が可能であり，音をまったく利用しないことには賛成できないと反論した」「結局，手話を利用した日本語指導法が成功するかどうかは，主に聴覚活用などを通して形成される日本語の音韻意識が十分に形成されているかどうかということに規定されるのである」「（バイリンガル教育論者は）聴覚活用や口声模倣は，音を聞かせることや発音をさせることだけに目的があったのではなく，音韻表象を聴覚障害児の脳内に形成する役割があったこと（中略）を見落としているような気がしてならない」と述べており，音声日本語の使用の意義を認めていることがうかがえました。

筆者は，聴覚活用がほとんどできませんが，読話と発声の使用により音韻意識を形成できたと感じているので，聴覚活用が厳しい子どもの場合は，発声模倣ないし口形模倣が必要と考えます。ただし，手話やキュー，指文字の併用も必要だと思います。

鳥越（1999）は，最近アメリカで「『この音韻からこの単語ができあがっている』という音韻意識ができあがっていない子どもは読み書きも非常に不得手である」という手厳しいバイリンガル批判が出ていることを紹介しています。

英国のMcGurk & Macdonald（1976）は，「ガ」と発声している人の画像に，「バ」という声を付けたビデオテープを作成し，それを聴者に見せたところ（目を閉じて聞いてもらうと，「バ」とはっきり聞き取れるにもかかわらず），「ダ」と聞こえたと答えた人の割合が最も高かった，などという実験結果を発表しました。つまり，聴者であっても唇の動きを見ると，明らかに「バ」ではないので，結果として中間の音「ダ」に聞こえてしまうらしいのです。これらのことから，聴者であっても，唇の動きと耳から聞こえる音声を総合して話を聞き取っていることがうかがえます。McGurk & Macdonald（1976）のタイトルは「Hearing lips and seeing voices（唇が聞こえ，声が見える）」ですが，それは筆者も感じていることです。かつて，補聴器やキューが導入された頃，「耳やキューに気を取られて，読唇に集中できなくなる」と反対する声があったと聞きますが，聴覚的情報と視覚的情報はそんなに対立しないと考えます。

なお，筆者は，日本手話論者から「声の有無」を問題にされた時，「私は聞こえないから，声の有無はたいした問題ではない。それより，口形という情報の有無が大切」と思いました。筆者に対して筆者の子どもが声を出さずに話すことを10年間ほど知らなかったことから，改めて，自分は会話時の相手の声の有無に無頓着であることを感じさせられました。

3 …… キューに対する評価について

特に年配の聴覚障害者の間では，キュー（第3章の3節を参照）に対する評価はかなり低いようです。「成人聾者が使わないキューを聾学校で使用するのは問題である」と言う人も見られます。1965（昭和40）年に京都校からキューが発表され，全国各地の聾学校に広まりましたが，キューは発音誘導サインと関連しているため，聾学校によってキューが少し異なることから，指文字と比べると通じる人の範囲が狭いです。それで，手話の拡がりに伴って，「指文字はキューと同じ」と考えて指文字に切り替えた聾学校が多くなったようです。

長南（2008a）は，キューと指文字を比較して，「語の記憶の段階におけるコミュニケーション手段としては，キュードスピーチのほうが，適切であろうと思料される」「キュードスピーチは，指文字よりも手の形が少なく子どもにとって習得が容易であることなど違いが少なくない。また指文字使用児は，読話を正確にできないことが多いといった指摘も耳にすることがあり，コミュニケーションへの影響も考えられる」などと述べていますが，この「指文字使用児」と「キュー使用児」の読話能力に関する詳細なデータがほしいと思います。

キューは評判が良くないため，筆者は，今までコメントを差し控えてきましたが，キューで育った聴覚障害者の中には「わが子が聾ならキューで育てたい」と言う人が見られます。そこで，筆者の感じるキューと指文字の違いについて，本書で私見を述べたいと思います。

まず，よく指摘される違いは，記憶すべき手指の形の数が，指文字は多く，

キューは少ないことです。例えば「あいうえおかきくけこ」の10音節に限っていうと，覚えるべき手指の形は，指文字は10個ですが，キューは「ア行」と「カ行」の2個だけです。

　二番目に，キューは，手指の形と口形の両方で意味をなすため，手指と口形の両方に注目する習慣が身につきます。筆者は，手話で会話する時も，口形に注目しています。口形のない手話を読み取る時と口形のある手話を読み取る時とでは，思考の種類や過程が異なることを自覚しています。筆者としては，「言う」「話す」「口にする」「口をきく」「口に出す」などの日本語を身につけるためにも，また微妙な助詞の使い分けを理解するためにも，読話能力は高いにこしたことはないと考えているので，わが子が聾なら，手話を早期から使いながらも，手指と口形の両方に目を向ける習慣を身につけさせたいと思います。

　三番目に，筆者が考えるキューと指文字の最大の違いは，「50音のつながり」の理解（「音韻意識」の形成といってよいかもしれません）の点についてです。例えば，下の図の①，あるいは②で，「（　）」に入る答えを考えてみてください。①より②のほうが答えがわかりやすいでしょう。答えは「ま(MA)」です。実は，これは動詞の活用と関係があります。「行かない」「遊ばない」から「読（　）ない」の「（　）」に入る音を考える力につながっていきます。

　聴者は，「く」は「KU」，「か」は「KA」と発音できるので，発音を通して「く」と「か」の間につながりがあることを理解しています。発音できても「シ」は「サ行イ段」と答えられない高校生（聴者）がいるとのことですが，ほとんどの聴者は「50音表」の説明を聞くとすぐに答えられるでしょう。しかし，発音指導を受けない聾児，聴覚活用しない・できない聾児にとっては，「く」や「か」という指文字が「つながりのない別個のもの」として存在する可能性があります。キュー（と口形記号）であれば，「K」の部分で同じ手指の形（と色）が使われるので，つながりがあることが理解しやすいのです。筆者も，キューを

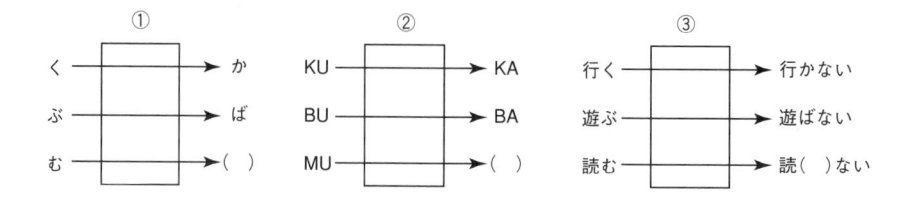

①
く　→　か
ぶ　→　ば
む　→　（　）

②
KU　→　KA
BU　→　BA
MU　→　（　）

③
行く　→　行かない
遊ぶ　→　遊ばない
読む　→　読（　）ない

通して動詞や形容詞の活用変化のルールを容易に理解した記憶があります。

　手話早期導入校の小学部の教師が，動詞の活用を指導し，「幼稚部では，指文字を教えるだけでなく，50音のつながりも教えてほしい」と要望したそうです。それに対して，「動詞の活用は幼稚部の間に教えるほうがよい。小学部で本来の教科学習のための時間が短くなるから」と言った人がいると聞きます。

　四番目に，「キューが全国共通なら，キューのほうが指文字より楽に表せるから，キューを使いたい」と言った生徒がいましたが，「音節」や「モーラ（拍）」との関連で指文字やキューを比較検討する必要があるようにも思います。

　筆者は，「音韻意識の形成は，キューでなければならない」と言っているのではなく，指文字を使用する場合は，発音・口形指導や聴覚活用などを通して，「50音のつながり」の意識づけに十分留意する必要があると言いたいのです。また，キューを使用する場合は，あくまでも「日本語の獲得・発音の意識化の手がかり」というような位置づけで使うものとし，小学部以降は「会話の道具（キュードスピーチ）」として使い続けない（指文字や手話に切り替える）ほうが良いと考えています。

4 ……対応手話について

　長南（2008b）は，「近年では，聾学校高等部に在籍する生徒の大部分が日本語対応手話を用いて」おり，「聾学校の指導においては日本語を用いる必要があることから，手話を用いる場合には，日本語対応手話が適切な手段であるといえる」と述べています。聴覚に頼る者と手話に頼る者が見られる聾学校では，共通のコミュニケーション手段としては「対応手話」にならざるを得ないでしょう。「耳にする」「耳に入る」「耳にはさむ」などは「聞こえる」の手話で表すことがよくありますが，これらの日本語を定着させるためにも，対応手話や口話は必要と考えます（第10章を参照）。なお，筆者は，日本手話を排除すべきとは考えていませんし，また，休憩時間などにおいても日本語対応手話を使わせるべきとも考えていません。

　なお，「読話が不得手な人は，強弱や空間関係が明瞭な日本手話のほうがわかりやすいのではないか」という指摘も見られます。読話の力と対応手話への評価の関連については，詳細に検討される必要があるかもしれません。

5節　「9歳の壁」を念頭に置いた「手話－手話論争」の必要性

　筆者は，「9歳の壁」，特に「CALPへの移行」を念頭に置きながら，「手話－手話論争」が行われることを願っています。

1 ……「科学的・抽象的思考の道具」という視点に関わって

　「手話は日本語と対等な言語である」という言い方に関して，権利としてであれば同感です。どんな言語も「言語権」をもちます。

　しかし，「科学的・抽象的思考の道具」のような意味であれば，現在の手話は，明治維新前後の日本語と似た状態にあると感じます。明治維新後，知識人たちは西欧的な知識の翻訳に苦しみ，漢字の特性を利用して「文化」「免疫」などのことばを造語しました。一時は「日本語は科学的思考に不向き。国語を英語に変えよ」といった論も出されました。その頃，造語を良く思わず，「やまとことばを守れ」と主張する人が現れたといいます。現在の手話も，新しい手話単語が毎年確定されていますが，「見たこともない手話はわからない」と言う聾者が多いです。

　さらに，世界全体を見ると，その国の「母語」や「現地語」で大学教育がなされている国のほうが少数である話も聞きます。言語にも大学教育に耐えられる言語とそうでない言語があるように思います。大学の講義を手話通訳してもらった経験からいえば，大学の講義では，口話や口形の助けを借りない手話では限界があるのではないかと感じています。

　「集団的権利としての言語権は，時に個人的権利と衝突する」という指摘も見られ，何を「人権侵害」と見るかについて意見が分かれるのと同様に，何を「言語権侵害」と見るかについても意見が分かれるでしょう。

2 ……「日本手話」と「日本語対応手話・口話併用手話」の違いに関わって

　日本手話は，日本語と「異なる文法」をもつとされています。うなずきの場所や有無，視線の方向によって意味が変わる例が見られます。また，時系列に沿った表現が多くあります。

上農（2003）によれば，「死ぬ＋終わり（＋うなずき）」と「死ぬ＋うなずき＋終わり」は意味が異なります。前者は「死んでしまった」，後者は「死んだらおしまい」の意とされます。

また，松見（2001）は，「私は子どもの頃から読書が大好きです」という文は，対応手話では「私／子ども／とき／から／本／読む／とても／好き／です」で表すが，日本手話では「私／本／読む／大好き（表情をつけて）／成長する／私（読書が大好きだった子どもの私が，そのまま大きくなって現在の私になった）」というように，時間の経過に合わせて表現するのが基本である，と述べていますが，これが筆者の言う「時系列に沿った表現」のことだと思われます。

実際には，「日本手話」と「対応手話」を分かつ基準は，人によって微妙に異なります。「日本語を考えながらする手話は日本手話ではない」と言う人も見られます。

筆者は，2007 年に『よく似た日本語とその手話表現』を出版しましたが，その原稿執筆にあたって，いろいろな人から意見を聞き，対応手話に否定的な人とそうでない人の間に相容れないものがあると感じました。対応手話に否定的な人から出された意見として，以下のようなものがあります（「──」以下は，筆者の意見です）。

- 指さしやあごひきなどの「マーカー」を付けるべきである──現実には，手話の初心者が最初からこれらを使いこなすのは難しいです。また，昔の聾者はそんなに指さしを多用しなかったという指摘も見られます。
- 声や口形は（むりに）付けるべきではない──現実には，声や口形も付けることを希望する聴覚障害者が多く見られます。
- 疑問詞は必ず最後にもってくるべきである──「何を食べる？」と言いながら，「何／食べる？」とするのはまちがいと指導すべきと言われましたが，聾学校では，筆者も含めてそのような指導はほとんど行っていません。
- 日本手話だけを「答え」として載せるべきである──日本手話と対応手話を分かつ基準が，筆者にはよくわかりませんし，あるとしても，日本語の獲得や定着のために，対応手話が必要な場合もあると考えています。

筆者は，対応手話に批判的な人に，「この 2 つの文章をそれぞれ手話でどう表しますか？」と尋ねたら，両方とも同じ手話表現になっていたことを何回か

経験しました。例えば,「(私が)食べたい」を「食べる／好き(〜たい)／自分を指さす」,「(あなたに)食べてほしい」を「食べる／好き(〜たい)／相手を指さす」と表すべきと言った人に,「彼が食べたがっている」と「彼に食べてほしい」の手話を尋ねると,両方とも「彼／食べる／好き(〜たい)／彼を指さす」になっていました(詳細は,脇中,2007を参照)。

対応手話を否定する人々の言うところの日本手話を用いる聴覚障害者は,どれぐらいいるのでしょうか。筆者は,聴覚障害教職員が集まった場で尋ねたことがありますが,「私は日本手話ができる」とすぐに挙手した人は(その場では)見られませんでした。

筆者としては,日本手話と対応手話は重なっていると考えます。両者を区別する意味はあまり感じません。

正確な日本語を知りたいと思う時,筆者は聞こえないから,音声だけではわかりません。かと言って,すべて筆談するのはしんどいことです。この時の手話を「対応手話」として排除するのはいかがなものかと思います。

3……「口形」がもたらす情報に関わって

ある高校が聴覚障害生徒のために手話通訳者を行事に配置しましたが,その通訳者は口を動かさない手話をし,生徒が「口形も付けてほしい」と言うと,その通訳者は,保護者やその生徒が卒業した聾学校の教員に対して「あなた方の手話教育はまちがっている」と言ったそうです。生徒は「私はもう手話通訳を頼まない」と言っていると聞き,筆者は大変残念に思いました。

講義などの場面では,手話通訳者は時間に追われ,専門用語に該当する手話がないことがあるので,「口形」は,筆者にとって大切な情報源です。その例を次にあげます。

- 「正しい」「まじめ」「素直」は同じ手話で表されますが,「まじめな子」と「素直な子」について,多くの聴覚障害者は「口形を見て判断する」と言います。
- ある手話通訳者の手話表現を見ると,「母親の声」「母音」「母語」が同じ手話表現になっていましたが,筆者は,口形を見て理解しました。
- (速い手話で)「言語／獲得する／生まれる／獲得する／説明する／勉強する／獲得する／説明する／あります」という手話表現がありましたが,こ

れは「言語獲得には生得論と学習論があります」という文章であり，筆者は口形を見て理解しました。講演の時，フロアーで，ある聾者が隣の人に「手話通訳が下手だから，よくわからない」と言ったのを見ましたが，筆者は「あのスピードであの内容を手話通訳しようと思ったら，あれが限界だと思うのに」とひそかにその手話通訳者に同情しました。

・子どもの卒業式で，校長の式辞の手話通訳を見ると，「まじめ／だけ／ダメ」（口は動いていなかった）となっており，筆者は，初め「えっ？　まじめなことがダメなの？」と驚きましたが，すぐに「多分『まじめなだけではダメ』と言われたのだろう」と理解しました。

・講演の時，「新聞記事で，『男』と『男性』を使い分けている」「それは，死者に対する冒涜行為に等しい」などの文章のところで，通訳者は困惑していました。筆者は，「『おとこ』と『だんせい』だね」「『ぼうとく』だね」などと口形や指文字で「理解したよ」と通訳者に伝えました。通訳者は，ほっとした表情を見せながら，そのまま通訳してくれました。

これらの経験から，筆者は，講演の通訳は，「対応手話で」「口はずっと動かしてほしい」とお願いしています。

その一方で，対応手話は，日本語の力が不十分な人にとってはわかりにくいこと（例えば，「猫舌」を「猫／舌」という手話で表しても，そのことばを知らない人には，意味は通じないでしょう）や，対応手話できちんと伝えたつもりでも，必要な手話単語が欠落している場合があること（例えば，「渡さずに帰った」の「ず」や「そう言わんと，もらってや」の「ん」のところで，否定を表す手話単語が欠落しがちです），対応手話でも，空間を効果的に利用したわかりやすい表現と，単語を単に並べただけでわかりにくい表現があること，などを感じています。

そこで，さまざまな実態の生徒が見られる聾学校では，それぞれの状況や指導目標などに応じて，さまざまなコミュニケーション方法を工夫して組み合わせる必要があると考えます。具体的に言うと，日本語の獲得と定着を図る意味で対応手話や恣意的な手話が必要な時もあります。また，「表情やリズム感が豊かで空間の利用が巧みな手話」のわかりやすさは，対応手話にも最大限に取り入れられるべきだと考えます。

4 …… いろいろな視点を視野に入れた議論を

小学校低学年までの時期において,「手話を導入して,コミュニケーションが豊かになった」などとよく聞きますが,それは高度化(BICS の充実)に関わる成果の報告だと思われます。筆者としては,高次化(CALP への移行)に関わる成果の報告,「9 歳の壁」(ゆくゆくは「14, 15 歳の壁」?)を越えられた比率に関する話が聞きたいと思います。

口話法に対する批判を聞いて「口話法はだめ」と思い込んでいたが,筆者の話を聞き,「問題はそんなに単純なものではないとわかった」と述べた人が見られました。今後聴覚障害者に関わる方々には,この「手話－手話論争」全体を視野に入れながら,できるだけいろいろな書物や意見を聞いて判断していただけたらと思います。その一方で,インターネットなどで見られる一部の意見だけを視野に入れることの危険性も,念頭に置いていただきたいと思います。

5 …… コミュニケーション手段(モード)を考える時の留意事項

繰り返しになる部分もありますが,整理してまとめます。

(1) 諸用語の定義が共通理解のものになっているか

「口話で育ち,のちに手話を獲得するのも,バイリンガルといえる」「対応手話を使うのは,バイリンガルではなくトータルコミュニケーションだ」「トータルコミュニケーションの中にバイリンガルが含まれる」など,さまざまな意見が見られます。「トータルコミュニケーション」という用語が,「どの方法も認めるという理念」と「対応手話が使われる状況」のどちらの意味で使われているかというように,それぞれのことばがどんな意味で用いられているかに留意しながら,文章を読む必要があります。

(2) さまざまな実態の聴覚障害者の存在を念頭に置いているか

日本手話を大切に考える人と対応手話を大切に考える人,「補聴器は自分にとって大切なもの」「口話も手話も自分にとっては大切なもの」,また「まず手話で教えてほしかった」と言う人などが見られます。それぞれの思いを尊重することは大切です。しかし,自分の思いを人に押しつけることは異なります。「私は聾。声は不要」と思うのは本人の自由ですが,「聾者としての誇りをもつ

なら声を出すな」などと他者に強要するのはいかがなものでしょうか。
(3) 有効な方法はそれぞれによって異なることを念頭に置いているか
　筆者は，受聴明瞭度によって記憶しやすい条件が変わってくることを見いだしました（第9章の4～5節を参照）。聴覚障害者はこの方法が良いなどと十把一絡(ひとから)げに考えるのではなく，個人の実態や指導目標，場面に応じて有効な方法を使い分ける必要があると考えます。
(4) 聴覚活用や人工内耳を否定するか否か
　人工内耳に否定的な人が見られますが，バイリンガル聾教育が成功している国として引き合いに出されることが多い北欧諸国では，人工内耳の装用率が9割以上というデータが見られます。同じ手話使用者であっても，聴覚活用の可否によって，英語や日本語の獲得状況に差が見られる場合があるでしょう。
(5) 国によって学力が求められる度合いや雰囲気に違いがないか
　都築（1997）は，アメリカの聾学校高等部でかけ算や分数の学習が行われているのを見たが，これでいいのかと思うのは「日本人的発想」らしいと述べ，国によって求められる学力やその度合いに違いがある可能性を指摘しています。Paul（1999）は「（アメリカでは）ふしぎなことに，高度な読みの能力の重要性は，健聴児についてのみ言われている」と述べています。また，高校進学率や大学進学率の違いも考慮に入れるべきでしょう。
(6)「自然手話」が，言語学者の言う「自然手話」に限定されるか否か
　都築（1997）は，アメリカ手話（ASL）を主張する人は言語学や文化人類学を専攻している人に多く，手指英語を主張する人は教育学や心理学を専攻している人に多いことなどを指摘しています。
　小田（1995）は，「多くの聾者が言語学者の言うASLを使っていないことに気がつく。（中略）（聾者である）KunzeはASLをもっと広い意味でとらえることを提唱する」と述べ，森（2003）は「アメリカ手話と俗に呼ばれているもの」には「手指英語」と「ASL」という2つのベクトルがあると述べています。北欧では，「（手話の見方は）最近は柔軟になっている」という情報もあります。
(7) 対応手話を否定し続けるか否か
　乳幼児期は自然手話を用い，ある年齢以降自然手話と書記日本語を用いて指導するべきと考え，対応手話を一定の年齢以降も否定する人が見られます（学

校法人明晴学園のホームページなどを参照）が，最初アメリカ手話を用いれば，それ以降対応手話の比重が大きくなっても，その方法はバイリンガル教育に含まれるとする考え方があることも指摘されています。

(8) 指文字を多用する積極性に違いがないか

指文字の使用に積極的でない人が見られますが，アメリカでは，指文字の多用が大切と言われているようです。また，音韻意識を培うために，文字，または指文字の使用だけで十分とする人と，聴覚活用や発音も併用するほうが望ましいとする人が見られるようです（Mayer & Akamatsu, 2003 や長南，2003 などを参照）。

(9) 英語と日本語の違いを考慮に入れているか

英語（表音文字）と日本語（表意文字）の違いから，キューの意味や数も異なります。英語では，同じ「a」でも発音が異なる単語があり，キューは複雑ですが，日本語では，キューは簡潔です。清水（1988）は，英語圏におけるキューに対する評価を，そのまま日本語圏に当てはめてはいけないと指摘しています。また，岡本（1997）は，表音文字と表意文字の違いとも絡めて，手話や音声言語の問題を考えるべきであると指摘し，「手話と関連して，また口話のために，日本語が欧米語より好都合な条件を備えている」と述べています。

(10) カミンズの CUP 理論について

バイリンガル聾教育を主張する人々は，カミンズの CUP 理論を援用することが多いですが，Paul（1999）は，「（彼らは）ヴィゴツキー（Vygotsky, L. S.）とカミンズの説を誤って解釈している」「（ASL 論者は）音韻言語である英語を教えるのに，書いたものと接触させるだけで十分だとしているが，現存の主要な読みの学説は，これを強く支持はしていない」などと述べています。また，上農（2003）は，「カミンズが対象にしたのは基本的に音声言語同士のバイリンガルではないだろうか」と述べています。

(11) 好影響を及ぼす場合の範囲について

聴児・者の二言語教育に関する研究において，語彙の面と統語の面に分けて見た時，第一言語の好影響は前者の面では見られても，後者の面では見られないとする研究もあります。

「氷山のたとえ」の過剰適用，つまり，例えば「ラグビーが上手になったら

卓球も上手になるから，ラグビーの練習をすれば卓球も上手になる」という論調が見られないかどうかということです。適用できる範囲とできない範囲を見極める必要があるでしょう。

(12)「音韻意識」形成について

　第二言語の書きことばの獲得のために，文字言語との接触で十分と言う人も見られますが，これを批判する論文として，Paul（1999）や長南（2003）などがあげられます。最近，アメリカでは，「2つの手話のどちらが有効か」という思考様式から抜け出し，「音韻コード」や「音韻意識」の形成のために，指文字や頭文字手話を重視する論文が見られます。

　筆者も，「行く・行かない・行きます・行けば・行こう」などの活用ができる度合いについて，「50音のつながり」が定着しているかどうかによる違いがあることを感じています。

(13) 過去に，まず手話から入り，のちに日本語指導に入った時期があること

　岡本（1978）など，京都校の過去の資料を読むと，まず手話から入り（聴覚障害教員が担当），のちに日本語指導に入った（聴者の教員が担当）時期が，過去に見られたといいますが，それに対して，手話通訳の草分け的存在であり，京都校で長年国語教育に携われた伊東雋祐氏は，「古老の思い出によれば，手話による国語指導には文章暗記が強く求められたようすで，それについていけず中途退学した生徒もかなりいた」「この期の手話法による教育は，児童生徒の知識的，徳育的な発達の面で成果をあげたものの，国語（読み，書く力）と結びつける面では，多くの課題を残していたのではないか」と述べています（伊東，1994を参照）。

(14) 相関関係と因果関係を区別しているか

　「AとBの間の相関関係」のみからは，「どちらが原因でどちらが結果か」や「擬似相関ではないか」はわかりません。Mayer & Akamatsu（2003）は，「Padden & Ramsel は，因果と相関を混同しないよう注意を払った」と述べていますが，Padden & Ramsel の研究結果を援用して，「ASLの言語能力が英語力に好ましい影響を与えていることが明らかになった」ことから「自然手話の獲得が書記言語の獲得に必要」と述べている論文が見られます。

(15) 対象者の質は同質か

 2つの群を比較して、「日本手話を第一言語として獲得することが大切」と述べる論文が見られますが、両群が同質かを確認する必要があります（第12章の1節4を参照）。例えば、口話教育を受けて英語が身につかなかった群と身についた群の間には何らかの違い（例えば発達検査を実施した時の結果の違い）がある可能性が考えられます。

6 ……筆者の考えのまとめ

 以前の口話法は、手話を否定したという点で反省しなければなりませんが、だからといって、口話法のすべてを否定するのはいかがなものでしょうか。特に、「純粋口話法」と「聴覚口話法」は区別して評価されるべきです。

 現実には、補聴器も進歩しており、無理なく聴覚活用できる生徒も増えています。「聴者」「難聴者」「聾者」は連続的なものであり、適用する教育方法も連続的なものであるほうが無理がないでしょう。つまり、「声を出さない日本手話を用いるクラス」と「声を出しながら対応手話も用いるクラス」ができた時、誰が子どもたちをふり分けるのかということです。少子化の中で、ただでさえ小さい聴覚障害児集団がさらに分断されないでしょうか。

 また、学力や日本語の力の獲得の「成功／失敗」の原因を、コミュニケーション手段だけに求めるのにも無理があります。聴覚口話法が採用された理由を、単に「同化主義」「聾者に対する抑圧」や「聴能主義（オーラリズム）」などだけに求めるのにも無理があります。すなわち、(日本語の)音韻意識の形成、つまり書記日本語の下地を作るという側面を見落としてはいけません。言い換えると、日本語の話しことば（聴覚活用や読話、発声による会話）を使わずに、文字との接触だけで、書記日本語を十分に獲得できるか否かに対する見解の相違が、聴覚口話法に対する評価の違いにつながっているようにも思われます。

 筆者としては、日本語の使い分け方をすべて文法や理屈で説明できるとは思えません。高いレベルの日本語を獲得するためには、日本語をからだで（時には理屈抜きで）獲得することが大切だと感じています。聴覚障害児の90％は聴者の家庭に生まれることから、「日本手話のネイティブサイナー」でなくても、ある程度手話を学習するとできるような日本語指導の方法（言わば「誰でもで

きるような指導方法」）が，今後さらに求められるように感じています。

　手話は単語数が少ないという批判もありますが，手話は今発達・発展している言語です。指文字や口形の併用により，単語数の増大の可能性も期待できるでしょう。手話のわかりやすさは，教育現場においても最大限に活用されるべきです。手話はわかりやすいからこそ，手話を禁止されても，聾児・聾者の間から手話がなくなることはなかったのです。

　「手話法」の有効性と限界，および「口話法」の有効性と限界を冷静に見つめた研究や実践が求められます。

文献

東　照二　2000　バイリンガリズム—二言語併用はいかに可能か　講談社
馬場　顕　1999　9歳の壁　聴覚障害，**54**（4），29.
Baker, C.　1993　*Foundations of Bilingual Education and Bilingualism*. Clevedon: Multilingual Matters.
　　岡　秀夫（訳）　1996　バイリンガル教育と第二言語習得　大修館書店
長南浩人　2003　聴覚と手話の併用　聴覚障害，**58**（12），38-41.
長南浩人　2008a　音韻意識の発達とコミュニケーション手段—キュードスピーチと指文字について　ろう教育科学，**49**（4），191-197.
長南浩人　2008b　高等部・専攻科　中野善達・根本匡文（編著）　聴覚障害教育の基本と実際〈改訂版〉田研出版　Pp.114-126.
Cole, M. & Scribner, S.　1974　*Culture & Thought: A Psychological Introduction*. New York : John Wiley & Sons.　若井邦夫（訳）1982　文化と思考　サイエンス社
伊東雋祐　1994　聴覚障害児教育における手話の位置づけ　障害者問題研究，**21**（4），323-331.
糸山泰造　2003　絶対学力　文春ユネスコ
加藤直樹　1986　一人前への飛躍の節目　子どものしあわせ編集部（編）　子どもはどこでつまずくか—9, 10歳は飛躍台　草土文化　Pp.26-32.
岸本裕史　1984　計算の力をきたえる　たかの書房
京都府立聾学校高等部　1964　高等部標準学力検査結果の報告　京都府立聾学校研究紀要，**3**，29-37.
Mayer, C. & Akamatsu ,C. T.　2003　Bilingualism and Literacy. In M. Marshark & P. E. Spencer(eds.), *Oxford handbook of deaf studies, Language, and education*. Oxford; Tokyo: Oxford University Press. Pp.136-147.
McGurk, H. & Macdonald, J.　1976　Hearing lips and seeing voices. *Nature*, **264**, 746-748.
松見法男　2001　第二言語の習得　森敏昭（編著）　21世紀の認知心理学を創る会（著）　おもしろ言語のラボラトリー　北大路書房　Pp.195-219.
松尾吉知　1995　日常の論理の様相　日本数学教育学会（編）　数学学習の理論化へむけて　産業図書　Pp.58-68.
森　壮也　2003　外国手話とのバイリンガリズム　言語，**32**（8），68-71.
森原　都　1989　学童期の発達—9〜10歳頃の質的転換期の発達と教育　第4回はったつ講座　全国

障害者問題研究会三重支部講演記録集
　（http://www4.ocn.ne.jp/~yama-kei/3syouken/kouen/morihara.htm）
中村成子　2003　ろう児の日本語獲得に必要なもの　第15回ろう教育を考える全国討論集会記録集，56-59.
小田侯朗　1995　アメリカ聾教育と手話—実践的位置づけと研究動向　手話の言語発達とその言語能力評価法に関する基礎的研究　平成6年度文部省科学研究費補助金研究成果報告書，19-30.
岡本稲丸　1997　近代盲聾教育の成立と発展 古河太四郎の生涯から　日本放送出版協会
岡本稲丸　1978　第1章（待賢小学校瘖唖教場）・第2章（京都府立盲唖院）・第3章（京都市立盲唖院）・第5章（京都市立聾唖学校，京都府立聾唖学校，京都府立聾学校）の第1～2節　盲聾教育開学百周年記念事業実行委員会編集部会（編）京都府盲聾教育百年史　京都府教育委員会
岡本夏木　1985　ことばと発達　岩波新書
Paul, V. P.　1999　First-and Second-Language English Literacy. 聴覚障害，**54**（7），4-9.
斎藤佐和　2008　授業研究—聾学校の授業について考える様々な方法　聴覚障害，**63**（10），36-39.
坂本多朗　1995　聾学校における児童・生徒の学力について（Ⅰ）　聴覚障害，**50**（11），36-43.
清水美智子　1988　聾学校小学部児童の言語能力に及ぼす幼年期のキュードスピーチ使用経験の影響　ろう教育科学，**30**（3），121-139.
住　宏平　1953　P. オレロンの聾唖者を読みて　京都府立聾学校75周年記念出版委員（編）創立75周年記念研究紀要，24-31.
外川正明　2002　教育不平等—同和教育から問う「教育改革」　解放出版社
武居　渡　2003　手話とリテラシー—ろう児の指導法をめぐって　教育学研究，**70**（4），536-545.
武居　渡　2008　手話の獲得と日本語の獲得　ろう教育科学，**49**（4），181-190.
鳥越隆士　1999　聴覚障害児の手話と日本語の獲得　トータルコミュニケーション研究大会報告書　日本型二言語教育を求めて— TC 研1999年1月研修会の記録，31-54.
鳥越隆士　2001　手話・ことば・ろう教育　全日本ろうあ連盟日本手話研究所　日本手話研究所ブックレット Vol.1.
都築繁幸　1997　聴覚障害教育コミュニケーション論争史　御茶の水書房
上農正剛　2003　たった一人のクレオール　ポット出版
脇中起余子　1999　聴覚障害生徒の「連言命題」の理解に関する一考察　ろう教育科学，**41**（1），7-23.
脇中起余子　2000　K聾学校高等部生徒は分数や文字式をどのように理解しているか—答に対する自信度や数学に関する意識調査とあわせて　ろう教育科学，**42**（3），121-144.
脇中起余子　2001　聴覚障害生徒の認知と論理— 4種の命題の真偽判断や図形認知の問題などを通して　ろう教育科学，**43**（3），125-140.
脇中起余子　2007　よく似た日本語とその手話表現—日本語の指導と手話の活用に思いをめぐらせて（第1・2巻）　北大路書房
山本雅代　1996　バイリンガルはどのようにして言語を習得するのか　明石書店

第 9 章

学力獲得のために必要な手立て

　現在の日本は，「手話－手話論争」の時代のようですが，「9歳の壁」や「CALPへの移行」を念頭に置いた議論を望みます。本章では，「日本語の力や学力の獲得，9歳の壁を越えるために必要な手立て」について考えていることをまとめてみます。また，筆者は，算数・数学を担当しているので（「良い授業ができた」と感じることはまだまだ少ないですが），その指導例として，九九の指導，「多い・少ない」「～倍」文の指導を紹介します。

1節　最初の言語の獲得の仕方

　藤井（1994）は，「一番はじめの言葉の身につけ方に，『9歳の節』を越える力のカギがある」と述べていますが，筆者なりのことばに直すと，「音韻意識の形成」や「シンタグマティックな関係の中での日本語獲得」「想像力・自分で考えて工夫する力」がカギとなると思われます。

1 …… 音韻意識の形成

　「音韻意識」ということばを最近よく聞きますが，筆者のことばで言えば，「50音のつながりの理解」「日本語で考える習慣」となると思われます。

　「50音のつながりの理解」とは，「サ行のイ段はシ」というような理解のことであり，これは，動詞などの活用形を考える時に重要な知識です（もっとも，聴児は，ほとんど無意識のうちに動詞の活用形を正しく使うのですが）。

　「日本語で考える習慣」とは，文を日本語で表すとどうなるかを絶えず考える習慣のことです。教師が口形を伴う手話を用いても，日本語を書かせると書けない例が時どき見られます。筆者としては，口形（読話）や音声（聴覚活用）を利用せず，文字を読み書きする時だけ日本語と接する方法で，聴児と同程度の書記日本語を獲得できるとはあまり思えないので，もしわが子が聾なら，一定の発音と読話力を（無理のない範囲で）身につけ，手話を使いながらも絶えず日本語を頭の中で考えるような子に育てたいと思います。

2 …… シンタグマティックな関係の中での日本語の獲得

　「犬」と「かわいい」「速く走る」などは「シンタグマティック（syntagmatic）」な関係にあり，「犬」と「ネコ」「動物」などは「パラディグマティック（paradigmatic）」な関係にあります。連想語彙調査を行うと，最初は前者の関係にある語が多く連想されますが，加齢に伴って後者の関係にある語が多く連想されるようになるといいます。聾学校幼稚部では，以前のような「カードを多用したマッチング訓練」の占める比率は減り，自然な会話を重視する方向に向かっているところが多いのですが，各聾学校でこのような連想語彙調査を行

うと，どんな結果を示すでしょうか。

　なお，筆者（脇中，1987）は，聴覚障害児（小学校高学年）の仲間分類テストの過程を分析したところ，分類結果は聴児の小学校高学年レベルに匹敵するが，分類過程は聴児の小学校低学年に近似している例を多く見いだしました。つまり，聴児は全体を見渡してから「生き物に入るのはこれとこれ…」というように分類したのに対して，聴覚障害児は「これは鳥，これは魚…」というように分類した例が多く見られたのです。すなわち，聴児は，小学校高学年以降パラディグマティックな関係を確立し，カード全体を見渡して上位概念から出発した分類を行いますが，聴覚障害児は，パラディグマティックな関係を確立したように見えても，上位概念から出発した思考が難しいことになります。筆者は，パラディグマティックな構造の確立のためには，シンタグマティックな構造の十分な獲得が必要だと感じています。

　岡本（1985）は，「子どもは一次的ことばの世界でその文脈辞典をより豊富にしてゆくが，二次的ことばの使用を求められてくる中で徐々に語彙辞典の編纂を進めていくことになる」「貧弱な一次的ことばの上に築かれる二次的ことばは，実体性の乏しい形式面だけのひとり歩きに終始しやすい」と述べています。

3 ……想像力・自分で考えて工夫する力

　「想像力」とは，見立てる力，連想する力のようなものです。これは「見通し」をもつ力や因果関係を考える力，比喩文や目に見えないものを理解する力につながります。

　筆者は，この意味からも，ごっこ遊びや自由遊びを重視しています。「葉っぱ」を「お札」に見立てる時，そこには共通点や類似性の理解があります。役割遊びには，仕事や役割に対する理解があります。その時によく使われることば（お店やさんごっこなら「いらっしゃいませ」など）が，どんな場面で使われるかに関する理解が進みます。泥団子作り（これはかなり高度なテクニックを要します）には，「この方法ではダメだ，この方法ではどうか」などと仮説を絶えず検証する営みがあります。自動車ごっこに信号や踏み切りが導入された時，自動車や電車，歩行者の進む方向の関係，信号の色の出し方など，複雑

な関係の理解が進むでしょう。また，他者の行動と自分の行動を関連づけて動く力の育成にもつながると思われます。

したがって，特に聴覚障害児に関わる周囲の大人は，放任的な遊びではなく，意図性を秘めながらも子どもの認識や意欲を促す遊びの設定が求められます。その際，子どもたちがお互いに通じ合えるコミュニケーション手段の保障が大切になってきます。

4 …… 豊かな言語環境

「豊かな言語環境」として，複文や接続詞，慣用句，オノマトペを使った文，因果関係を表す文が多く用いられていること，相手を受容し，相手の思考を促す発問が多いこと，などが望まれます。例えば，「やったらだめ！」は「もし〜したらどうなるかな？ 〜となるから，やめようね」，「（君の話は）よくわからない」は「（君の話は）ここがこんな意味かなと思ったよ。このように言ってくれたらよくわかるよ」，「気をつけなさい」は「油断大敵というから，気をつけてね」のように，単文・短文ではなく，因果関係や推論，話者の気持ちなどがわかるようなきちんとした文章を投げかけ，さりげなく慣用句やオノマトペになじませ，子どもの自発的・能動的な答えを引き出そうとするような言語環境の整備が大切です。

また，他者の話から「間接体験・疑似体験」できる力，つまりわが事のように受け止められる力が育つよう，会話を重ねる必要があります。

5 …… 経験とその言語化

「9歳の壁」を越えるためには，具体的な体験が大切だとよく言われますが，筆者はそれだけでなく，「経験の言語化」も大切だと考えています。これには，「内包と外延」を意識化させる働きかけも含まれています。

例えば「足にケガをした。血が出た」に対しては，ケガをした経過とケガの症状を知っている身近な人が，「転んで，そこにあった石で足を切ったね。血がぽたぽた落ちてびっくりしたね」などと言語化します。そうすることによって，「ぽたぽた」などのオノマトペの定着につながるでしょう。また，「落ちると落とす，こわれるとこわす」などを通して自動詞と他動詞を学習した子ども

（京都校幼稚部では，絵カードなどを使って自動詞と他動詞の違いを説明しています）は，「私は，足を切ろうと思っていなかったから，『足が切れた』だ」と言うかもしれませんが，説明することにより，足を切ろうと思っていなくても「足を切った」と言えることの理解につながるでしょう。

2節　座席や情報の提示の仕方

(1) 聾学校での座席の配置

机を「馬蹄形（ばていけい）」に配置することは，聾学校では，昔から常識とされてきました。どの生徒も友達全員の口が見られるよう，②の馬蹄形が望ましいでしょう（下図参照）。

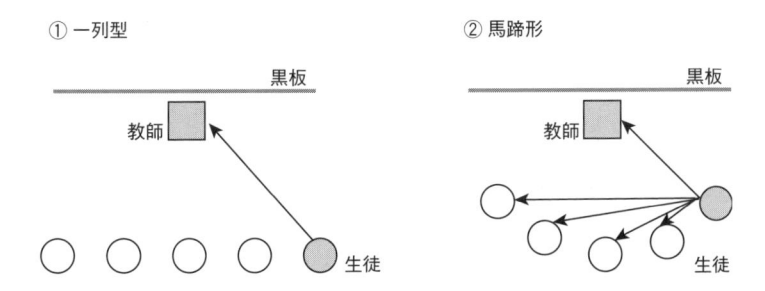

① 一列型

② 馬蹄形

(2) 地域校での座席の配置

地域校では，一般的に，窓側寄りで前から2番目ぐらいが良いとされています。窓側のほうが口が影にならないこと，自分の前に友達がいるほうが周囲の状況がつかみやすいこと，最前列だと先生の口を見るために見上げなくてはならず，首が疲れやすくなることが，その理由です。

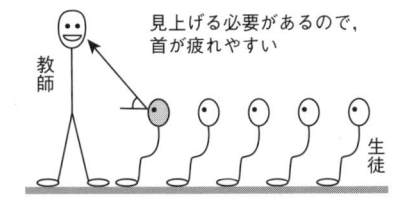

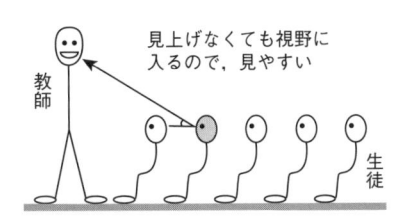

見上げる必要があるので，首が疲れやすい

見上げなくても視野に入るので，見やすい

(3) 文字情報（掲示物，資料など）の提示

掲示物と話者（手話通訳者）は近いほうが，見やすいです。

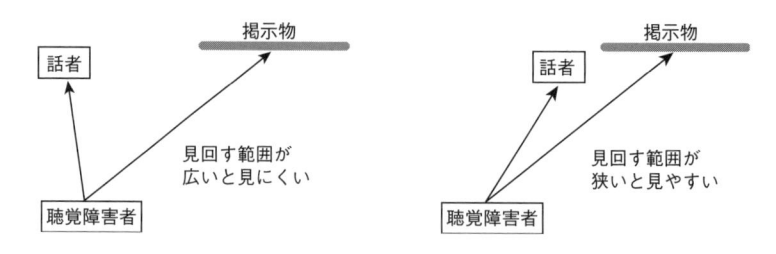

```
[話者]────→[掲示物]         [話者]──→[掲示物]
    ↖       ↑                   ↖   ↑
      ↖   ↑ 見回す範囲が          ↖ ↑ 見回す範囲が
        ↖↑ 広いと見にくい          ↖↑ 狭いと見やすい
    [聴覚障害者]              [聴覚障害者]
```

(4) 指示の与え方

「コンパス」という日本語を獲得できている聴覚障害児に対しては，①「口頭で指示（口だけで「コンパスを出しなさい」と言う）」より，②「実物を示しながら指示」や，③「手話で指示」のほうがわかりやすいでしょう。教科書の図を見るように指示する場合は，教科書を指しながら指示してほしいです。

「コンパス」という日本語の獲得が指導目標の1つとなっているならば，④「キューや指文字で指示」する方法も有効でしょうが，④の場合，②などと比べると，コンパスを取り出して準備完了という状態になるまでに数分間かかる可能性を考慮に入れなければならないでしょう。

(5) 拡大図などの利用

聴覚活用が可能であっても，内容が難しくなると，口形も参考にして見る度合いが高まります。聴児は，「机の上にある資料を見ながら聞く」ことができますが，口形も参考にする聴覚障害児は，それが難しいです。そこで，拡大した図などを黒板に貼り，それを使って説明されると，わかりやすくなります。

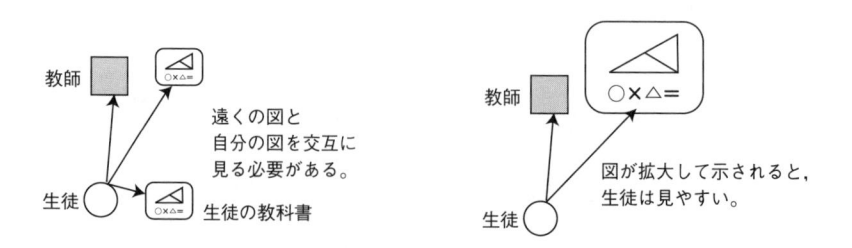

遠くの図と自分の図を交互に見る必要がある。

生徒の教科書

図が拡大して示されると，生徒は見やすい。

（6）話す前にテーマを示す

聴覚活用が可能であっても、聞き取りや読話に多大なエネルギーを要するので、「味わいながら聞く」「聞きながらあれこれと思いをめぐらす」ことが難しくなります。それで、話（導入のための話であっても）を始める前に、テーマをはっきり示すことが大切です。事前のヒントが多いほど、内容を想像しやすいので、読話や聞き取りがしやすくなるからです。

このことを実感してもらうために、筆者は「読話体験ビデオ」を作ったことがあります。まず、「こやぎ」を口だけ（音声なし）で示すと、「おはし」「おかし」などと読み取った人が多くいました。次に、口形のみで「7匹のこやぎ」と言ったり、「絵本のタイトルです」「オオカミが出てきます」とヒントを与えたりすると、正答率が少し増します。「7匹の」のところで「7」の数字を指で表すと、正答率がさらに増します。ポイントは、「絵本のタイトル」「オオカミが出てくる」などのテーマや指で「7」を示すという視覚的情報があると、読話や聞き取りが容易になるということです。

（7）文字情報（資料など）を読むための時間の保障

最近、パワーポイントを使う授業や研究会が増えてきました。筆者としては、文字情報は多いほうがありがたいですが、それを読む時間がほしいと思います。文字情報を頭に入れてからのほうが、読話しやすいし、話者や手話通訳者の言おうとしていることがよく理解できるからです。資料を配布する時は、それを読む時間をいつ与えるかについても、配慮する必要があるでしょう。

資料を事前に渡すことについて、「他の人と同様に、その場に出て初めて見てもわかるようであるべき」という意見も見られますが、筆者としては、事前に渡されるほうがありがたいです。

（8）パソコン通訳の時の文字変換

筆者としては、パソコン通訳の時、画面の字がころころと動くのは見にくいので、文字変換の過程は見えないようにしてほしいです。また、一行ずつ上げていく方法ではなく、あるまとまりをもった文章ないし段落ごとに画面転換されるほうが見やすいです。

しかし、「『さ・く・じ・ょ・し・，→削除し，』という文字変換の過程が見えるほうが、その漢字の読み方が確認できる」と言った生徒がいたらしいので、

生徒の希望も聞いて，どんな方法でパソコン通訳を行うかを考えてあげてほしいと思います。

(9) 日本語の文章の提示

日本語が多い問題に最初から嫌悪感を示す聴覚障害児に対しては，なるべく簡潔に，あるいは図式的に提示するなどの工夫が求められるでしょう。頻出する用語は，略語や記号を前もって決めておくのもよいでしょう。

なお，筆者は，数学の公式を示す時，「b」と「d」，「p」と「q」の区別が即座にできない生徒には，「$y = a(x - p)^2 + q$」より，「$y = ● (x - ▲)^2 + ■$」などと示すようにしています。

(10) 生徒どうしの会話

どれが良い形態かは一概に決められませんが，聾学校では，生徒間の対話が少ない傾向をふまえた点検と反省が必要でしょう。

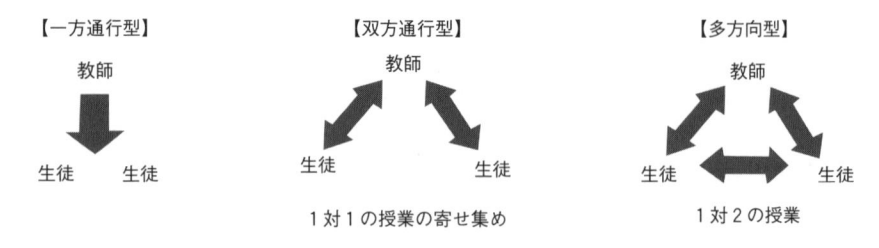

【一方通行型】　　　　【双方通行型】　　　　【多方向型】
　　教師　　　　　　　　教師　　　　　　　　　教師
　　↓　　　　　　　　↙　↘　　　　　　　　↙　↘
生徒　　生徒　　　生徒　　生徒　　　　生徒 ⇄ 生徒
　　　　　　　　1対1の授業の寄せ集め　　1対2の授業

(11) 板書を書き写させる時

日本語がなかなか覚えられない生徒は，板書を一字ずつ書き写すことが多いです。それで，生徒が板書をノートに書き写している時の様子を観察することが必要になる時もあるでしょう。

筆者は，ノートに書き写させる時，重要用語や公式の一部を紙で隠すことがあります。生徒は，これを一度経験すると，授業中から重要事項を早く頭に入れようとします。一字ずつ写しても注意されないと，教師の説明を漫然と聞く傾向が見られるように思います。その都度大切なポイントを頭に入れる力の育成のためには，教師の日頃からの意図的な働きかけが必要でしょう。

また，ノートに書き写すのに時間がかかる生徒が見られますが，多少字が乱暴になっても，早く書き写すことが必要な場合もあるだろうと思います。

3節　生徒の認知特性を考慮に入れた指導

　ある研究によると,「ネコ」などと聞いた時,ネコの鳴き声を思い出す「聴覚型」,ネコの姿を思い浮かべる「視覚型」,ネコの手触りを思い浮かべる「感覚型」の人が見られるそうです。

　WISC-Ⅲという発達検査の結果,「聴覚優位型」とわかった場合は,ことばや文章による指導が効果的であり,「視覚優位型」とわかった場合は,図や絵による指導が効果的であると言われています。また,K-ABCという発達検査の結果,「継次処理型」とわかった場合は,「部分から全体へ」や順序性を重視した段階的な教え方,聴覚的・言語的手がかりが効果的であり,「同時処理型」とわかった場合は,「全体から部分へ」や関連性を重視し,全体をふまえた教え方,視覚的・運動的手がかりが効果的であると言われています。

　筆者は,自分が「視覚型」「視覚優位型」「同時処理型」の傾向があることを自覚しています。何かを考えて話す時は,漢字が脳裏に浮かんできて,読み方をまちがえないようにそれを読むことが多いですが,聴者の場合は,「音声が聞こえてきて,それから漢字を考える」と言う人が多いようです。筆者の夢は,カラーであり,音は出てきません（会話は読話でしているように思います）。

　聾学校では,「視覚優位型」や「同時処理型」の生徒が多く見られるようです。そこで,「聴覚優位型」や「継次処理型」の傾向をA型,「視覚優位型」や「同時処理型」の傾向をB型としておきます。B型の生徒には,長い説明でなく,図や絵を使って,直観に訴えて関連性や重要事項をわからせる教え方,脳裏に焼き付けるような記憶方法が有効であるように思います。

　以下,筆者の指導例をまとめます（脇中,2009を参照）が,発達検査の結果をふまえたものではなく,言わば筆者の「経験則」です。また,全体的にB型であっても,A型に有効な手立てが部分的にその生徒に有効という場合もあり,それぞれの生徒の認知や記憶の特性を活かした指導が必要でしょう。

【例1】時計を読む

　2名の重複障害生徒が,下記の異なる方法で時計が読めるようになりました。
　A型：領域を色塗りしたりしましたが,「短針がこの領域にあれば○時」と

考えることが難しかったです。それで、「2
と3のどちらが少ないか」を考えさせる方法
（ただし「12」と「1」は例外）に変えると、
だいたい読めるようになりました。

B型：領域を色塗りし「○時」と書き込むこと
を数回行っただけで、短針を見て「短針がこ
の領域にあるから（時計盤の）この数字を使っ
て、○時だ」と考えられるようになりました。

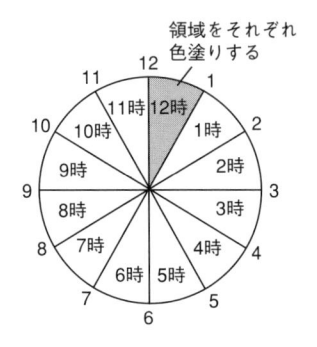

【例2】三角比

右図の三角形で、斜辺の長さが「2」と「$\sqrt{3}$」のどちらか迷う生徒が多いです。三角比（sin30°など）を考える時は、すぐに言えるようになってほしいと思います。

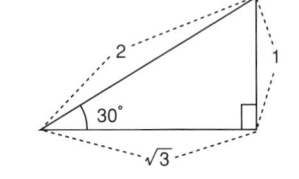

A型：図を何回も見せても、どの辺が「2」で、
どの辺が「$\sqrt{3}$」か、なかなか覚えられません
でした。そこで、筆者が節をつけて「長い辺は
2（ながーいへんは、にー♪）」と言うと、すぐに覚えたので、びっくりさ
せられたことがあります。

B型：ほとんどの生徒は、辺の長さが書き込まれている三角形の図を何回か
見るだけで、覚えられるようです。

【例3】九九

A型：九九の歌を聴いたり唱えたりして覚えられるようです。

B型：九九の表を書いて法則性を見つけたり、九九のカードを使って脳裏に
焼き付けるような方法で覚えたりするのがよいようです。また、運動的な
手がかりが効果的にはたらくことが多いので、指を使って九九の答えを考
える方法（本章5節参照）が使えるかもしれません。

【例4】「多い」「～倍」などを使った文章題

文章を読んで作図をして、数値を書き込み、答えを求める解法が「作図法」
ですが、助詞を手がかりにして大小関係を判断する必要があります。

「立式法」は、「より3多い」は「＋3」、「より3少ない」は「－3」、「は」は「＝」、
「～の（○倍）」は「×」と覚えて、文章を見て機械的に代入して立式する方法

です（「〜の半分」は「÷2」と覚えてもよいです）。以下のように，文を見て式を作って解くことになります。

　　例：太郎　は　花子　より3多い。太郎は6個。花子は（　　）個。
　　　　↓　　↓　　↓　　　↓
　　　　6　＝（　　）　＋3　　　　　　　　答え　3個
　　例：太郎　は　花子　の　3倍。太郎は6個。花子は（　　）個。
　　　　↓　　↓　　↓　　　↓
　　　　6　＝（　　）　×　3　　　　　　　答え　2個

　A型：作図法が最初から使える生徒が多いです（数値が小数や分数になると作図が難しくなるので，筆者は，立式法も指導しています）。
　B型：聾学校の生徒の大半は，作図法が難しく，立式法を好むようです。
　本章の6節で，筆者の指導方法をまとめたので，それも参照してください。
　早期から聾教育を受けたにもかかわらず，「やきゅう」「バット」のようなことばがなかなか覚えられなかったある生徒は，高校の数学Ⅰの計算問題（因数分解や2次方程式など）は解けますが，「ケーキが6個入っている箱が3箱ある。ケーキは何個か」のような文章題が解けませんでした。上述したような問題に対して，最初から露骨な嫌悪感を示しましたが，「立式法」を指導すると，すぐに解けるようになりました。

【例5】「あげる」や「もらう」を使った文章題
　(a) 太郎は初め（　　）個持っていたが，花子に4個あげたので，6個になった。
　(b) 太郎は初め8個持っていたが，花子から（　　）個もらったので，6個になった。

　このような問題に対して，ビデオを見ているようにイメージしたり巻き戻したりして考える方法を，「ビデオイメージ法」としておきます。(a) では，「あげたけど，最初の状態を考えるから，戻して，6＋4＝10個が答えだ」と考え，(b) では，「もらったら増えるはずなのに，減ったから，おかしい」と考えるものです。
　一方，「初めの個数−あげた個数＝その後の個数」と「初めの個数＋もらった個数＝その後の個数」という公式を覚え，時の流れに沿って考える方法を「鳥瞰図法」としておきます。(a) では「（　　）−4＝6」，(b) では「8＋（　　）

＝6」と立式してから，（　）に当てはまる答えを考えるものです。

　A型：「ビデオイメージ法」が使える生徒が多いです。

　B型：聾学校では，「ビデオイメージ法」が難しく，「鳥瞰図法」を好む生徒が多いようです。(b) で，最初から「もらったのに減るのはおかしい」と気づくことはできないかと聞いたら，「難しい。式を作って，それを見てから，おかしいなとわかる」と言う生徒が多いです。

　ある生徒は，「鳥瞰図法」を指導すると，「AがBにあげる…A→B」「AがBに（から）もらう…A←B」というカードを見ながら，全問正答できるようになりましたが，そのカードの内容を覚えることが大変でした。

【例6】単位当たり量・内包量・比例関係の理解

　A型：時間が絡む概念の理解やイメージができるので，速度関係のほうが濃度関係より理解が容易であり，「比の三用法」（速度の場合，「速さ＝距離÷時間」「距離＝速さ×時間」「時間＝距離÷速さ」）を適切に使い分けられる例が多いようです。定性推理の問題「甲が乙と同じ速さで乙より長時間走るなら，どちらが長距離走るか」に対して，「同じ速さでは，長時間走るほうが長距離走るから，甲だ」というように日本語で考えることができるようです。

　B型：時間が絡む概念の理解が難しく，濃度関係のほうが理解が容易であり，「比の三用法」の使い分けが難しい例が多いようです。筆者は，「距離＝速さ×時間」だけを覚え，求めるものを x と置いて解く方法を勧めています。定性推理の問題では，「仮に秒速5 m，甲が10秒，乙が8秒とすると，甲は50 m，乙は40mだから，答えは甲だ」というように計算してから，それに合う答えを選ぶ方法をとる例を，時どき見かけます。

【例7】字幕の提示の仕方

　A型：読み上げるように1字ずつ提示されることや，因果関係は「AだからBとなる」というように，文章で説明されることを好むようです。また，ひらがなを聞く（見る）だけで，内容がイメージできることが多いようです。

　B型：一時にまとまった量を提示されることや，因果関係は「A→B」というように，記号的に示されることを好むようです。また，ひらがなより漢字で示されるほうが，内容をイメージしやすいようです。

【例8】運動的手がかり

「同時処理型には運動的手がかりが有効」と一般的に言われていますが，筆者が数学で用いている運動的手がかりの例を，以下にまとめます。

① 「約分」は，両手で「2」などの指数字を作り，両手で「／」をします。
② 「並べ替え」と「移項」の混同がよく見られますが，「並べ換え」は，「エ（指文字）」の形をした両手をそのまま動かします。「移項」は，例えば「橋でつながれた2つの島」の絵を描き，項が別の島へ渡る時は，「＋→－，－→＋」となることを説明したうえで，「エ」の形をした右手をひっくり返して置くしぐさを使います。
③ 分母がある式（5a／3＝1／2のような式）で，両辺の分母を払うために，両辺を「×6」をする時，右手と左手のそれぞれで同時に「×6」と空書（空間に文字を書くこと）します。
④ 「$-x^2 + 3x + 4 = 0$ を解け」のところで，「$x^2 - 3x - 4 = 0$」にしてから解く時，麻雀のパイをひっくり返すようなしぐさを使います。

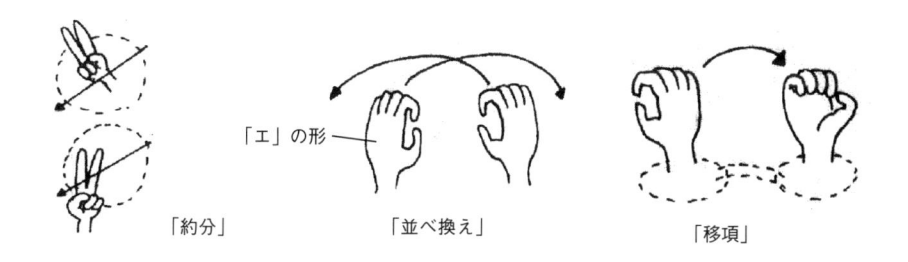

「約分」　　「エ」の形―「並べ換え」　　「移項」

4節　授業づくり・関わりの中で大切なこと

　長年聾学校教師をされた坂本多朗氏のことばの指導や教科指導，授業づくりに関する連載（『聴覚障害』，聾教育研究会発行）には，いつ読んでもその熱意と技術に圧倒させられます。筆者の授業はまだまだ未熟で，授業づくりにかける熱意の点についても恥じ入るばかりですが，授業づくりにあたって自分に言い聞かせていることや思うことをまとめてみます。

1 ……個々の生徒の実態に合わせた授業づくり・関わり

前節で述べたように、「聴覚優位型」「視覚優位型」といった個々の生徒の認知特性などを考慮に入れた授業づくりや関わりが求められるでしょう。

(1) どんな記憶方法が効果的かを考えること

筆者（脇中, 2002）は、九九の式の読み方を覚えているかどうかは、受聴明瞭度と関連することを見いだしました（本章5節を参照）。なお、九九の答えを問う問題では、受聴明瞭度との関連は見いだされませんでした。

また、筆者（脇中, 2003b）は、音声方略（声に出して読む）と手話口形方略（手話と口形をつけて読む）のどちらが長文の記憶に有効かを調べたところ、受聴明瞭度が45％以上の生徒は全員、音声方略のほうが成績が良いという結果を見いだしました。幼稚部から聾学校に在籍する生徒は、手話に接する回数が多いことから、手話口形方略のほうが有効だろうと予測しましたが、結果は、逆の例が多かったのです。聾学校以外の学校から入学した生徒は、まちまちでした。両親が聴覚障害者である生徒は、手話に接する回数が多いことから、手話口形方略のほうが有効だろうと予測しましたが、結果はまちまちでした。そしてほぼ全員が、自分にとって有効な方法を自覚できていました。

これらの結果から、「聴覚障害児はこの方法が有効」などと十把一絡げにとらえるのではなく、本人にとって効果的な方法を尊重し、アドバイスする必要があると言えます。

筆者は、聴者ばかりの中学校に入った時、友達が「ドレミ」を簡単に覚えたの見て、カルチャーショックを受けました。帰宅後、母に「私はドレミが覚えられない。私は記憶力が悪い。この先落ちこぼれる」と泣いて訴えたら、母は笑って「他の人は聴こえるからドレミをすぐに覚えられる。あなたの記憶力は悪くないよ」と言いましたが、筆者はその意味がしばらくの間わかりませんでした。けれども、数学の難しい公式や英語の長文はすぐに暗記できたことから、筆者が覚えにくい領域は、「耳で覚える」「リズムで覚える」のあたりだとわかり始めました。筆者は、英語の発音やアクセントもなかなか覚えられず、覚える努力を放棄してしまいました。また、「ドップラー効果」という用語について、筆者は高音部が聞こえにくいからか、音源が近づくと低く聞こえるような気が

して覚えにくかったので，「ドップラー効果と言えば知多半島」（音源がちかづくとたかく聞こえる）と覚えたものでした。

聾学校では，記憶が難しい生徒に対して，「がんばって覚えなさい」と言うだけではなく，その生徒にとって覚えやすい方法を考えてアドバイスしてほしいと思います。

なお，筆者は「視覚型」「視覚優位型」「同時処理型」の傾向があると思いますが，口に出して覚える方法を全く使っていないかと言えば，そうではありません。「口から芋づる式に出てくるように思い出す方法」について，例えば「ギリシャ語『ヘプタ』はいくつ？」と尋ねられると，筆者は「モノ，ジ，トリ，テトラ，ペンタ，ヘキサ，ヘプタ…」と口ずさみながら指を折り，「7」と答える方法を取っています。発声器官の運動感覚で単語（綴り）を覚えていると感じることもよくあります。

(2)「長い説明」が「時間のロス」になっていないかを考えること

直観的に理解させることが有効な「視覚優位型」や「同時処理型」の生徒にとっては，教師の長い説明が「時間のロス」になっている場合があるでしょう。

(3)「聴覚優位型」や「継次処理型」の生徒が存在する可能性を考慮に入れること

補聴器や人工内耳の装用により，聴覚活用できる生徒が多いですが，大半の生徒にとっては，「視覚優位型」や「同時処理型」の生徒に有効な指導方法が効果的であると感じています。その一方で，「聴覚優位型」や「継次処理型」の生徒に有効な方法が部分的にせよ効果的に作用する生徒も存在する可能性を念頭に置く必要があると思います。これは，筆者の最近の反省点です。

2 …… 聴覚障害児に見られる傾向を念頭に置いた授業づくり・関わり

聴覚障害児によく見られる傾向やつまずきを念頭に置きながら，日々関わる必要があります。例えば，漢字に頼って意味を判断する傾向が見られることを知っていれば，「座薬」を「座って飲む薬」と解釈している可能性を考えて，その場で薬の服用の仕方を理解してるかを確認することができるでしょう。

(1) 聴覚障害児・生徒にとって弱い領域を念頭に置きながら関わること

第7章で，「いとこ」「めい」など親戚関係に関することば，「こめかみ」などからだの部位の名称やからだに関わる慣用句，「ふけ」「お通じ」など通常教

科書に出てこないことば，オノマトペ，助数詞が苦手な聴覚障害児が多いと述べましたが，そのことを念頭に置きながら，ふだんの会話を積み重ねる必要があります。また，仮定の表現の理解が難しいので，「もし～なら～」の言い方に日頃から慣れさせる必要があります。

(2) 単語と単語の関係から意味を推測できる問題に限定しないこと

筆者は，単語を見るだけで解ける問題ばかりにならないように留意しています。例えば，「馬は犬より大きい」のように，単語だけから意味を想像できる文だけでなく，「A町はB町より大きい」「C町より大きいD町では」のように，助詞との位置関係によって意味が変わってくる文も用います。「兄の体重は赤ちゃんの体重の3倍。兄は18kg。赤ちゃんは何kgか」のような問題だけでなく，「AはBの重さの3倍。Aは18kg。Bは何kgか」のような問題も出します。「私の目標は，今の1.2倍にすること」「今の0.8倍にすることが目標」「1年前の9分の8になった」などの文から，意味を把握できるかを確認するようにします。

「1組は30人で，5人欠席した。出席者は何人か？」に答えられても，「1組の欠席者は5名，出席者は26名。1組は何人か」で「欠席だから，26 − 5 = 21」と誤って答える例が見られるため，いろいろなパターンの問題を出す必要があります。

(3) あるパターンの問題に限定しないこと

狭い範囲の問題では正答できるのに，いろいろな問題が混ざると混乱する子どもが，聴覚障害児には多いようです。

小学生に対して，「8 − 5 =」のように答えが出る問題だけではなく，「5 − 8 =」のような問題を見て「これは答えが出せない」とわかる力も獲得してほしいと思います。筆者は，「5 − 8 =」の答えが自然数ではないことに気づかない例は，聴児より聴覚障害児に多いように感じています。

筆者は，「3a + 2a =」のような問題だけでなく，「3a + 2b =」のように答えが出せない問題も最初から混ぜて出題するようにしています。そのほうが，あとで「3a × 2b =」などの問題が混ざっても，混乱することが少ないと思うからです。

「はじめ3個持っていて，5個あげた。今何個か」のような「おかしな（矛盾のある）問題」も混ぜて出すと，文章の意味に注意を払う生徒が増えるよう

に感じています。そのような問題を出しすぎて，解答できる通常の問題に対して，「先生，これはおかしい！」と言われることもあったりしますが，長い目で見ると，そのほうが学力獲得に結びつくように思います。

(4)「時間」が絡む概念の理解は難しいことを念頭に置くこと

聴児の場合，速度概念（距離と時間の関係）は濃度概念（角砂糖の数と水の量の関係）より理解が容易なようです（藤村, 1997 など）が，聴覚障害児の場合，逆の傾向が見られました（脇中, 2003a を参照）。それで，筆者は，内包量の指導にあたって，「濃度」や「混み具合」から入ることがよくあります。

聴児と聴覚障害児は，認知や思考，記憶の仕方が全く同一ではないと思うので，その特性を念頭に置いた指導が求められるでしょう。

時の流れに沿って述べられていない文章の理解は難しいです。例えば，「Aで羊毛を取る。その羊毛はBに運ばれて，毛糸が作られる。その毛糸は，さらにCに運ばれて，布になる」のような文の理解は容易であっても，「布は，Cで毛糸を織って作られる。その毛糸は，BでAから運ばれる羊毛を使って作られる」のような文の理解は難しいです。「パンは何からできているか」「5個もらうと，8個になった。はじめ何個だったか」のような問題も難しいです。

3 ……日本語をきちんと押さえる授業づくり・関わり

どんな言語でも，日頃から使わないと自由に使えるようにならないでしょう。

(1) ことばをきちんと押さえること

「いただきます」のポーズができても，紙に書くと，「いたます」「いたきます」などとなる例があることを念頭に置きながら，ことばをきちんと正確に覚えたかを確認する必要があります。

あるデフファミリーの親が，「家族はみんな手話で話しているが，ある日，『扇風機』の日本語をちゃんと覚えていないようだと気づき，子どもに『指文字で表してごらん』と言うと，最初はごまかそうとしていたけど，結局正確に覚えていないとわかった。やっぱり時どき日本語を覚えているかを確認することが必要」と筆者に語りましたが，同感です。

筆者がペーパーテストで「$x(x+3)-4$ を因数分解せよ」という問題を出した時，ある生徒が「これはカッコをはずすの？　作るの？」と聞いてきま

した。筆者は，授業中，手話（口話併用）で「因数分解」や「展開」を表しましたが，その日本語を正確に覚えたかを確認していませんでした。特に，その生徒は，ふだんの様子から口形も参考にして話を聞いていると感じていたので，読話もしていると思い込んでいました。それ以降，時どき，指文字で「テンカイ」「インスウブンカイ」と表して指示するように心がけています。

(2) わかりやすいことばに置き換えてばかりにならないこと

手話で生徒の反応が良くても，ペーパーテストをすると理解できていない場合があります。「頭が切れる」を「賢い」に言い換えて使ってばかりでは，「頭が切れる」という日本語は定着しないでしょう。この意味で，筆者は「わかりやすい授業」イコール「良い授業」，と単純にとらえたくないと思います。

(3) 子どもの発言を「押さえる」こと，正確な日本語にして返すこと

例えば，子どもが「バケツ，水，こぼれた」と言った時，大人が「バケツから水があふれたね」と言ってあげると，それは「こぼれる」と「あふれる」の使い分けの理解につながるでしょう。このように，特に低年齢の子どもに対しては，子どもが言ったことを「押さえる」こと，つまり，子どもが発したとぎれとぎれの単語を使って正しい文章にして返すことが大切でしょう。

まずい発音を何回も矯正され，会話意欲をそがれた経験が筆者にもありますが，「（正しくは）こんな文になるんだよ」「それ，濁点がつくよ」などとさらりと指摘されたことは，正確な日本語の定着につながったと思います。子どもに正しく言い直すよう求めることは，会話意欲をそぐことがあるので，筆者としては，乳幼児や最初のまちがいの時はあまり必要ないと考えています。

また，子どもの作文のまちがいを赤ペンで直すことを控える人が時どき見られますが，単語や文法の誤りは（特に親や担任は）指摘してあげてほしいと思います。「在学中に正しい日本語をもっと教えてほしかった」と言う卒業生が多いことから，修正箇所はあとで読んでもらうだけにしたり，書く前の会話の中で注意を促してから書かせたりする，などの工夫が求められるでしょう。

(4) 「本音は手話モノリンガル」にならないこと

「書記日本語を獲得させる必要がある」と言いながら，「本音は，手話モノリンガル（手話しかできない）になってもかまわない」と思っている人がいるのではないかという指摘が以前からなされていますが，「手話モノリンガル」に

なった時の不利益を考えると，書記日本語の獲得という目標を高い目標として掲げ続けながら，実践を重ねる必要があると考えます。

(5)「ドリル的な学習」も大切なこと

「ことばはコミュニケーションの中で育つ」とよく言われます。聴児は「自由に会話できる」ようになってから「作文できる」ゆえに，日本語の力がかなり不十分な生徒に対して会話を重視する授業を見かけます。しかし「コミュニケーション重視」は大切である一方で，会話で使われる日本語と書記日本語の間の距離を感じるゆえに，発達年齢が小学生以上であれば，書くことや読むことをもっと重視してほしいと思います。

筆者の日本語の力はどこで培われたのかを考えてみると，幼児期は，母が会話の中でことばを授けるように工夫してくれたと思います。しかし，小学校以降は，本の多読・乱読によるところが大きく，次いでドリル的な学習や短文作りによるところが大きかったように思います。つまり，例えば「とたんに」ということばを使った短文を，例文を参考にして作り，それを教師が添削するというような「短文作り」を通して，日常会話では使われる頻度が少ないことばを身につけたように思います。現在の京都校高等部では，この方法を見かけることが少なくなったように感じます。

(6) 日本語のリズム感もできれば獲得するほうがよいこと

「ぴかっ」や「どきっ」は瞬間的なイメージがあり，「ぴかり」や「どきり」はそれで完了するようなイメージがあります。「ぴかぴかと光る」の「と」は取ってもよいのに，「ぴかっと光る」の「と」は取れないのはなぜかを聴者に聞いたところ，「『ぴかっ光る』は言いにくいから」「文法的な理由ではなく，リズム感に関する理由からだと思う」などと言われました。他にも，日本語には独特のリズム感があり，それを獲得できたほうが，さらに高いレベルの日本語の習得に有利なように感じます。それで，筆者は，発音は不明瞭でもよいので，リズム感をある程度身につけたほうがよいと考えています。

4 …… 思考力を育てる授業づくり・関わり

CALP（第8章1節5参照）への移行のためには，思考力などを育てる必要があるでしょう。

(1)「暗記中心」から「思考も重視」へ転換すること

　「覚える」力だけでなく、「考える」力、背景にある事柄を「理解する」力も必要です。

　検尿の時、名前を書かないで提出する生徒が高等部でも時どき見られます。今までは、教師が「名前を忘れないように」とていねいに指導していたと思いますが、それが「もし名前を書かなかったらどうなるか」を考える機会になっていただろうかと思います。このように、指示するだけでなく、それをしなかったらどうなるかを考えさせる機会を意識的に増やす必要があります。

(2) 幼少期に日本語（文）をまるごと身につけることの大切さ

　「ある曲を途中から歌って」と言われるとやりにくいように、小さい子どもは、文章全体をひとまとまりのものとして身につけていきます。筆者が聾学校幼稚部で受けた教育方法は「要素法」に分類されると思いますが、筆者の母は、「場面から切り離された文章」ではなく、また、「ことば＋ことば」というような要素法的な方法ではなく、場面の中で文章をまるごと授けてくれたように感じます。また、母は紙芝居を作り、筆者はそれを使って物語を家族に聞かせたことを記憶しています（母は時どき父や兄を「観客」に駆りたててくれました）。そのおかげで、小学生の時、「『やおら』ということばは、あの物語のあそこで出てきたなぁ」などと思い出すことが多かったのだと思います。京都校で、名授業を行うことで有名だったある先生も、小学部低学年の児童に物語全体を暗記させるようにしていたと聞きますが、それは、筆者の紙芝居の経験からも、日本語の獲得や定着に非常に有効な方法だと思います。

　筆者が中学2年生の時、アメリカ人の先生から「あなたは but と however を自然に使い分けられているが、どうしてわかったのか」と聞かれたことがあります。筆者は「何となく」としか答えられませんでしたが、それは、読話しやすいように、英語の主要な文章や長文を暗記するように努めたことと関連するのかもしれません。

　なお、「ことばはコミュニケーションの中で育つ」について、筆者は基本的にはその通りだと考えますが、「聴児の集団に（配慮なしに）放り込む」ことや「放任的な言語環境に置く」ことの「大義名分」に使われることがないことを願います。

(3)「バナナを与えるのではなく,バナナの取り方を与えよ」をかみしめること

「A聾学校幼稚部ではお金が与えられ,B聾学校ではお金の稼ぎ方が教えられる。だから,小学校低学年では,A聾学校の子どものほうが勉強ができるが,小学校高学年以降,逆転する」というたとえ話を聞いたことがあります。「バナナを与えるのではなく,バナナの取り方を与えよ」ということばをかみしめながら,指導にあたりたいと思います。

(4)知らない人にもわかるように説明できる力の育成

岡本(1985)は,「二次的ことば」の特徴として,「現実を離れた場面」で「不特定の一般者」に伝わるような話し方を「一方的自己設計」により考えることが求められると述べています。「手話の二次的ことば」というものは確かに存在しており,見知らぬ人に対して何かを説明する場面を意図的に設定することが大切です。この意味で,聴覚障害児には,「安心して通じ合える集団(家族,聾学校や難聴学級の友達など)」だけでなく,「なじみが少ないが,通じ合える集団(クラブ活動の聴者の先輩で,だいたい通じ合える人など)」「自分の主たるコミュニケーション手段では通じにくい集団(手話を理解しない人,自分の発音では通じにくい人など)」など,いろいろな集団を用意してあげたいと思います。

その一方で,岡本(1985)も述べるように,二次的ことばの特徴は書きことばや文字において最も明瞭に表れるのであり,書かれた文章から意味を把握する力,文字の形で正確に伝える力の育成が大切なことを忘れてはいけません。

(5)自分の気持ちを綴る力,スローモーションにして記述できる力の育成

まちがいをおそれず,言いたいことをどんどん綴らせる取り組みが大切です。小学校低学年までは「～しました。そして,～しました」のような書き方が多いのですが,小学校高学年以降は,ある短い一瞬に焦点をあててそれを詳しく記述する力,つまり「スローモーションにして記述できる力」を伸ばしたいものです。その際,「書きたいテーマ,伝えたいことを絞ろう」「書き出しは,会話文から始めてみよう」など,指導者からの働きかけも大切です。

(6)「いやなこと」もあえて言語化する力,自分をもう1人の自分が見る力の育成

聾学校では,「あなたの短所は？」と尋ねられて,答えられなかったり身近な人からの受け売りで終わったりする例が見られますが,自己客観視のために

は,「見たくない自分」をあえて見つめることが必要です。自分の失敗や他人からの非難を文章化する中で,自分を見つめるもう1人の自分が生まれ,考えてから行動する力が育まれます。

(7)「1か0か」の思考様式から「小数の存在を考慮に入れる」思考様式へ

聾学校では,「白か黒か」という思考様式にとどまっている生徒を見かけますが,「グレー」の存在も認められるようになってほしいと思います。どのような場合に適用できるか,どのような場合がなぜ例外にできるのか,などを考えられるようになってほしいです。筆者は,数学の授業の中で,「この生徒は,小数や分数を学習済みだが,自然数の世界で生きており,『1』か『0』かの思考様式だな。『0.5』のような小数の存在が念頭にないな」と感じさせられる生徒を何人も見てきています。

(8) 確認する習慣,的確に質問する習慣をつけさせること

正確に聞き取れていないことを自覚せず,受け取った情報をつなぎ合わせて行動することは,時としてトラブルを招きます。先生から「わかりましたか?」と尋ねられ,「わかりました」と答えた時,①内容が理解できた場合,②何を言っているかはわかったが,内容が理解できていない場合,③何を言ったかわからないが,それをごまかしている場合があります。そこで,「ええ,明日9時に駅前に集合ですね」のように,内容が理解できたことが相手に伝わるような言い方,「明日駅前に,何時に集合でしょうか」とわからなかった箇所がどこかが的確に伝わるような聞き方などが求められるでしょう。また,文章の意味を取り違えている場合もあるので,自分のことばに直して確認できる力を身につけさせたいものです。

確認の意味で質問したら,「そんなわかりきったことを尋ねるな」と叱られたと言った生徒がいましたが,文末を「~ですか?」ではなく「~ですよね?」としたり,「確認ですが」を前置きしたりすればよいかもしれません。

5 ⋯⋯ 教師側の授業づくりに対する姿勢に関して

教師が各種の手段の「効果」と「限界」をどのようにとらえているか,授業の目的をどのように考えているかによっても,授業のつくり方や内容はかなり変わってくるでしょう。

(1) いろいろな手段を効果的に用いること

　筆者は，ある手段を排除するのではなく，いろいろな手段の特性を最大限に活かした指導が必要と考えます。日本手話（的な手話）は，手話におけるCALPへの移行を図ったり，複雑な概念の意味や情景を生き生きと伝えたりする時に効果的でしょう。一方，対応手話（的な手話）や音声言語（聴覚活用・読話・発声）は，日本語におけるCALPへの移行を図ったり，日本語の構成（文法）や日本文化を伝授したりする時に効果的だと思います。そこで，CALPへの移行の難しさを理解したうえで，いろいろなタイプの手話や手段を活用していねいに指導できる力が求められることになります。

　また，文字言語（書物）は，日本語におけるCALPへのさらなる移行を図ったり，具体的状況などから離れた理解や思考を展開するのに効果的でしょう。

(2) いろいろなタイプの手話を使い分けること

　筆者は，日本手話と対応手話を峻別することにあまり意味を感じていません。「母語」ということばには，「本人にとって習得が容易な言語」という意味と，「周囲の人が自由に駆使できる言語」という意味があり，前者の意味から，「聾児にとっての母語は手話である」という言い方にはうなずけますが，後者の意味から，周囲の聴者たちは知っている手話単語数が少なくても，どんな手話でもよいので，聴覚障害児とどんどん会話してほしいと思います。

　筆者は，相手の実態や指導目標，場面などに応じて，いろいろなタイプの手話を使い分けたいと考えています。また，わが子が聾なら，手話が上手な人だけでなく，片言の手話を話す人ともすぐに打ち解けて会話できるスキルを身につけてほしいと思います。

　授業では，例えば，①情景や大小関係などをリアルにすぐに理解させたい時は，空間（右と左）を利用した手話表現や劇で使うような手話表現を用い，②日本語を理解しているかを確認したい時は，直列的な（わかりにくい）手話表現や指文字を多用した手話表現を用いています。例えば，「AよりBが好き」では，①では「（右側で）A／（左側で）B／（左側で）好き」と表し，②では，「（からだの手前で）A／ヨリ／B／ガ／好き」などと表したりしています。

　手話での理解は，その日本語の記憶や定着に直結しないことを念頭に置く必要があります。

(3) 必要以上に時間を費やしていないか

　聴児と同様の進度が求められる雰囲気は，学年対応の授業を進めている京都市立二条中学校難聴学級と聾学校とでは異なるように思います。聾学校では，理解が不十分と感じたら，そこでていねいに時間をかけて指導ができるというメリットがありますが，その一方で，必要以上の時間を費やす危険性もあります。生徒を置き去りにした授業展開はよくありませんが，逆に進めるのに停留させてしまう授業もよくないでしょう。

(4) 「見せる教材作り」と「理解の確認や定着を図る教材作り」のバランスを

　最近，パワーポイントやタッチパネルなどを使って視覚的な映像を見せる授業が増えていますが，最も大切なのは，生徒の学力を高めることでしょう。見せる教材作り（「ショー」作り）も大切ですが，生徒の理解度を確認したり定着を図ったりするためのプリント作りも大切でしょう。

(5) 問題集のコピーばかりになっていないか

　地域校では，市販の問題集のコピーで間に合うでしょうが，聾学校では，「生徒のつまずきに合わせて教材を作る力」も求められるでしょう。教材作りは大変ですが，ステップの高さや問題の範囲を生徒の実態に合わせて作れますし，自分で作ることによりねらいや目標がはっきりし，生徒の様子を見て，つまずきの原因や残された課題がさらに把握しやすくなると感じています。

(6) 生徒の血肉になるような授業づくり

　重複障害生徒に対する指導は難しいですが，少しずつでいいので，生徒の血肉になるような教材・授業づくりを心がけたいものです。そうでない授業は，「時間つぶし」や「子守」と同じになると自分に言い聞かせています。ある保護者が「先生の書いた漢字や単語を見て，書き写す勉強ばかり」「理科や社会なのに漢字ばかり」と不満をもらしたと聞いたことがありますが，「書写」と変わらない授業や宿題ばかりにならないよう，工夫が求められるでしょう。

(7) 手話の使用はすべてを解決しないことを銘記すること

　手話の使用はすべてを解決しないことや「9歳の壁」を越えることの難しさ，BICSの充実がCALPへの移行に直結しないことを念頭に置いた教育実践が，今後ますます求められるでしょう。

(8) 指導方法に関する意見交流がしやすい職員室の雰囲気づくり

指導方法に関して率直な質問や意見がお互いにできるような職員室の雰囲気づくりも大切でしょう。

5節 九九の指導方法

聴覚障害児は，聴児と比べると，九九の指導に時間や工夫が必要であることが，従来から指摘されています。

九九の読み方が付記された表やメロディーをつけた歌（CD など）をよく見かけますが，聴児の場合，リズム感で覚える子どもが多いようです。年上の子どもが九九の歌を繰り返し聴いたり口ずさんだりしたら，年下の子どもも一緒に自然に覚えたという話をよく聞きます。

このようにリズム感で覚えさせる指導は，聾学校小学部や難聴学級でも見られます。筆者も難聴学級にいた時，読み方も覚えさせられましたが，九九の答えを書く時，リズム感で書くというよりは，別の方法（答えの数字がおぼろげながら脳裏に浮かんでくる感じの時もあります）で答えを書いているような感じであり，その時「読み方なんて私は使わないのに，読み方もテストされるから，記憶するべき量が聴児の倍になった」と感じた記憶があります。

そこで，聴者に九九の答えをどうやって出しているのかを尋ねてみたら，「リズム感で。口の中でつぶやいたら，自然に答えが芋づる式に出てくる感じ」（「8×3と3×8は同じ答えなので，半分しか読み方を覚えていない」と言う人も見られました）が多く，また「答えの数字が脳裏に浮かんでくる感じ」と言った聴者も時どき見られました。

筆者が京都校高等部に着任した時，同僚が生徒に九九の読み方も指導していたのを見て，自分は九九の読み方が曖昧になっていると思い，あわてて覚え直しました。しかし，実際に指導してみると，生徒は九九の読み方より答えを先に覚えてしまい，読み方まで完璧に覚えるにはかなりの労力を要すると思われました。その時，筆者は「読み方を完璧に覚えることより大切な課題が他にたくさんある」と思い，それ以上読み方のテストは行いませんでした。

1 …… 聴覚障害児は，九九の読み方をどれぐらい覚えているか

　「九九の答えをどのように考えて出しているか」に対して明快に答えられる人は，聴者の大人でも少ないでしょう。聴覚障害児の場合は，言語化の難しさが従来から指摘されており，もっと難しいと思われます。したがって，九九の式を見て答えを書く時に，「さざんがく」のような読み方を利用しているかを調べることはできませんが，それらの読み方を書けるかを調べることはできるでしょう。また，自分から読み方を言うことはできなくても，「しは」と言われたら「4×8」のことと推測して「32」と答えられる例もあると思います。

　そこで，九九の数式，九九の読み方，九九のひらがな式の問題を，京都校高等部の生徒に実施してみました（詳細は，脇中，2002を参照）。以下に，結果を簡単にまとめます。

(1) 九九の数式の結果

　九九の数式（4×9＝（　　）のような問題）の平均正答率は99%でした。

(2) 九九の読み方の結果

　九九の読み方の問題（4×9＝36の上に読み方を書くような問題）の平均正答率は46%でした。

　なお，すべて「数かける数は数」と読む（「2×3＝6」なら「にかけるさんはろく」など）と答えた生徒が3名見られました。うち1名は「さざんがく」などは見たこともないと言いました。もう1名は，「小学校の時覚えさせられた記憶はあるけど，読み方としてその時覚えただけで，九九の数式の答えを考える時は，その読み方は使っていない」と言いました。

(3) 九九のひらがな式の結果

　九九のひらがな式（しは（　　）のようなひらがなの式を見て，答えを書く問題）の平均正答率は83%でした。九九の読み方の正答率は46%だったことから，「4×8＝」の読み方を尋ねられると正答できないが，「しは」を見ると「4×8」のことと推測して答えられる生徒がかなりいることになります。

　誤答を分析すると，「しいちが」を「7×1」と思ったのか「7」と答える，逆に，「しちいちが」を「4×1」と思ったのか「4」と答える，というように，「し」と「しち」の混同が目立ちました。このような混同が1問でも見られた生徒は，3分

の2でした。

(4) 聴覚活用の程度との関連の検討

生徒を「聴覚活用群」（受聴明瞭度25％以上で平均は55.4％，聴力レベルの平均は96.8dB）と「聴覚非活用群」（受聴明瞭度15％以下で平均は4.6％，聴力レベルの平均は112.0dB）に分け，正答率に有意差が見いだされないかを検討しました。その結果，九九の数式と九九のひらがな式では，2群間に有意差を見いだすことはできませんでしたが，九九の読み方では，5％の水準で有意差が見いだされました。したがって，聴覚活用ができる生徒は，「ににんがし」などの読み方を覚えている生徒が多いと言えるでしょう。

2 ……九九を覚える方法

聴覚活用が困難な生徒の場合，聴児と同じようにテープを聞いたり自ら口ずさんだりして覚える方法は，聴児と同様な成果が得られるとは限りません。そこで，以下のようなさまざまな方法を，生徒の実態などに合わせて指導することが求められます。

(1) リズム感で（聞いて・口ずさんで）覚える

聴覚活用ができる場合は，聴児と同様に，九九の歌を聞いたり自ら口ずさんだりして，リズム感で覚えるとよいでしょう。

(2) 地道にカードで覚える

九九のカードを作り，それを利用して覚える方法です。読み方をルビの形で付記しても，答えを先に覚えてしまい，読み方はなかなか覚えられない例が時どき見られます。

(3) 語呂合わせで覚える

「$8 \times 8 = 64$」は「葉っぱに虫」，「$4 \times 6 = 24$」は「白く西」，「$9 \times 6 = 54$」は「黒（くなったので）ゴシ（ゴシ洗う）」，「$2 \times 2 = 4$」は「ニコニコ幸せ」，「$2 \times 9 = 18$」は「肉いや」，「$6 \times 6 = 36$」は「ろくろ首を見ろ」というように，語呂合わせで覚える方法です。

ただし，「ひとつ，ふたつ，みっつ…」の言い方に慣れている必要があります。例えば，「葉っぱに虫（$8 \times 8 = 64$）」の場合は，「は」と「ぱ」を「8」に，「む」を「6」に，「し」を「4」に置き換える必要がありますが，この時，「6つ」を「むっつ」

と読むことを知らない子どもであれば,「む」を「6」に直せないことになります。聾学校では,「ひとつ, ふたつ, みっつ…」などの読み方を覚えておらず,「いち, に, さん…」の形でしか覚えていない例がよく見られます。

また, 日本語を幅広く知っている必要があります。「ゴシゴシ洗う」という言い方を知らなかったら,「黒くなったのでゴシゴシ洗う」を覚えるのも大変です。

筆者の場合は,「ひとつ, ふたつ…」の言い方を知らないと言う生徒に対しては, これを覚えさせるのも大変なので, この語呂合わせによる記憶方法は勧めていません。しかし, 歴史の年号を覚える時などは, この方法は便利なので, 幼少時から「ひとつ, ふたつ…」の言い方にも慣れさせてほしいと思います。

(4) 指を使って答えを出す：古来から伝わる方法

「x」も「y」も6から9までの数字の時,「$x \times y$」の答えを指を使って考える方法が, 古来から日本やモンゴルなどで伝えられています。すなわち, 1〜5の段の答え（右の表で言えば,「C」以外の領域）がすらすら言えるようになってから,「C」の領域について, 次の図のように, 指を使って答えを考えるものです。

	1〜4	5	6〜9
1〜4	A		B－2
5			
6〜9	B－1		C

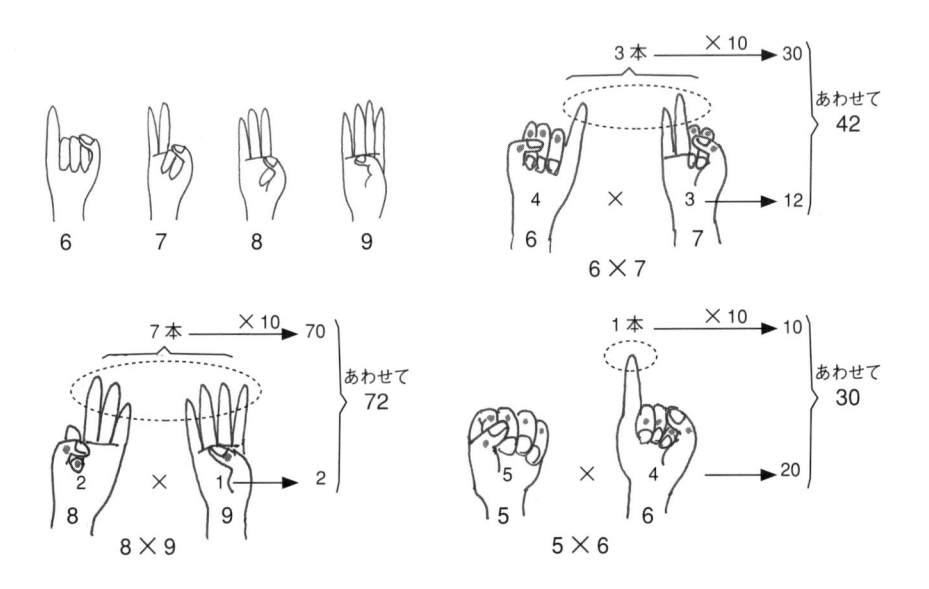

184

筆者の経験では，運動神経が人並み以上にある生徒には効果的ですが，（失礼な言い方になりますが）「手と脳の間に距離がある」と感じる生徒には不向きだと感じています。

（5）指を使って答えを出す：指数字に合わせた方法

（4）の古来から伝わる方法は，「6〜9」の指の作り方が，手話での表し方（「指数字」と言うことにします）とは異なります。そこで，「指数字」に合わせた方法を下の図に紹介します。

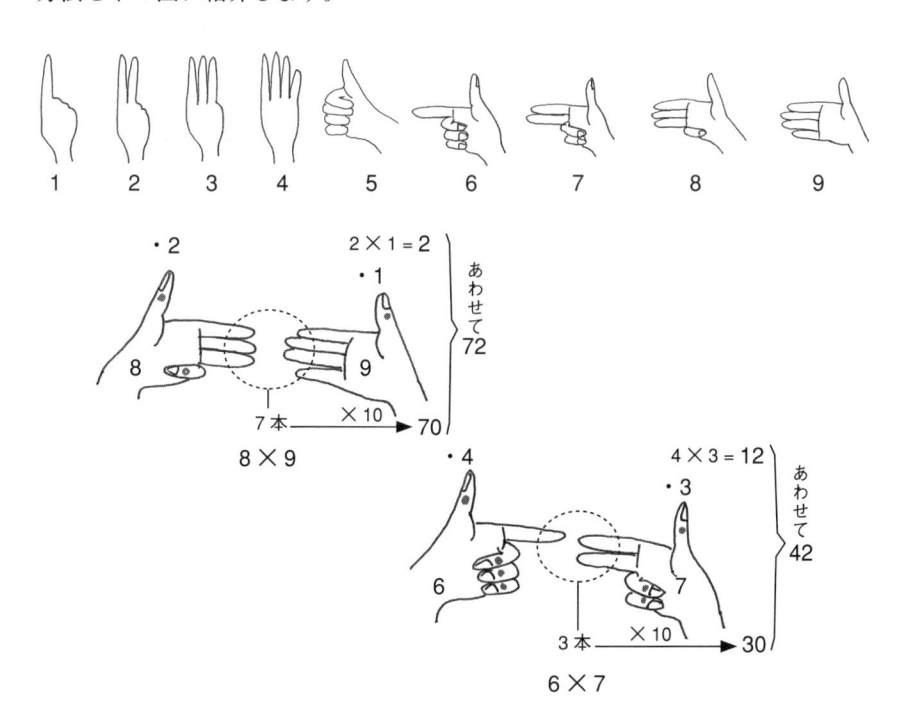

（6）指を使って答えを出す：指で考える方法

（5）の方法は，「かける数」も「かけられる数」も「6，7，8，9」のいずれかに限定されていました（「5」も含めようと思ったら可能です）。しかし，実際には，「4×7＝」「8×3＝」もなかなか覚えられない生徒が見られます。このような式で指を使って考える方法は，次ページの図の通りです。

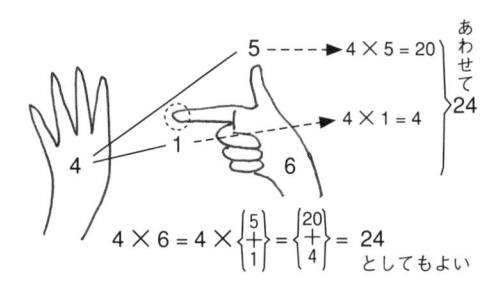

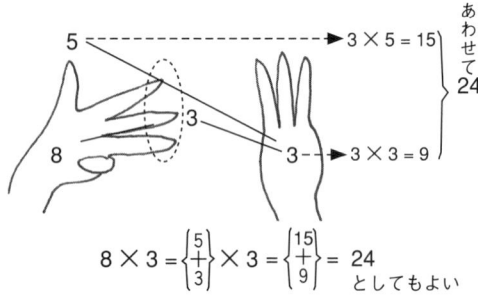

$4 \times 5 = 20$
$4 \times 1 = 4$
あわせて 24

$4 \times 6 = 4 \times \begin{Bmatrix} 5 \\ + \\ 1 \end{Bmatrix} = \begin{Bmatrix} 20 \\ + \\ 4 \end{Bmatrix} = 24$
としてもよい

$3 \times 5 = 15$
$3 \times 3 = 9$
あわせて 24

$8 \times 3 = \begin{Bmatrix} 5 \\ + \\ 3 \end{Bmatrix} \times 3 = \begin{Bmatrix} 15 \\ + \\ 9 \end{Bmatrix} = 24$
としてもよい

(7) いろいろな方法の使い分け

「$x \times y = y \times x$」であることを利用して，以下のようないろいろな方法を効果的に組み合わせて指導する必要があります。

- 「1×a」または「a×1」の時は，答えは「a」になると覚えます。
- 「2×a」または「a×2」の時は，「a＋a」を計算して答えます。
- 「5×a」または「a×5」は，わりと覚えやすいようです。
- 「3×a」または「a×3」，「4×a」または「a×4」については，いろいろな方法を駆使して何とか覚えさせます。どうしても難しい生徒の場合は，「a」が「(1，2) 3，4，5」の場合を覚えさせ，「a」が「6〜9」の場合は，(6) の方法を使わせます。
- 「かける数」と「かけられる数」の両方とも「6，7，8，9」の場合は，(1) 〜 (3) の方法を試みますが，どうしても難しい場合は，(4) または (5) で指導してみます。
- 「この条件の時はこの方法で，この条件の時はこの方法で」というような使い分けがスムーズにできない生徒の場合は，いろいろな方法を組み合わせることは避けたほうがよいと思います。

聾学校教員には，聴覚活用できるか否か，指を使って考えることに慣れているか，どこまで覚えられたか，などの諸要因を考慮に入れて，いろいろな方法を工夫して指導できるようになってほしいものです。ここで紹介した以外の方法も考えられるかもしれません。

筆者としては，高等部に入ってから九九を覚えるのは，非常に困難だと感じています。「〇の段ができるようになったらシールを貼る」という方法を素直に喜ぶ時期に，九九を覚えさせてほしいと思います。

6節 「多い・少ない」「〜倍」文の指導：「作図法」と「立式法」

「兄は妹より5kg重い」は作図できても，「AはBより5kg重い」は作図できない例がよく見られます。前者の文章では，「通常兄は妹より体重が重い」というコンテクスト（文脈）や「ありそうなこと」を手がかりにして作図できても，後者の文章では，「は」「より」という助詞を手がかりにして意味を考える必要があり，これが聴覚障害児には難しいようです。中学の計算問題はできるのに，「AはBより大きい」「Cより大きいDは…」「EはFの3倍」「GはHの0.8倍」のような文章における大小関係の判断が難しい生徒がかなり見られます。こうした問題に対する筆者のだいたいの指導方法を以下に記します。

1 ‥‥‥ 基本的な文型が解けるか

　①6より2多い数は（　　）　　②（　　）より2多い数は6

　③6は（　　）より2多い　　④（　　）は6より2多い

　　（これらの式の「6」と「2」を入れ替えた式を含む）

　①12の3倍は（　　）　　②（　　）の3倍は12

　③12は（　　）の3倍　　④（　　）は12の3倍

　　（これらの式の「3」と「12」を入れ替えた式を含む）

などに対して，どんなパターンを示すかを調べます。

「〜倍」文の①〜④の場合，以下のような段階と傾向が見られるようです（脇中，1997を参照）。

- 段階Ⅰ：答えが自然数になるよう，出てくる2つの数字と「×」を組み合わせて答える（①〜④のすべてに「12 × 3 = 36」と答える）ので，①と④だけが正答になる。
- 段階Ⅱ：逆数の考え方や，求める数が「基本量」か「比較量」かによる考え方の違いを理解するので，①「12の3倍は（　　）」と②「（　　）の3倍は12」に正答するが，④「（　　）は12の3倍」のところで，①と反対（「は」をはさんで右辺と左辺が入れ替わっている）だから，①とは逆に÷3とする。だから，答えは12 ÷ 3 = 4として誤答になる。
- 段階Ⅲ：すべてに正答できるようになる。

特に段階Ⅱの生徒は，「目標は今の1.5倍にすること」と「今の1.5倍とすることが目標」は違う意味だととらえかねないので，この①〜④の文型に慣れさせる必要があります。

さらに，上記の文で，「3倍」を「0.4倍」「1.5倍」「1／3」「2／3」「4／3」「25%」「125%」「2割」「5分」に変えた問題も，解けるようになってほしいです。

2 …… 作図法

「AはBより2多い（少ない）」「AはBの3倍」などを作図するためには，AとBの大小関係を理解する力が必要です。

(1) 大小関係の判断（両手を使って）

「AはBより3多い」時のAとBの大小関係をすぐに判断できない生徒に対して，「は」の前にある「A（主語）」の状態が「多い（述語）」であることを覚えさせ，「A（右手で）はB（左手で）より3多い（右手で）」のように，主語と述語を同じ側の手で表させると，即答できるようになった例が見られました（脇中，2001）。

「AはBの3倍」の時のAとBの大小関係をすぐに判断できない生徒に対しては，「の」の前にある「B」が「1」で，「A」が「3」であることを覚えさせ，左手を「1」（基本量）とし，右手でいろいろな量（小数，分数，百分率などの比較量）を表現する練習をさせます。「2倍，半分，1／3，2／3，3／3，4／3…，0.5倍，1.2倍，3%など」を表現させる中で，「3／3 = 1」「4／3は1より大きい」「1／2と0.5と半分は同じ」「3%はほんの少し」などを理解し

第 9 章　学力獲得のために必要な手立て

1) $\frac{1}{2}$，半分，0.5，50％など

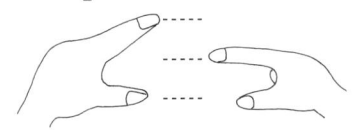

2) $\frac{2}{2}$，1，1.0，100％など

3) $\frac{3}{2}$，1.5，150％など

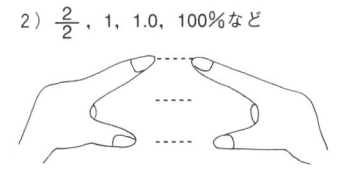

4) $\frac{3}{100}$，0.03，3％など
（「ほんの少し」雰囲気を出す）

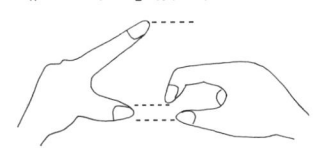

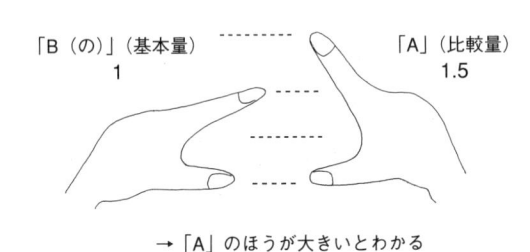

「B（の）」（基本量）　　　　　「A」（比較量）
　　　1　　　　　　　　　　　　1.5

→「A」のほうが大きいとわかる

次の文章は，下記の図①〜⑥のどれを表すか？

・AはBより2多い → [　　]　　・AはBより2少ない → [　　]

・AはBの2倍 → [　　]　　・AはBの半分 → [　　]

・BはAより2多い → [　　]　　・BはAより2少ない → [　　]

・BはAの2倍 → [　　]　　・BはAの半分 → [　　]

・Bより2多いA → [　　]　　・Bより2少ないのがA → [　　]

・Bの2倍あるというA → [　　]　　・Bの半分になったA → [　　]

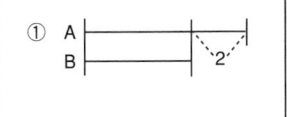

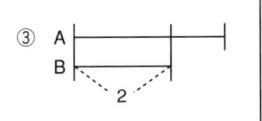

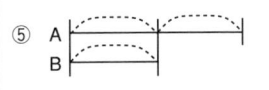

① A／B
② A／B
③ A／B
④ A／B
⑤ A／B
⑥ A／B

た例が見られました。また「AはBのC倍」＝「BのC倍はA」を理解させてから，「～の」の前にあるB（基本量）を左手で，A（比較量）を右手で表現させると，大小関係の判断が容易になった例が見られました（脇中，2001）。

(2) 作図して解く練習

　AとBの大小関係が判断できるようになったら，図をいくつか用意し，文章を読んで適切な図を選ぶ問題（前ページ参照）をさせます。それができるようになったら，自分で作図させます。また，線分図の中にある（　）の中の数字を計算して求める問題ができるようになったら，自分で作図して計算させます。このように指導して，何回か練習させても，大小関係の判断や作図に時間がかかる生徒やまちがいが多い生徒に対しては，次の立式法の指導に入ります。

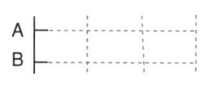

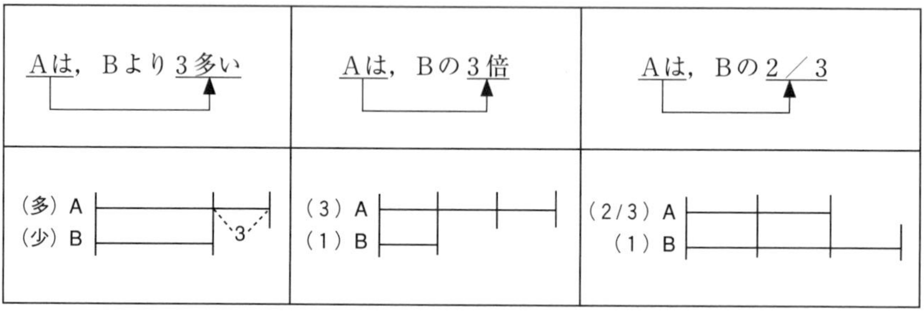

Aは，Bより3多い	Aは，Bの3倍	Aは，Bの2/3
(多) A (少) B　…3	(3) A (1) B	(2/3) A (1) B

3 …… 立式法

(1) カッコを使った計算問題に慣れさせる

　まず，「（　）＋2＝6」「12＝（　）×3」のような計算問題に慣れさせます。答えが小数や分数，負の数になる問題で，小数や分数，負の数を未学習の場合は，「解なし，おかしい」と答えればそれでよいと伝えておきます。

(2) 文章題の助詞に注目して立式する

　まず，右に示した内容を，しっかり覚えさせます。それから，文章の中の「は」や「の」などを探して立式させます。この時，求めるものは（　）またはxと置かせます。

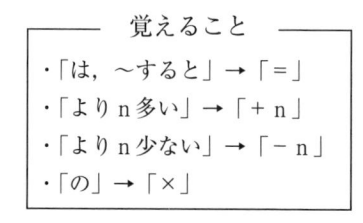

```
――― 覚えること ―――
・「は，～すると」→「＝」
・「よりn多い」→「＋n」
・「よりn少ない」→「－n」
・「の」→「×」
```

「3倍」が「1.5倍」になっても，式の作り方は変わりません。極端に言えば，日本語の単語の意味がわからなくても，AとBのどちらが大きいか，どちらが基本量でどちらが比較量かわからなくても，解ける方法です。日本語の力が不十分な生徒の大半が，この「立式法」を好み，以後この方法を使おうとするようです。日本語の力がある生徒は，簡単な問題ならば，「作図法」を好んだりしますが，問題が複雑になると作図が難しくなるので，「立式法」も覚えるよう勧めています。

4……　手指を使って解く

「ある組の3／5は男子で15人。では，この組の女子は何人か」のような文章題で，分母が5までの場合，指を使って考える方法を教えると，計算が速く

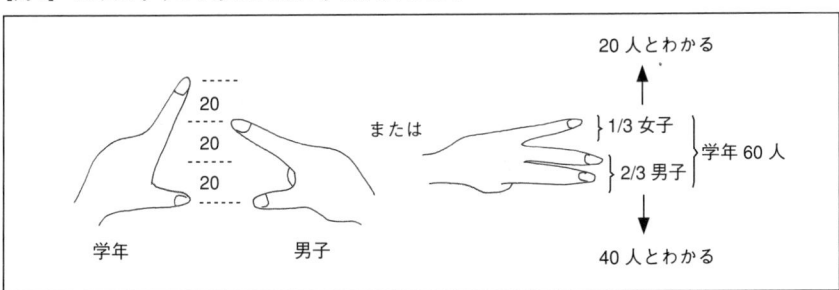

【問1】　60人の学年の3分の2は男子。男子は何人か。

「学年が60人」であることから，「男子は40人」とわかる。

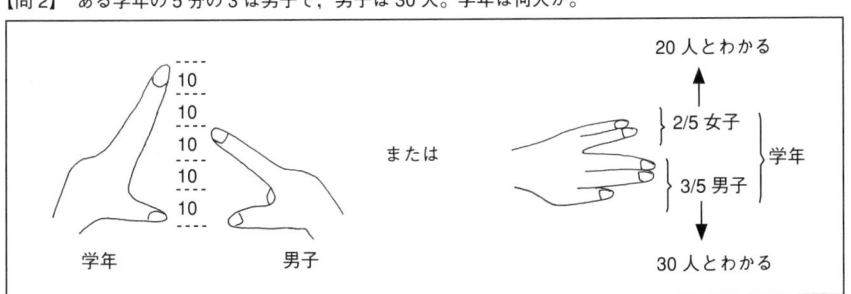

【問2】　ある学年の5分の3は男子で，男子は30人。学年は何人か。

「男子が30人」であることから，「学年は50人」とわかる。

なり，暗算も可能になった例が見られました。

　以上,「手指を用いた指導例」について述べましたが，手話に対して消極的な生徒の場合は，筆者が手指を用いながら説明しても，興味を示さないことがあります。手指を用いることが目標ではないので，手指を用いなくても頭の中で（視覚的にイメージしながら，または日本語という言語を用いながら）考えられる場合は，それで良しとしています。

文献

藤井克美・他3名　1994　座談会「9歳の節」問題と教育実践の課題　障害者問題研究, **21**（4），341-350.

藤村宣之　1997　児童の数学的概念の理解に関する発達的研究　風間書房

岡本夏木　1985　ことばと発達　岩波新書

脇中起余子　1987　児童の「概括作用」についての実験的検討―カード分類テストを通して　京都大学教育学部紀要, **33**, 99-109.

脇中起余子　1997　聴覚障害生徒にとっての「は」ないし「＝」の意味に関する一考察 ―「〜倍」文と「多い」文を通して　ろう教育科学, **39**（2），63-76.

脇中起余子　2001　手話で数学を指導する―教科指導の実際と課題　日本手話研究所（編）　手話コミュニケーション研究, **41**, 32-39.

脇中起余子　2002　K聾学校高等部における九九に関する調査から―九九の読み方をどれくらい覚えているかを中心に　ろう教育科学, **44**（1），37-46.

脇中起余子　2003a　K聾学校高等部生徒における速度と濃度の理解に関する一考察―聴覚障害生徒の問題解決過程における困難点を探るために　龍谷大学教育学会紀要, **2**, 15-29.

脇中起余子　2003b　K聾学校高等部生徒の記憶方略に関する一考察―「音声方略」と「手話口形方略」のどちらが有効か　ろう教育科学, **45**（2），125-142.

脇中起余子　2009　生徒の認知特性を考慮に入れた指導の試み　日本聴覚障害教育実践学会第12回合同大会発表論文集，49-56.

第 **10** 章

伝わることと学力獲得の間のずれ

> なぜ声を出して歌わないの？
>
> だって私の声変だから笑われるもの

　手話に対する理解が広まり，「バイリンガル聾教育」が声高に主張される状況の中で，「伝わる手段」があれば学力はすぐに獲得できるかのように思い，手話が流暢に使えることを絶対視する人が見られますが，実際は，「伝わる」ことは学力や日本語の力の獲得に直結しません。このことが曖昧なままだと，聴覚障害の教育方法に関する議論が深まらないように感じますので，本章では，「伝わる」ことと「学力獲得」のずれを，例をあげながら見ていくことにします。

1節　「伝わる」ことと「わかる」ことの間のずれ

1 ……「伝わる」ということと「わかる」ということ

久米（2003）は、ある聾学校に勤務する「コラム氏」の文章を紹介していますが、その一部を以下に抜粋します。この文章は、手話で意味が伝わることと、日本語を理解することは別物であることを示していると言えるでしょう。

> コラム氏の学校では、聾者のアメリカ人講師を迎えて、週一回アメリカ手話の授業を行なっている。「働く人々」と題して、いろいろな職業のあらわし方を、アメリカ手話で教わった。次の時間に、アメリカ手話にあわせて日本語で職業名を書かせてみた。ところが、「医者」は「病院男」、「看護婦」は「病院女」、「宇宙飛行士」は「宇宙人」、画家、銀行員、飼育係、芸術家、薬剤師に関しては語彙がなかった。「先生」という語彙は理解できていたが、「教師」という日本語はすぐには出て来なかったという。
> 　コラム氏は、「教師の側にも『手話さえ使えば、生徒は理解している』という誤解に陥りがちです。医者、看護婦、宇宙飛行士という手話と一緒に、きちんと口形を示していただろうか？（中略）」と、自戒している。
> 　この「『手話さえ使えば、生徒は理解している』という誤解」という言葉に、"やはり" との思いを強くした。授業に手話を導入する学校や教師が増えた。それにつれて、「手話さえ使えば、生徒は理解している」との思い込み、あるいは手話を過信する安易さが広がっているように見えるのは、わたしのひがみだろうか。（中略）
> 　（中略）手話ビデオ教材を使っての読解指導で、日本語の読み書きの力は、やはり日本語でしかつけられないとの思いを強くしている。

2 …… 手話で意味がわかっても書けない例、同じまちがいを繰り返す例

手話単語を知っていても、日本語を正確に書けるわけではありません。中には、「手話で通じるのに、なんで日本語を覚えなくてはならないのか」という雰囲気の生徒も見られます。以下では、その例をあげてみます。

・手話で「私はまじめにがんばる」「いただきます」と表すが、書かせると、「たわし、まめし、がんばる」「いたきます」などになる。

- 「あたま」「ひじ」などの日本語がなかなか覚えられない例が多い。手話では，その部位を指さすだけのことが多いことと関連するのだろうか。
- 「交通事故」「追突」「追い越し」「横転」などを手話で表すと，意味がわかっても，その日本語がなかなか覚えられない。
- 「彼の母に会う」「彼と母に会う」，「バスが来る」「バスで来る」，「私は息子に手話を教える」「私の息子は手話を教える」などの違いを手話で表すと（手話表現の仕方については脇中，2007を参照），意味がわかっても，助詞を適切に使って書けないままである。
- 「AはBよりC大きい」などの文で，筆者が右左を使い分ける手話で表すと，意味を理解できるが，日本語の文章を読んで意味を理解することは難しいままである。
- 「何色必要か」と「何色が必要か」の違いが，文字だけではわからない。手話で説明すると，意味はわかるが，ペーパーテストに出されると，違いがまだわかっていなかった。
- 「丸太を4つに切りたい。1回切るのに5分かかる。全部で何分かかるか」で，「5×4＝20分」とする誤答が多い（聴児も同様）。手話で問題を読むと，ヒントを与えているような手話表現になり，「5×3＝15分」と正答するが，その後，ペーパーテストで再び出題すると，最初と同じ誤答になる。

聾学校の生徒を見ていると，あるまちがいを指摘しても，日頃からその表現を用いていないと，同じまちがいを繰り返す例が多いです。日本語で考える習慣のない子ども（「音韻意識がない子ども」と言ってもよいかもしれません）は，習慣のある子どもと比べると，日本語の定着が難しいと思われるので，手話の早期導入を図りながらも，「音韻意識」の形成や定着に留意する必要があると考えます。

京都校高等部では，「手話の教育は，単なるひとつの言語の教育ではなく，人間教育の一環をなす」ことが確認されました（京都府立聾学校高等部，1990）。その一方で，手話使用によっても解決されない問題点は何かを直視し，それに対する工夫点などをあげ，改善に努めています（京都府立聾学校高等部，2002など）。

2節　理屈で説明することが難しいもの

1 …… 使われる場面の微妙な違いの理解

「口をきく」(「利く」であり，「聞く」と書くのはまちがい) について，ある辞書をひもとくと，「物を言う。紹介・交渉・仲裁をする」と書かれていました。つまり，「えらそうな口をきくな」は，「えらそうに話すな」という意味になります。これに関して，坂本（2008）は，次のように述べています。

> 「口をきかない」ということばは，「感情を悪くしてだまっている」という意味があるにもかかわらず，結果的な動作だけに目をつけて，「だまっていること」と早合点してしまうと，「ぼくは　だまって　先生の口を見る」という場面を，「ぼくは　口をきかないで　先生の口を見る。」という文で表現している。
> 　このように聾学校の子どもは，①ことばの意味と，②そのことばの場面に応じた使い方を同時に学習するという二重の負担を背負っているということを，指導者はいつも念頭においていなければならない。

これは，第7章の1節1「(13)『辞書的意味』からはあっているが，不自然な文章を書く」の例に含まれるでしょう。

2 ……「日本語→手話」と「手話→日本語」の違い

「口に出す」「口にする」「口をきく」は，聴覚障害児が読話しやすいように，あるいは聞き取りやすいように，「言う」や「話す」と言い換えることが多いように思います。しかし，「彼は，おもしろい話をした」と言えても，「彼は，おもしろい話を口にした」と言うのは不自然なことからわかるように，使われる場面は同一ではありません。「(本音は) 手話モノリンガル容認」の人と，「(書記) 日本語の獲得」を高い目標とし続ける人とで，次ページの図の (b) の問題を真剣に考える度合いが異なるように，筆者は感じています。

聴覚障害児の周囲の大人たちは，「思ったことを口に出す」を「思ったことを話す」，「口をきくことが減る」を「話すことが減る」というように，「わかりやすいことば」に言い換えてばかりしていないでしょうか。そのように言い

| 日本語 | 手話 | 日本語 |

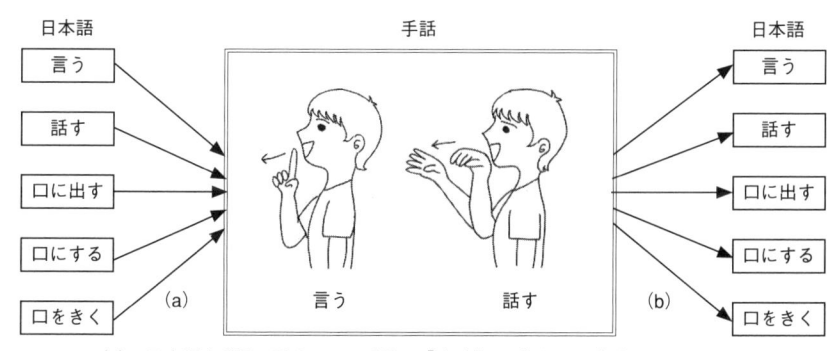

(a) 日本語を手話で話す → 手話で「意味」は（だいたい）伝わるだろう
(b) 手話を見て，日本語に直す → 正確に日本語を使い分けられるか？

● 図　日本語から手話へ・手話から日本語へ

換えると，子どもには「わかりやすい」ですが，それは，「口に出す」や「口をきく」という慣用句に接する機会を奪っていることになるかもしれません。聴児の場合は，それまで自然に何回も「口をきく」「口をきかない」ということばにふれているので，授業で「口をきく」ということばが取り上げられた時，意味をはっきり説明できたり，（漠然とであるが意味を理解している場合は）友達や先生の説明を聞いて改めて意識化・整理できたりします。しかし，それらのことばにふれたことがほとんどない子どもにとっては，その時は友達や先生の説明が理解できても，その後定着しないことが起こり得るでしょう。つまり，「耳や目にした回数」が多いほど有利でしょう。また，単語は，ばらばらに単独で覚えるより，場面の中で文として覚えるほうが効果的です。日頃から何回も聞いたことがあると，その語を中心とする「ネットワーク」ができやすいです。この「何回も耳や目にすることによるネットワークの形成」がCALPや学習言語の獲得のための下地になると，筆者は考えています。

3 …… 理屈で説明が難しい例（1）

以下の例は，筆者が京都校の全校研究会などで取り上げたものです。
手話の本を見たり手話を知っている人に尋ねたりすればわかることですが，【例1】～【例5】にあげた単語は，同じ手話または同じような手話で表されることが多いです。

【例1】「うれしい」と「楽しい」
① 昨日の遠足は，（　　　）かった。
② 受賞のニュースを聞いて，（　　　）かった。
③ 子どもと一緒に遊ぶのは，（　　　）です。
④ 久しぶりに子どもと一緒に遊べて，（　　　）かった。

　以上の文章の（　　　）には，「うれしい」と「楽しい」のどちらを入れるのが適切でしょうか。なお，人によって微妙に異なる答えが出される問題や複数の答えがある問題も含まれています（以下同様）。
　「うれしい」と「楽しい」の使い分けについて，一般の聴者であれば，何となく答えがわかるでしょうが，「受賞のニュースを聞いて，楽しかった」が誤りになる理由をすぐにうまく説明できる人はいるでしょうか。筆者が調べた範囲では，「『楽しい』は，その動作をしている間胸がはずむ意味で，『うれしい』は，その動作の結果胸がはずむ意味である」という説明が，最もわかりやすいように感じました。この説明がすべての例に当てはまるかどうかはわかりませんが，ある程度説明や理由をつけたほうが，それ以降同じまちがいをすることが減るように思います。その意味で，聾学校教員は，正しい日本語を何気なく使うのではなく，なぜその日本語を用いるのかを日頃から意識的に考えるように努める必要があると思います。

【例2】「気持ち」と「気分」「機嫌」「気」「心」
① 感謝の（　　　）でいっぱいです。
② 今，遊びに行く（　　　）じゃないんだ。
③ マッサージは，（　　　）が良い。
④ 風邪薬を飲んで，（　　　）が良くなった。
⑤ 彼は登校時から（　　　）が悪い。朝，母に叱られたのかな。

　いろいろな聴覚障害者や手話通訳者に手話表現の仕方を尋ねてみましたが，筆者が聞いた範囲では，「気持ち」や「気分」「機嫌」「気」「心」などのそれぞれで，異なる手話を用いて区別していると答えた人は見られませんでした。
　例えば「感謝の気分でいっぱいです」「今遊びに行く気持ちじゃないんだ」は不自然とわかりながらも，その理由を明瞭に説明できる人はほとんどいない

でしょう。京都校の全校研究会でも，教師から「私たちは，答えはわかるけど，説明できない」「私たちは，小さい時から何回も耳にしているから，自然と使い分けられる。理屈を聞いて使い分けられるようになったのではない」「『気持ち』や『気分』が同じような手話になってしまい，しかもこれらの単語の微妙な違いを説明することが難しい現状では，聴覚障害児がこれらの日本語を獲得するためには，手話だけでは限界があるだろう。指文字や口形・音声・文字など，他の手段も駆使することが求められよう」などの感想が出されました。

以下の【例3】～【例5】についても，なぜその答えになるのか，他の選択肢では不適切になる理由をどのように説明すればよいのかを考えると，理屈では説明が難しいものがあることに気づかされるでしょう。

なお，【例4】【例5】は，からだの名称を用いた慣用句に関わるものであり，手話表現の仕方については，『からだに関わる日本語とその手話表現』（脇中，2008）を参照してください。

【例3】「あげる」「やる」「与える」「渡す」「返す」
① そのニュースは，人々に希望を（　　　）た。
② 彼女は，社長に良い印象を（　　　）た。
③ 彼女は，社長に辞表を（　　　）た。
④ この会社では，社長が給料を社員に（　　　）ことになっている。
⑤ 彼は，彼女からもらったチョコレートを，妹に（　　　）た。

【例4】「耳にする」「耳に入る」「耳にはさむ」「耳をすます」「耳を傾ける」「耳を貸す」
① 彼女の良くない噂を最近よく（　　　）。
② 彼の良い噂が最近よく（　　　）てくる。
③ 森の中で（　　　）と，ふくろうの鳴き声がかすかに聞こえてきた。
④ 彼の話はためになる話だったので，皆熱心に（　　　）て聞いた。
⑤ 彼女が君に何か言いたいことがあるらしい。ちょっと（　　　）てやれよ。

【例5】「目をさます」「目をあける」「目を（が）ひらく」「目がさめる」「目がさえる」

① 朝（　　　）と，あたり一面雪景色だった。
② 眼底を見るので，指示があるまで，（　　　）ていてください。
③ 彼は，最近まじめに仕事をしている。父の死が彼の（　　　）たらしい。
④ 留学していろいろなことを学び，（　　　）れる思いだった。
⑤ 夜，あれこれと考え始めて，（　　　）てしまい，なかなか眠れなかった。

4 …… 理屈で説明が難しい例（2）

「AしながらBする」について，手話では，可能であれば，Aの手話とBの手話を同時に行います。「『AしながらBする』は，Aの動作とBの動作を同時にする意味だよ」と説明することが多いでしょうが，では，「AしながらBする」と「BしながらAする」の両方とも言えるかと尋ねられたら，すぐに答えられるでしょうか。下記の文章を読み比べてください。

①a　（携帯）電話しながら運転するのは，だめよ。
①b　運転しながら（携帯）電話するのは，だめよ。
②a　母に教えてもらいながら，宿題をした。
②b　宿題をしながら，母に教えてもらった。
③a　子どもは，本を読みながら泣いた。
③b　子どもは，泣きながら本を読んだ。

①aと①bは，どちらも自然な言い方であり，左手で携帯電話をする動作と，右手でハンドルを握る動作を同時に行います。

けれども，②aと②bでは，②bが不自然な言い方です。その理由として，「AしながらBする」では，Bの動作が中心だからという説明ができるでしょう。

一方，③aと③bでは，両方とも自然な言い方ですが，悲しい内容の本だったので，読み進めているうちに涙がこぼれてきた場合は③aを，「早く本読みの宿題をしなさい」と母親に叱られて，泣きながら本を手にして読み始めた場合は③bの言い方を，通常するように思います。

これらの文章の正否や意味の違いがわかる力を，聴覚障害児にどうやって培わせたらよいのでしょうか。

3節　該当する手話表現がない日本語の獲得のさせ方

1 …… BICS の世界の中での日本語と CALP の世界の中での日本語

　たくさんの人が，日常会話と学習言語の違いを指摘しています。詳細は，本書第8章の1節5などを参照してください。

　「バイリンガル聾教育を主張する人々の一部は，本音は手話モノリンガル容認論者ではないか。バイリンガルを目指す人は，第一言語のモノリンガルになる危険性を許容（覚悟）する必要がある」と言う人が見られます。また，「漢字を見て意味がわかれば，読み方はまちがってもかまわない」と述べた人もいました。

　2節の【例1】～【例5】で手話表現の仕方を取り上げた時，「そんな文は，そのままの形では使わない。このような文に言い換えてから手話で表す」という反応が見られました。例えば，「そのニュースは，人々に希望を（　　　　）た」という文章について，「そんな文章は（手話で表す時は）使わない。『そのニュースを聞いて，希望をもった』のように言い換えて表す」というような反応です。筆者は，日常会話ではそのような手話表現になってもよいが，その日本語単語を入れるとまちがいになる理由を聴覚障害児にどうやって理解させればよいかを，もっと考えてほしいと思います。「手話でわかりやすく言い換えることで伝われば十分だ」「学習言語は授業で教えればよい。豊かな生活言語を獲得させるための方法が今の最重要課題だ」と考えている人がいることを感じました。

　この例で言えば，「そのニュースを聞いて，希望をもった」のように日常会話でよく使われる文の理解が「BICS 的な文章」の理解に，「そのニュースは希望を与えた」のように日常会話ではあまり使われないような文の理解が「CALP 的な文章」の理解に該当すると思われます。

　「第一言語を十分に獲得すれば第二言語は獲得できる」という主張について，筆者は，かなりの人にとってそれは難しいと考えます。繰り返しになりますが，BICS の充実（横の発達，高度化）には手話は効果的ですが，CALP への移行（縦の発達，高次化）のためには別の手立ても必要だと感じています。

2 …… 該当する手話単語がない時の日本語の獲得のさせ方

　手話の獲得は日本語の力の獲得に直結しないことを銘記する必要があります。手話を通して，日本語の世界や聴者の世界の紹介に努めることが大切です。
　例えば，「～しかない」の「しか」に該当する手話単語はありませんが，どんな場面で使われているかを伝えるために，筆者の場合，わが子が聾なら「鹿」の手話を使うかもしれません。その「鹿」の手話を通して，「～しかない」はどんな場面で使われているかを伝え，「これは，本当の手話ではないから，他の聴覚障害者には使わないように」と言うでしょう。
　また，「～さえ」という日本語があることを知った子どもが，「さえ」の部分を指文字で表して，手話で話したところ，「そんな手話を使うと，将来聾者の仲間に入れてもらえないよ」と言われたという話を聞いた時，「～さえ」「～すら」のような助詞が使えるようになることの難しさを知っている聾学校教員として，悲しく思ったことがあります。わが子が聾なら，指文字を使ったりして，「さえ」などの意味を説明するでしょう。そして，「さえ」などの部分は口で言うだけの手話表現の手話と口形を読み取る力を身につけてほしいと思います。

文献

久米武郎　2003　「伝わる」ということと「解る」ということ　聴覚障害, **58**（5），2-3.
京都府立聾学校高等部　1990　豊かなコミュニケーションをめざして―聾教育の中で手話をどう位置づけるか　京都府立聾学校研究紀要, **22**，31-47.
京都府立聾学校高等部　2002　個人の実態と各コミュニケーションの長所を見据えた指導を―集団成立のための手だてを考えながら　京都府立聾学校研究紀要, **32**，32-61.
坂本多朗　2008　教科学習のなかでのことばの指導をどうしたか　聴覚障害, **63**（4），43-47.
脇中起余子　2007　よく似た日本語とその手話表現―日本語の指導と手話の活用に思いをめぐらせて（第1・2巻）　北大路書房
脇中起余子　2008　からだに関わる日本語とその手話表現（第1・2巻）　北大路書房

第 11 章

障害認識のためのいろいろな取り組み

（漫画）
- 私が聞こえないからといって，差別しないでよ！
- 「香典返し」を知らない
- いや，そんなつもりは…

　「障害」について，「害」の字を避けて「障がい」や「障碍」と書くことがありますが，筆者は，「障害」としています。この「障害」の手話として，「折れる」「こわれる」を意味する手話が使われていることが気になりますが，さりとて，代わりに使える手話が見当たりません。障害に対する見方や考え方が変わってきたのとあいまって，「養護・訓練」や「自立活動」の授業の中での取り組み内容も変わってきました。本章では，京都府立聾学校高等部における取り組みなどを紹介します。

1節 障害に対する見方の変化

1 …… 障害に対する見方の変遷

筆者は，単に「聞こえる人」を意味する時は，「健聴者」ではなく「聴者」を用いています。障害があると健康・健全でなくなるのかと気になるからです。ただし，「障害がない＝正常，障害がある＝異常」と考え，障害を欠陥視した時代のことを話す時は，「健聴者」を用いることがあります。

また，「障害認識」ということばについて，「障害克服」「障害受容」などの言い方も見られますが，小田（2000）は，聴覚障害領域では，「障害認識」ということばが多く使われていると述べています。それで，本書でも障害認識という用語を用いることにします。筆者としては，障害克服や障害受容ということばには，障害をマイナスのものと考えたり，障害を受忍したりする意味合いが含まれているように感じます。

障害に対する見方の変遷を以下の表にまとめてみました。

● 表　障害に対する見方の変遷

	以前	現在
障害に対する見方	聴覚障害を「欠陥」として見る（病理学的観点）	聴覚障害を「単なる差異・特性」としてとらえる
	障害の「克服」	障害との「共存」
目標像	健聴者	聴者と対等な聴覚障害者
バリアをこわす努力	障害者のみがすべき	障害者と非障害者の両方がすべき
手話に対する見方	手話禁止　→　手話黙認　→　手話公認 ・口話法の限界ゆえに ・障害認識や人間教育に必要 ・学力獲得手段として	

筆者は，手話を覚えてから「私は聾。手話が必要」と堂々と言えるようになりました。世の中を見ても，障害のとらえ方が上記のように変わってきていると感じています。以前は，「私の母や先生たちは，手話を否定して差別的だった」

と思ったこともありますが、今では「そういう時代だったんだ」と理解できます。そして、「口話で育てた人は、虐待や人権侵害を行った」などと言う人に、悲しみや憤りを感じます。

2 …… 障害認識の過程

(1) 筆者の感じる「障害者の障害認識の過程」（重度の聴覚障害者の場合）

　鳥越（1999）は、聴覚障害者の障害認識の過程について「第一段階では、ろう（あるいは耳が聞こえない、しゃべれない）であることに否定的な感情をもち、健聴者のようになることが自分の人生にとって最も価値があると考える。第二段階は、そのように努力しても、健聴者のようになることが困難であることに気づき、自分が誰なのかわからず混乱している段階である。第三段階では、手話とろう者の文化を発見（あるいは再発見）し、それを最上のものと考える。同時に、健聴者の文化や価値、音声言語に対して否定的な感情をもつ。第四段階は、ろう者、健聴者ともに親しい友人ができ、両者の文化を違いとしてともに肯定的に受容し、自分のものとすることができる段階である」と述べています。

　筆者の場合は、鳥越（1999）の考える第三段階、つまり手話や聾者の文化を「最上のもの」と考えた時期はほとんどないこと、大学生の頃、第四段階に達することができたと思って、そのことがうれしかったのですが、その後「あなたは、声を出す対応手話を使うから、聾者ではない」などと言われ、「私って何？」と悩んだ時期が長かったことから、障害認識、あるいはアイデンティティ獲得の過程は、以下のようになると感じています。

段階1：「障害はないほうがよい」と考え、「健聴＞難聴＞聾」のイメージをもち、健聴の状態に少しでも近づこうとすることに疑問を感じない。

段階2：「健聴＞難聴＞聾」のイメージをまだもっているが、健聴の状態に近づくことに限界を感じ、葛藤したり悩んだりする。

段階3：「自分は聾」と言えるようになり、そのことに心地良さを感じる。

段階4：聾の定義をめぐって、再度葛藤したり心理的に悩んだりする。

段階5：他者の思惑や意見にとらわれず、自分の感じ方や自分なりの定義を大切にした生き方で良いと感じる。

段階1から段階2への移行に関して，聴者ばかりの学校に入学した筆者は，聴者の友達を作るために，冗談が言えるように努力しました。また，読話しやすいように（内容が想像できると読話しやすいので）自分から話題提供するようにしたものでした。そして，久しぶりに，聾学校や難聴学級の友達と会うと，難しいことばや冗談が通じにくくなったと感じ，「私って何？ 聴者にはなれない。かと言って，聴覚障害者とは話が通じにくい。自分はイソップ童話のこうもり（鳥とけものの戦争の時，その時々の力が強いほうにすり寄り，最後にはどちらの仲間にも入れてもらえなくなった）みたいにならないか」と悩みました。しかし，今ふり返ると，中学校入学まで同じ聴覚障害のある友達に囲まれて育ったので，手話と出会った時すぐに「自分は聾」と言うことができたように思います。それで，特に地域校にいる聴覚障害児の障害認識やアイデンティティの確立に向けて，適切な支援が求められると考えています。

段階2から段階3への移行のきっかけとして，手話との出会いをあげる聴覚障害者が多くいます。京都校高等部では，「手話の教育は人間教育（障害認識）にもつながっていく」ことが確認されました（京都府立聾学校高等部，1997）。これは，手話は，障害認識や自己認識，アイデンティティの確立，集団や仲間をつくる力の育成にも意味をもつということです。

段階3に達した人は，手話の大切さを強調することになりますが，中には，手話や聾者の文化を「最上のもの」とし，口話否定の動きと結びつける人もいるでしょう。

なお，以前の筆者は，「あなたは何者か」と問われて，「聾」と言える人のほうが，「わからない」と答える人より障害認識が進んでいるように考えていましたが，現在は必ずしもそうとは限らないと考えています。

『愛は静けさの中に』という1986年のアメリカ映画について，20年ほど前は，自分の意見をはっきり主張する主人公サラ（聾女性）の姿にインパクトを受けましたが，ある大学で障害者との関わりが多い学生が「このサラは自己中心的。声を笑われて傷ついたと言う一方で，『あなたの手話は下手』と他者に言うのはおかしい。自分ばかり相手に求めている。相手に手話を求めて，こちらは頑（かたく）なに発声しないのはおかしい」と述べたことをきっかけに，再度この作品を見て，筆者も現在は，サラが単なるわがまま娘，自己中心的な人に見え

始めています。このように，いろいろな見方が考えられます。

　段階3から段階4への移行に関して，筆者は「聾教員は対応手話を使うな」などと言われ，非常にストレスを感じましたが，それを他の人に言っても「そこまで言う人がいるのか」などと言われ，「自分のストレスが理解されない」というストレスを二重に抱えることになりました。その一方で，「体罰・暴力や企業との癒着と解釈されかねない行動があれば，それを密告されるかもしれないから，気をつけて」と言われた時，「自分の感じている不安はまちがっていないのか。聾学校はまるで伏魔殿のようだ」と恐怖感を感じました。自分は「手話ですべてを解決できない」と感じているのに，「この手話早期導入に対する手放しの賛美は何だろう」と思い，違和感や孤独感を感じました。私のこの思いをどうやって形にしたらいいのかと思い，博士論文執筆作業に取りかかりました。また，「対応手話はだめ」「教師の手話が下手だから，聾児は日本語を獲得できない」という言い方に疑問を感じたことが，『聾教育現場における手話表現』や『よく似た日本語とその手話表現』『からだに関わる日本語とその手話表現』の原稿執筆につながりました。

　そして，段階4から段階5への移行のきっかけとして，保護者たちの思い(「口話も手話もどちらも必要」)にふれたこと，いろいろな人から筆者の講演や拙稿・拙著に対する共感や励ましの声を聞いたこと，などがあげられると思います。とはいえ，現在も「私は世界でたった一人の人種。群れない。群れたがるまい」と自分に言い聞かせているところや，「同感」と言われるとうれしく思うところをみると，本当に達観できたとは言えないと思います。

(2) 筆者の感じる「非障害者の障害認識の過程」

　非障害者の場合，以下のような段階で障害認識が進む人がいると思われます。

段階1：「障害＝欠陥」であり，障害はないほうがよいと単純に考える。
段階2：「障害」について考え始め，(特に段階3にある)聾者の主張を無条件的に取り入れなければならないと考える。
段階3：聾者の主張をそのまま受け入れることに無理を感じ始める。
段階4：聴者の世界と聾者の世界の両方を無理なく両立させる言動ができるようになり，落ち着く。

2節 自立活動

1 …… 学習指導要領から

「自立活動」は，特別支援学校や特別支援学級において特別に設けられている領域であり，個々の幼児・児童・生徒が自立を目指し，障害に基づく種々の困難を主体的に改善・克服するために必要な知識・技能・態度および習慣を養うことを目的としています。以前は「養護・訓練（略して「養訓」）」と呼ばれていましたが，1999年に「自立活動」という名称に変更されました。要領に以前は，「健康の保持」「心理的な安定」「環境の把握」「身体の動き」「コミュニケーション」の5区分があげられていましたが，最近「人間関係の形成」という新区分が加えられました。

2 …… 以前の「養護・訓練」の手話表現

「養護・訓練」ないし「養訓」を表す手話表現として，①「発音・声」という手話が用いられた聾学校では，発音指導ないし発音学習が中心となっているのだろう，②「レシーバー」という手話が用いられた聾学校では，聴能訓練ないし聴覚学習が中心となっているのだろう，③「書く」ないし「文章」という手話が用いられた聾学校では，日本語学習や筆談の練習が中心となっているのだろう，と推測したことがあります。京都校では，「成長（大人）＋訓練」という手話を用いようと話し合われたことがあります。

以前は，要領に「健康の保持」や「身体の動き」があることから，スポーツやレクリエーションを行う学年が見られたそうですが，筆者が着任した頃から，卒業後のことを見据えて高等部全体で取り組む体制に変わりました。

1995年に近畿地区聴覚障害教職員懇談会から『新しい養護・訓練〜聴覚障害を生き抜く力を育てるために〜』が発行され，多数売れました。それは，養護・訓練の時間に何に取り組むべきか迷い，障害者の意見が聞きたいと希望する教師が増えたことの現れでしょう。それは，「専門家主義」に対して「当事者主義・当事者主権」の考え方が台頭した時期と重なるように思われます。

3節 京都府立聾学校高等部における自立活動

1 …… 京都校高等部の考え方と自立活動の内容

　京都府立聾学校高等部としてのコミュニケーション手段に対する考え方を，以下にまとめます。
- 集団成立のために，生徒全員に手話を覚えるよう勧める。
- ある（特定の）コミュニケーション方法を排除する考え方はとらない。
- 日本語や学力の獲得が重要な目標であることを銘記し，効果的な指導方法を考える必要がある。

　自立活動の取り組み内容は，次ページに示す「早見表」を基本とし，各学年の実態に応じて進めます。

　また，自立活動の学習内容を，京都府立聾学校高等部（2006）を基に要約すると，以下のようになります。

①**コミュニケーション**
- 生徒にさまざまな状況にある仲間たちの状況を理解させ，互いに尊重したり歩み寄ったりすることの大切さを知らせる。
- 手話単語数を増やすとともに，より豊かな手話表現の仕方を身につけさせる。
- 今後の自分の生き方を考えさせるものになるよう工夫する。そのためにも，聴覚障害者の歴史（特に手話と口話について）を，生徒のレベルに応じて教える。
- 場面や個人の状況に応じて各種のコミュニケーション手段を使い分ける力を育てる。

②**障害認識**
- 自分の聞こえの状況に対する理解を深めさせる。
- 自分の障害からくる諸制約を認識し，解決方法を考えさせる。
- 自分の障害からくる限界や制約などを適切に説明し，解決方法を相手とともに考えようとする姿勢を培わせる。

● 表 京都府立聾学校高等部 自立活動［早見表］

		1学期（＊は開校記念日前後）	2学期	3学期
1年生		コミュニケーション（約9H） ／ 聾教育の歴史（約5H）＊	コミュニケーション（約12H）・聴覚学習（2H）	障害認識（約7H）
	目標	①コミュニケーションの多様性と仲間の実態について理解する ②計画の仕方・ルールを学ぶ／①聾教育が始まる前の聴覚障害者の暮らしについて知る ②日本の歴史と聾教育の歴史について理解を深める	①手話の基本を学ぶ ②耳の仕組みや聴力検査図の見方、補聴器や電池の管理の仕方について知る	①自分の障害に対する認識を深める ②自分の状況を適切に説明する
	内容例	・「自立活動」の概要 ・多様なコミュニケーション手段について ・コミュニケーション手段、主にろう者に対する仲間の状況の理解と方法の説明 ・仲間と状況を通じて考える大切さ ・宿泊学習に向けて、集団での留意の基本と自己紹介、家族、部活、日常の生活について考えたりする ／・江戸時代以前の聴覚障害者の暮らし ・聾教育の歴史（古河四郎、最初の訓盲院等） ・日本と世界の歴史（特に日本語の歴史と口語の歴史の機微）がもたらしたオーラリズムと手話、ろう教育を禁止して手話を奪うと仕切られた子どもたちの思いなどを考えたりする	・基本手話（数、時、漢字、教科等、可能表現、疑問文、否定表現、都道府県名、国名、各地の地名、各地の助動詞、接続詞、反対語、など） ・感情表現の仕方（豊かな手話表現） ・方向性を意識した手話表現の仕方を学び、同時性を繰り返し学び、身体を使って伝える大切さ（同音異義語の手話表現を考える、手話を考える、あてすっきりと食べてからたい、同意味も変、雨だり雪だ等） ・正確に伝える大切さと聴覚障害の因果の見方 ・聴覚の仕組み、聴覚障害の因果の見方	①自分の障害から〈ろう諸症状〉への認識（特に自分の間の違いがわかる〉 ②自分中の誤解例（受身下、補聴器をしているから全部分かるよね、「1対1で通じているから他の場面でも大丈夫だろう」など） ②自分の状況の説明の仕方（4コマ漫画を用いて認識と文章化） ・聴者にありがちな誤解の例（受身下、補聴器をしているから全部分かるよね、「1対1で通じているから他の場面でも大丈夫だろう」など） ・自分の状況の説明の仕方（4コマ漫画を用いて認識と文章化） ・職場でのトラブルの例（失敗その対応方法）の交流
2年生		コミュニケーション（約10H） ／ 聾教育の歴史（約4H）	コミュニケーション（約10H）前半：コミュニケーション（約4H）後半：福祉・障害認識（約7H） 2学期後半～3学期前半：障害認識（約7H）	3学期後半：福祉制度（約4H）
	目標	①豊かな手話表現について理解を深める ②さまざまな場面で、周囲の状況などを考えながら、解決方法を考える／①聾教育の歴史（特にろう話）について理解を深める ②日本の聾学校の意義について理解を深める	①意見交流や場面設定を通して、表現方法を工夫します ②まだまざまな場面での状況に応じ、解決方法を考える／①1学期の学習の続きを復習（福祉相談所の活用を通して）・豊かな手話表現の学習・豊かな調べての交流（相手の学びを理解できるように）	①自分中の間の障害に対する認識を深める ②障害から起こる諸問題の解決方法を考える／①福祉制度を学ぶ ②福祉制度の利用方法や利用の仕方について知る
	内容例	・豊かな手話表現を学ぶ ・さまざまな場面で繰り返し表現する ・正確に伝えるあるいは（一律に対して伝えたい、同時にやってもいいし、同時にではなく、雨だり雪だ等） ・豊かな表現を考える（ビデオなどを使って） ／・聾教育の歴史（特にろう話） ・自分の学校の歴史 ・日本の聾学校の意義 ・本校と口話式の関係（通信過での役割、銀行、FAX等に交わる意図と返還、結婚式、葬式、など）における解決方法	・自分の障害から〈ろう諸症状〉への認識（お遍よの例が豊富に出された、集団の会話について行きにくい、音源の原因が難しい、集団の会話について行けない等の諸問題、救急車も緊急車両を利用した時の事例）で例示されないことも困った事例のよう ・福祉制度のイラストを用いて具体例・自分の諸問題の解決方法を考えるなど ・福祉制度から考えられる解決方法の交流／	
3年生		福祉制度（約14H）	前半・福祉・コミュ（約3H）　後半：福祉（約7H）・コミュニケーション・障害認識・福祉制度	3年間のまとめ（約7H）
	目標	①さまざまな福祉制度について詳しく知る ②福祉制度の利用方法や仕方について知る ③聴覚障害者に関わる諸法律について知る	①さまざまな手話表現を学ぶ ②豊かな手話表現を学ぶ（具体的な場面を通じて）	①3年間の学習をもとに、18年間を振り返り、自分の障害の特徴や今後の自分らしい生き方を見つめる／①自分にとって暮らしやすい社会を作るために、聴者に福祉制度の意思表示
	内容例	・交通、通信、施設の利用、税減免等、割引 ・聴覚障害者が購入する手続きと使用方法、具体的な利用の仕方 ・税減免の概要 ・聴覚言語障害を持つ子・校・ろう学校等の関係、保険、学校会、年金 ・障害手帳の種類・基本となる諸法律等（給与明細書から保険・学校法などの主旨 ・福祉制度や施設の利用等に関わる諸法律や労働基準法の主旨 ・障害者雇用促進法の概要と具体的な活用の仕方	・職場や地域で起こりうるトラブルの例（聴話者との仲間で苦労する場合や、災害や軽度障害の交流・解決方法・災害や軽度な場合の解決方法（はんこや全員の質問、具体的な場合の対応処、具体的な場合の解決方法、わからない時の対応法、冠婚葬祭等に出席した時の使い方、保語所、区役所、病院、保健所、区役所、など）	・自分にとって暮らしやすい社会を作るために、自分たちが今後できることを見つめ作文（自己の障害と18年間の自分に向けてのまとめ）・18年間の自分に向けての発表会と交流

※職場で起こる可能性のあるトラブルの例（皆振り返しを知らずに、「自分にだけ配らないのは差別」と言う例、「しても当たり前」という態度をとる例、聴者に福祉制度の意思を「自慢」する行為、「1年しか働けないからアルバイトでいい」と言う例、など）、直接的な言い方をする例、具体的な言い方と具体的な言い方をする例、など

③福祉制度

・何のための福祉制度か，なぜできたのかを考えさせる。
・現在どのような福祉制度があるかを知らせる。
・今後暮らしやすい社会を作るために，自分たちにできることは何かを考えさせる。

「聴覚障害者の歴史」には，京都校の歴史（古河太四郎による開校など）に関する学習も含まれます。その際，口話法と手話法の間に優劣関係をつけることがないように留意する必要があります。個人によってわかりやすい方法は異なっており，互いに尊重する必要があること，互いに通じ合うために互いの努力が必要なことを伝えます。

また，「聴覚学習」として，オージオグラムの見方や補聴器・電池の管理の仕方を知らせる取り組みも含まれます。

「発音学習・聴覚学習」については，高等部としては特別なことは行っていません。日常生活の中で，耳や目を使って相手の話を最後まで聞こうとする姿勢が大切なことを指導しています。筆者としては，高等部ともなれば，発音の明瞭度や音の弁別力，読話力を格段に向上させることには非常な努力が必要であるため，それよりも，手話や筆談など他の方法を用いて伝え方を工夫する力や，自分の状況や要望を相手に的確に説明できる力をつけさせることのほうが大切であると考えています。

なお，「税金」の意味が理解できず，お金はどこからか湧き出るものと思っている生徒が時どき見られます。例えば，「この校舎を建てるためのお金はどこから出たのか」と尋ねると，「校長先生」「事務部長」「古河太四郎（本校の創始者）」などの答えが返ってきます。「国民や府民から集めたお金で」と理解できている生徒は，筆者の印象では3割前後です。年金と税金，健康保険，生命保険を混同している生徒も多いので，最小限の意味は理解させたいです。

2 …… 聾教育の歴史を通して，口話と手話について考えさせる取り組み

「手話禁止＝差別」と単純にとらえる生徒が見られますが，マンガ『わが指のオーケストラ』（山本，1991-1993）の一部を用いて，「西川吉之助は，娘はま子を差別しようと思って，手話を禁じたのか」と尋ねると，「父親は娘の幸

せを願っていた」と言います。そこで、「娘の幸せを願うなら、手話を禁じるほうがよいのか」と尋ねると、「それは違う」と言います。

　時代の流れというものがあり、親や教師としては子どもの幸せを願っていたことを理解してほしいと思います。さらに、「わが子が聴覚障害児ならどんな方法で育てるか」と尋ねると、「手話も口話も使いたい」「まず口話やキューで育てたい」「手話で育てたい」など、さまざまな意見が出されます。どの方法を選ぶかは各自の自由ですが、それを他人に押しつけるのは控えたほうがいいでしょう。生徒には「大切なのは、家族の団らんや日本語の力の獲得、情報保障だから、その時どきで柔軟に軌道修正できたらいいと思う」と伝えています。

3 ‥‥‥ 京都校高等部生徒に見られる3つの傾向と言動の例

　筆者としては、障害認識に関して、以下の3つの傾向があると感じています。

　　傾向1　健聴者の世界に傾倒（自分の障害を隠す）→以前多かった
　　傾向2　聾者の世界に傾倒→一時期多く見られた
　　傾向3　アイデンティティが希薄（自分の「限界」が見えない）→最近多く
　　　　　見られる

　それぞれの傾向について、以下、具体的に見ていきます。

(1)「傾向1　健聴者の世界に傾倒」をもつ人の言動の例

- 「自分は聞こえるから、手話は必要ない」「手話は、勉強が遅れている人が使うもの」などと言って、手話を拒否する。
- 聴者の学校に通う聴覚障害生徒が、聾学校に通う聴覚障害生徒を見下す。
- 補聴器を他人の目にふれないようにする（髪の毛で隠したりする）。
- （聾学校では手話を使うが）バスや電車の中で手話を使おうとしない。
- 「話はわかるか？」と聞かれて、限界を感じているのに、「わかる」と言う。
- 携帯型デジタル音楽プレイヤーなどを聾学校に持ってきて、音楽を楽しむ姿を友達に見せつける。

(2)「傾向2　聾者の世界に傾倒」をもつ人の言動の例

- 「手話を覚えないのは差別」「手話を覚えないほうが悪い」と言う。
- （手話をがんばって覚えようとしていた）新任の先生に対して「おまえの手話が上手になるまで、授業は受けない」と言い、授業中マンガを読む。

- 「ここは,障害児のための学校だから,マラソンの距離をもっと短くすべき。それをしない体育の先生は,私たちを差別している」と主張する。
- 「聾者としての誇りをもつなら,声は出さないもの」などと言い,声を出しながらの手話をする聴覚障害者に「あなたは,声を出すから,聾者ではない」と言う。
- 「(食器を置いたり椅子を引いたりする時の)音をなるべく立てないでほしい」と言った人に対して,「これが聾者のやり方。あなたは理解が足りない(差別している)」などと言う。

(3)「傾向3 アイデンティティが希薄」をもつ人の言動の例
- 「病院で名前を呼ばれたらわかるか」と尋ねたら,「母が一緒だから困らない」と言う。
- 「補聴器をつけたら,人の話はわかるか」と聞かれると,「全部わかる」と答える(実際には,かなり聞き落としていることに対する認識がない)。

　筆者が聾学校に着任した頃は,傾向1の生徒がかなり見られ,聾学校中学部から来た生徒と他校から来た生徒の間に「対立」が見られた時もありました。後者の生徒が手話を使おうとしないので,会話が成立しないのです。そこで,高等部では,「1対1では口話だけで会話が可能な生徒であっても,集団成立のために手話を覚えるよう勧める」ことになりました。

　その後,保護者の間で手話に否定的な雰囲気が薄らぐとともに,傾向1が見られる生徒は激減しました。その一方で,傾向2が強く見られた学年があり,傾向2が強く見られた頃,問題行動が多発しました。最近は,重複障害のある生徒の増加も重なり,傾向3が見られる生徒が増えているように感じます。「聴覚障害ゆえに困ったことはないか」と尋ねると,最近は「ない」「私,聞こえるもの」などの反応が多く返ってきます。そこで,いろいろな例を示すと,「その経験,ある」と言うのです。「それを言えばいいのよ」と言うと,「なるほど,それが不便と感じる場面なのか」と初めて気づく生徒も見られます。その一方で,お湯が沸騰したことに気づかない場面などを見せても,「お湯を沸かしたことがない」と言う生徒が見られます。

　筆者としては,「あなたは障害認識が足りない」と教師が生徒に直接言うような指導や,教師の思いを一方的に語るような授業はなるべく控え,友達との

意見交流の中で考えさせるようにしたいと考えています。

　ある生徒は，入学時は「困ったことはない」と言い切っていました（人工内耳を装用しており，1対1では手話がなくても会話は成立していました）が，高校3年生になると，「こんなものがあったらいいな」を考える授業の中で，「通訳ロボット」の絵を描いていました。それで，理由を尋ねると，「やっぱり手話もあるほうがわかりやすいし，リラックスできるから。だけど，人に通訳してもらうのが長くなると，気を遣うから」と語っていました。

4 ……京都校高等部生徒に見られる3つの傾向と自立活動の取り組みの例
(1) 傾向1の生徒のための取り組みの例

　傾向1が激減しているので，以下のような取り組みも最近はほとんど行われていません。

　①まず，手話も声もなしで口だけを動かして読んで，(a) と (b) を聞き（読み）取らせます。

　　(a)「今日は暑いので，アイスクリームが食べたい」
　　(b)「昨日（さくじつ）の選挙では女性候補者が多数当選した」

　(a) は，5〜8割の生徒が理解しますが，(b) は，ほとんどの生徒が理解できません。

　次に，声だけをつけて読みます。受聴明瞭度が95％以上のある生徒は，「声がつくならわかる」と言いましたが，(a) は理解できたものの，(b) は理解できませんでした。

　最後に，声も手話もつけて読むと，両方とも，大半の生徒が理解できました（「候補者」などのことばを知らない生徒は，理解できませんが）。受聴明瞭度95％以上の生徒は，当時入学したばかりで，手話をほとんど知らなかったにもかかわらず，手話がつくと，(b) も理解できていました。それで，本人は，それ以降熱心に手話を覚え始めました。

　②「手話を覚えると，口話の力が落ちると思うか」と尋ね，「思う」は右側に，「思わない」は左側に，「わからない」は真ん中に座らせる。そして，そう思う理由を交流させ，意見が変わったら，席の移動を認める。

　「手話を覚えると，発音が下手になる」と言う生徒がいる一方で，「発音が下

手になったとしても，私は手話を覚えて人と話す楽しさを知った」と言う生徒もいます。教師としては，成人以降の失聴者で，発音の明瞭度を落とさないように気をつけても，フィードバックが難しいので，長い年月の間に発音が少しずつ不明瞭になる人が見られることを紹介します。

「最近話がわからないことが多くなった」と言う生徒もいれば，「それは，話の内容が難しくなったからではないか」と言う生徒もいます。これについては，①の取り組みを通して，（b）のような文章が加齢に伴って多くなり，難しいことばが多いので，読み取りや聞き取りが難しくなるのは当たり前のことであることを，改めて実感させます。

(2) 傾向2の生徒のための取り組みの例

傾向2の生徒が多く見られる学年であっても，すべての生徒がそうではないので，いろいろな寸劇を行い，意見交流させます。京都校高等部では，自立活動は，学年別に行われ，3名の教員が各学年に入ることが原則となっています。寸劇を行う時は，3名の教員が，「聴覚障害のある会社員」「部長」「聴者の同僚」などと書いた紙を首にぶらさげ，劇を行います。登場人物が多い時は，首にぶらさげる紙を取り替えて一人二役をします。普段着のままで劇を行いますが，小道具はできる範囲で用意します。寸劇の内容については，後述します。

(3) 傾向3の生徒のための取り組みの例

「聴覚障害ゆえに困ったことはない」と言う生徒が多い学年では，第2章に掲載したイラストを見せます。「ひとりで病院へ行った経験がない」などと言う生徒には，「ひとりで通院する経験をさせてください」などと，家庭の協力を求めることがあります。

5 ……自立活動の取り組み内容に思うこと

自立活動は，単なる日本語学習や聴覚学習，手話学習だけで終わってはいけないと思います。つまり，書記日本語や音声言語・手話を活用する行動様式だけでなく，それらの限界を考慮に入れた行動様式の指導も必要と考えます。

自立活動の指導内容に全校的な一貫性をもたせるためには，日本語学習や聴覚学習，手話学習と密接に関連することから，口話法や手話法に対する評価（「効果」や「限界」のとらえ方）や，日本手話と対応手話に対する考え方などに関

する全校的な一貫性が不可欠ということになるでしょう。

　企業などから「聴覚障害者は，わからないことを恥ずかしがらない。悪びれずに『知らない』と言う。失敗しても『知らなかった』と言うだけで真剣に謝罪しないので，周囲から批判的に見られることがある」と聞いたことがありますが，聾学校では「わからないことは恥ずかしいことではない」という言い方がよく聞かれることと関係するかもしれません。他にも「上下関係をわきまえず，ため口をきく聴覚障害者が多い」「周囲の状況を考えずに遅刻や欠勤をする」「大きな失敗をしても，軽く『すみません』ですませる」「筆談しようとしたら，不機嫌な顔をされた」「筆談しても内容が理解されない」「本人に望む配慮事項を尋ねてもはっきりした返事がない」などと聞く一方で，聴覚障害者からは「筆談をお願いしたら，いやな顔をされたり，文章のまちがいを笑われたりした」「手話通訳を頼んでも，配置されない」「職場で自分の障害を説明しても，すぐに人が変わる」などと聞きます。

　聾学校や聴覚言語障害センターとしては，企業に対する聴覚障害者の日本語習得の困難さに関する理解の啓発，手話通訳派遣制度のさらなる充実，生涯学習の機会の保障を図るとともに，本人には自分の障害や望む配慮事項を伝える力を身につけてほしいと思います。例えば，入社時に「自己紹介と期待する配慮事項」というようなチラシを渡すことは，人の入れ替わりが激しく余裕があまりない職場の場合などに有効だと思います。そこでは，下記のようなことが書かれていると，よりわかりやすいでしょう。

- 自分の障害の程度（単に何dB，何級と言うだけでなく，もっと具体的に）
- どんな音節が特に聞き取りにくいか（「イ・シ・ヒ」が混同しやすい，など）
- 補聴器はどこまで効果的か（ことばとして聞き取れない，など）
- 声の質によって聞きやすさが変わる場合，どんな声が聞きやすいか（高音部が聞こえにくいので，女性の声が聞き取りにくいことがある，など）
- 場所によって理解しやすさが変わる場合，どんな位置や席が理解しやすいか（聴覚障害者の目の前に来て口を少し大きく動かして話す，右耳の聴力が良いので右側で話す，前から2番目で窓寄りの席が良い，など）
- どんな状況の時なら電話ができるのか（家族と電話しているのを見て「職場でも電話に出てほしい」と言われる例がよくあるが，電話での聞きまち

がいがトラブルに発展し,職場にいづらくなって退社した例があるという)
- どんな言い方が理解しやすいか(「ベンチ」が通じなかったら「座る/ベンチ」などと別のことばを付け加える,身振りや表情をつける,など)
- 会話でどうしても理解できなかった時,どんな方法を望むか
- 筆談ならどんな内容でも理解できるか(文章のまちがいを笑われた例があるので,自分から先に「自分は文章のまちがいが多いが,努力するので,ご指導をよろしくお願いします」と言うほうがよいかもしれない)
- その他,仲良くしたいという気持ちが伝わるようなメッセージ(「自分はスポーツが好きなので,スポーツをする時は誘ってください」など)

4節 「マンガ(学校場面)」を通して問題解決能力を高める取り組み

　自分の障害とその「限界」をありのままに認識し,適切な方法で周囲の人に説明する力を育てるために,京都校高等部の自立活動では,学年の実態などに応じて,寸劇に取り組んできました。しかし,この寸劇は,教師の事前の打ち合わせや練習が必要です。そこで,2008年度に,京都精華大学の学生の協力を得てストーリーマンガを作成しました。
　ここで紹介する「ストーリーマンガ」は,下記のように,いろいろな生徒に対して使えると思います。
　①聾学校の生徒に対して(自立活動の時間,職場実習の事前指導などの中で)
　②地域校にいる聴覚障害のある生徒に対して(通級指導などの中で)
　③(聴覚障害児が在籍している)地域校で,聴覚障害のない生徒に対して
　④(聴覚障害児が在籍していない)地域校で,聴覚障害のない生徒に対して
　その際,聴覚障害児本人の障害認識の状態もふまえたうえで,どのように扱うかを検討してほしいと思います。聴覚障害児の中には,「特別扱いされたくない」「話題にされたくない」と抵抗する例が時どき見られるからです。もちろん保護者との共通理解も必要でしょう。
　以下に,寸劇ないしストーリーマンガの例と,そのねらいを示します。

(1) 補聴器

通常めがねをかけると，視力が良い人と同じように見えますが，補聴器の場合は，補聴器をつけたからといって，聴力が良い人と同じように聞こえるようになるわけではありません。

自立活動の時間に「マンガ」のプリントを配布し，最後のふきだしのところに自分の説明の文章を記入させ，その後，自分が記入した内容を発表させます。

「私は難聴だから，補聴器をつけると，ほとんどわかりますが，『い』と『し』を聞きまちがえたりすることがあるので，大切なことは紙に書いてほしいです」
「私は，音がしたかどうかはわかっても，声としてはわかりません。それと，高い音は聞こえないことが多いです」などと，聴覚障害児には，自分の聞こえの状況に応じて適切に説明できるようになってほしいと思います。

ある生徒は，「はい，全部わかります」と記入していましたが，友達に「君は，僕と同じで，補聴器だけで全部わかるわけではないのに，そんな言い方をすると，今後もずっと全部わかると誤解されて，かえって苦しくなるよ」と指摘されていました。その生徒は，友達の発表を見て，「なるほど，そういうふうに説明すればよいのか」とうなずいていました。

聴覚障害者A子　　友達

耳にかけているの、何？

補聴器といって、音や声を大きくしてくれる機械よ

それをつけると、人の話は全部わかるの？

あなたがA子なら、どう説明しますか？

218

第11章　障害認識のためのいろいろな取り組み

（2）1対1の会話と授業の違い

　1対1での会話ができても，集団での会話が難しい聴覚障害者が多いです。筆者も，母とは，1対1ならほぼ全部読み取れますが，その母が父や兄と話している時は，そばで目を凝らしても10％もわかりませんでした。「今，何を話しているの？」と尋ねても，「あとで」と言われ，しばらく待って再度尋ねると，「忘れた」と言われたこともありました。保護者の中にも，自分との（1対1での）会話がスムーズにできるから，子どもが集団の中にいても大丈夫だろうと思っている人がいるかもしれません。授業の場合は，専門用語が多く出てくるので，読話や聞き取りがさらに難しくなります。筆者は，大学入学後，中学・高校の6年間仲良くしていた友人に「中高の時，授業がほとんどわからず，苦しかった」と言うと，「私とはスムーズに話せるじゃないの！？」と驚かれたので，「1対1と授業は全然違う」と言うと，「なんでもっと早く言ってくれなかったの？　ノートを詳しくとってあげたのに」と言われました。それで，筆者は，「自分の障害の状況を説明するのが下手だった」と反省しました。

　聴覚障害児には，1対1での会話と集団での会話は異なることを説明できる力を身につけてほしいと思います。

(3)「もう一回言って」

　聴覚活用と読話のいずれであっても，相手の話がわからない場面がよくありますが，「もう一回言って」と頼んだら，「もういいわ」などと言われ，傷ついたと述べる聴覚障害者が多いです。

　筆者は，ある先生から「わからない時は『わからない』と言いなさい」と言われ，ある時「わからない」と言うと，「なんでわからないのか」と叱られ，「不条理だ」と思った経験があります。

　ある生徒が，「手話が読み取れず聞き返した聴者に『一回でわかって！』と言った聴覚障害者がいるが，それは，話が理解できず聞き返した聴覚障害者に『一回でわかって！』と言うのと同じだと思う」と，筆者に語ったことがあります。

　高等部では，わからない時は聞き直すよう指導していますが，「もう一回言ってください」と何回も言うのではなく，2，3回目は「やっぱりわからなかったので，紙に書いてください」などと方法を変えるほうがよいこと，「わからない」と言うだけではなく，どの部分がわからなかったのかを伝えるほうがよいことを話しています。「駅前に何時に集合ですか」などと，尋ねたいところがどこかを的確に伝える力を身につけさせるにも，かなりのトレーニングが必要です。

220

（4）教室での座席

特に小学校高学年から中学にかけて，他人が自分と異なる扱いを受けることに敏感になる傾向があるように思います。

席を前にしてもらうなどの「配慮」について，聴覚障害児本人が自分の口から他生徒に「お願い」するのと，教師や親が本人の代弁をして「指示」するのとでは，他生徒の反応が全く違ってくることがあります。筆者は，特に中学校以降は，教師はあまり代弁せず，本人が自分の口から言い出せないなら，他生徒と同じように席のくじを引いたりするほうがよいと考えています。

筆者は，中学生の時，座席を前のほうにしてもらっていましたが，友人から「えこひいき」と言われ，「座席とLL以外は，私は特別扱いを要求しないでいるのに」と悲しく思った経験があります。その時，別の友人が「席を前のほうにしてもらって良い成績が取れるなら，私も前のほうにしてもらうわ！」と言ってくれたことがうれしかったです。そして，高校の時から，皆と同じようにくじを引くと決めました。「授業の読話は難しくて，とても疲れる。それより，自分で教科書を読むほうが，ずっと勉強になる。『えこひいき』と言われるのもいやだし」と思ったからです。

(5) 音楽の時間

インテグレーション（第6章の7節1を参照）先の学校で歌う時は，「口ぱく」（声を出さないで，口だけを動かすこと）で歌った，と語る聴覚障害者が多く見られます。

筆者も，インテグレーションした時は，「口ぱく」でした。ただ，筆者の場合は，「口ぱく」であることを悟られないように努力し，幸か不幸か「あなた，声を出さずに歌っているね」と友達から指摘されたことはありませんでした。しかし，1人ずつ歌のテストをすると予告された時は，家で母に見てもらいながら練習し，テストでは，精一杯歌いました。その時，笑う人はおらず，むしろ拍手を受けたことを覚えています。

また，グループでいろいろな楽器を演奏するというテストがあった時，筆者は，友達に「私にもできる楽器を考えてくれる？」「トライアングルをたたくタイミングがわからないから，目で合図してね」と頼んだのですが，音楽が上手な友達の足を引っ張っているような気がしました。そんな経験から，音楽の先生から「音楽の苦手な聴覚障害児が混じっていることで，そのグループに対する評価が下がることはない」と前もって話すなどの配慮が望まれます。

音楽鑑賞では，地域校の場合，他生徒

が曲を鑑賞している間，その作家の伝記を読んで感想を書かせるなどの配慮が必要だと思います。

なお，みんなで歌う時，今の筆者ならどうするかと聞かれたら，「堂々と声を出して歌う」とはまだ言いにくいです。「ハーモニー」を乱すからです。でも，1人だけの歌唱テストなら，声を出して歌えると思います。歌唱テストの時「別室で歌わせる」という配慮が書かれていた本がありましたが，筆者としては，「1人で歌うのなら，堂々と歌ってほしい。もし笑う友達がいたら，それを他の生徒や先生が注意するという雰囲気がほしい」と思います。

筆者は，音楽のドレミや歌詞がなかなか覚えられず悩んだことがあります。他の人は校歌を「久しぶりだわ」と言いながら歌い始めると正確に思い出せる人が多いのに，筆者はかなり忘れてしまっており，「やっぱり音楽に関することは私の血肉になっていなかった」と苦笑させられました。第9章の4節1(1)も参照してください。

音楽の評価に関して，聴児と同様の基準で評価すると，聴覚障害児には不利になるでしょう。「正しいリズムや音程で歌える」を「リズムや音程を意識して歌おうとする」(正しいリズムや音程でなくても，リズムや音程を区別しようとする意識があればそれでよい) に変えるなどの配慮がほしいと思います。

なお，人工内耳を装用した生徒に対して，「発音もきれいだし，リズムも正確にとれるから，聞こえているはず。だから，音程も，努力すれば正確にとれるはず」と思う人が時どき見られるようです。ですが，実際は，人工内耳の手術をしても，音程の微妙な違いまで正確に脳に届くようになるわけではないので，音楽の音程を正しくとって歌うことは難しい生徒が多く見られます。その場合には，音楽における評価も，音程が聞き分けられないことを加味したものにする必要があると思います。

(6) スペリングテスト その1

英語は，母音が多いこともあり，読話がさらに困難です。

聾学校では，スペリングテストの時，「①ドッグ，②キャット」のように書いたり指文字で表したりしてテストしてくれますが，聴者の学校では，先生が英語で読み上げ，生徒は「① dog 犬，② cat ネコ」のように書くというテスト形式がよくあります。

筆者も，インテグレーションした時，スペリングテストに苦労しました。筆者は，教科書の下に出てくる新出単語を，出てくる順番やどのページに載っているのかまで覚え，テストの時は，必死で先生の口を見つめました。脳裏に2〜4つの単語を思い浮かべて待機し，先生の口の動きを見て，その動きに合う単語を探し，それを書きました。先生がページをめくると，そのページには何の単語があったかを思い浮かべて待機しました。この方法で，何とかだいたい切り抜けられましたが，まちがえた例として，今でも覚えているのは「cheek」と「Greece」でした。口の動きが似ており，順番が近かったので，どちらかわからなかったのです。今から考えると，「おかしな努力」でしたが，難聴学級の先生や親から「特別扱いを要求してはいけない」と言われていたので，そうするしかないと思い込んでいたのです。

　幸い，この「おかしな努力」は，中学1年生の1年間だけで終わりました。筆者の通っていた中学・高校は，英語だけ中学2年生から習熟度別に授業が行われていました。筆者は，先輩から「上位のクラスは，皆自主的に覚えてくるから，中1の時のようなスペリングテストはないよ」と聞き，スペリングテストから逃れるために，上位のクラスに入れるよう

必死で勉強しました。

なお，英語検定やセンター試験，高校入試などにおけるリスニングについて，聴覚障害者に対して配慮するところが増えてきています。

(7) スペリングテスト その2

現在の筆者なら，「私は聞こえないので発音記号を紙に書いてください」とお願いできますが，友達からえこひいきと言われるおそれは残ると思います。

聴覚障害ゆえの限界を詳しく説明しても，えこひいきと思う人がなくなることはないと思いますが，それでもなお，聴覚障害ゆえの限界を説明する努力は続けるべきだと思います。この時，「聞こえないからこれはできない」という範囲を広げすぎたり誤ったりすると，逆に聴者の反感を買うおそれがあるので，「聞こえないからこれはできないけど，これならできる」のように言うよう心がけたほうがよい，と筆者は生徒たちに話しています。

以下は余談ですが，筆者の中学2年生の時の英語の先生はアメリカ人で，日本語は上手でしたが，口形を見ると日本人の口形と微妙に異なっていて，読話が難しかったです。英語の日記を毎週書かされましたが，これは聴覚障害と関係ないので，筆者にとってはありがたかったです。少しでも口が見られるよう，教科書の問題はあらかじめ解いておき，その答えの紙を教科書にはさんでおきました。そして，なるべく主要な英文は暗記し，先生の口を見る時間が長くとれるよう工夫しました。ある日，「長文のストーリーの中から1つの文章を読むので，それを紙に書き，日本語訳を書く」というテストを予告されました。筆者は，悩んだ末，その長文のストーリーを全文暗記しました。そして，テストの時は，先生の口を必死で見つめ，ある1つの単語（それは，ストーリーの中で1回しか出てこない単語でした）を読み取るや否や，その単語を含む文章を書き上げました。その数日後，LLの時間（筆者はレシーバーから英語を聞き取ることができないことを，母や小学校の先生から中学校に前もって伝えられていました。そこで，LLの時間は，筆者は別室でリスニングで使う英文を制限時間内に読み，その後質問に答えるというテストを受けました）の時に，筆者は先生に「前の長文ストーリーから1つの文章を聞き取るテストは，しんどかった。こんな方法で切り抜けた」と話しました。すると，LLの先生は「あなた，あの長い文章を覚えたの?!」と，びっくりしたように筆者を見ました。

人の話が十分に聞き取りにくい聴覚障害者G子

理解のある友達

英語の時間

明日、スペリングテストをします　教科書の10〜12ページの下にある新出単語の中から出します

テスト問題を見て書き始めるG子

さあ！スペリングテストを始めますよ！

1問目、ドッグ

2問目、キャット

テスト問題

放課後

職員室

○○先生おられますか?

私は耳が聞こえないので、「ブック」のようにカタカナで読みを書いた紙で、テストをしていただけませんか?

はい　わかりました

休み時間

問題を紙に書いてもらえて良かった！私に不利にならないわ

さっきのテストG子だけ何か紙をもらっていたわね

えこひいきだわ

……

理解のある友達　喜んでいるG子

翌日

ありがとうございます

これがテスト問題ですよ

あなたがG子ならどうしますか?

あなたが理解のある友達ならどうしますか?

226

その後，そのようなテストがなくなったので，もしかすると，その話がLLの先生から英語の先生に伝えられたのかもしれません。筆者は，また同じようなテストがあったらいやだなぁとびくびくしていたのですが。

(8) いろいろな場面で「あなたならどうする？」

「日常生活の中で遭遇する場面」のイラスト集（第2章参照）の中から，学校生活場面と関連するものをいくつか選び出し，聴覚障害のある生徒には「あなたならどうする？」と尋ねます。聴覚障害のない生徒にも，「あなたが友達なら，どうする？」と尋ねてみるとよいでしょう。

①**ハウリングに気づかない**（本書14ページ参照）

補聴器がぴったりはまっていないと鳴る「ピーピー」は高音なので，気づかない聴覚障害者が時どき見られます。こういう場面に遭遇したら，周囲の人は「ピーピー鳴っているよ」と教えてあげてほしいです。たいていの聴覚障害児は，耳型をはめ直したりして，音を止めることができるでしょう。

②**ホイッスルに気づかない**（本書14ページ参照）

ホイッスルの音も高音なので，聞き取れない聴覚障害児がよく見られます。このような場面に遭遇したら，コートの外にいる人が手を上げて合図するなどの方法が考えられるでしょう。

③**「い」と「し」などが聞き分けにくい**（本書15ページ参照）

特にサ行の音が聞き取りにくい聴覚障害児が多く見られます。また，「に」と「し」，「いち」と「しち」，「きゅう」と「じゅう」は，口形が似ているので，読唇が難しいです。そこで，「4」は「よん」，「7」は「なな」，「9」は「く」と言うようにする，数字のところでは身振りや指数字（同級生にも覚えてもらう）を使う，などの方法が考えられるでしょう。

④**集団での会話に入れない**（本書19ページ参照）

学級会活動やHRでは，誰が発言しているのかをはっきりさせる，一人ひとりが聴覚障害児のほうを向いて発言する，係の人や教師が発言の内容を板書したりノートに書いたりする，などの方法が考えられるでしょう。

筆者は，中学・高校の時，昼食（お弁当）の間も少しでも友達の口が見られるよう，おはしでつまみやすいおかずやおむすびにしてほしいと，母に頼んだものでした。

⑤「呼んだのに無視された」と誤解される（本書20ページ参照）

　いつ呼ばれるかもと意識的に構えていたり，ごく背後から呼ばれた場合は，自分の名前が呼ばれたとわかっても，何メートルか離れていたり，ぼーっとしていたりすると，呼ばれても気づかない例がかなり見られます。学校の外で後ろから呼んでも反応がない時，「（教室では）後ろから呼ぶとすぐに気づくのに」と思い，「あいつ，無視している」と誤解する例が見られます。

　このイラストを京都校高等部の生徒に見せると，地域の中学校から来た生徒が，「私も，突然『無視するな』と友達から怒られたことがある」と言って，しばらくの間考え込んでいました。そして，「私は，すぐ近くから呼ばれるとわかるから，余計に誤解されたのかもしれない。『私は考え事をしたりすると，気づきにくいことがあるから，近くまで来て呼んでね』と日頃から説明すればよかったのかな」というようなことを語ったことがあります。

⑥すぐそばで悪口を言われる（本書21ページ参照）

　「聞こえないから」と思って，本人のすぐそばで悪口を言うのは「マナー違反」であり，非常に傷つくことを知ってほしいと思います。

　これは，聴覚障害児の補聴器を隠す行為と似ているでしょう。筆者の子どもが幼い頃，筆者の補聴器を隠す「事件」が起きました。その時，筆者は，「白杖が必要な盲人の白杖を隠すようなもの」と言って叱りました。

⑦冗談がわからないが，笑うふりをする（本書19ページ参照）

　筆者の場合，友達に「何がおかしいの？」と尋ねると，教えてくれました。筆者は，声がなくてもある程度読話できるので，友達に「授業中は声を出さずに，口だけで説明してね」と頼み，時どき説明してもらいました。

⑧図と先生の口が同時に見られない（本書20ページ参照）

　これは，教科担当の先生による配慮が望まれます。図を大きくしたものを黒板に貼り，それを使いながら説明するような手立てがほしいです。また，隣席の友達は，聴覚障害児がまごまごしていると，教科書のどの図を見ればよいかを指し示してあげることも可能でしょう。

　筆者の場合，手話通訳を見ながらノートをとることが難しいので，友達のノートをあとでコピーさせてもらうことを頼み，自分は手話通訳の読み取りに専念したことがありました。

⑦や⑧は，地域校にいる聴覚障害児に対する情報保障をどう考えるかという問題と密接に関わってきます。学校の外部からノートテーカーや手話通訳者を配置する場合，友達や教師と聴覚障害児の間の距離を拡大する（縮まらないままにする）可能性もあるでしょう。あるいは，情報保障を求めすぎて，「そんなに言うなら，聾学校へ行ったらどうですか」と言われるケースが出てくるかもしれません。

5節 「マンガ（会社場面）」を通して問題解決能力を高める取り組み

　京都校では，最近は，高等部を卒業してすぐに就職する生徒の比率は減ってきたように思いますが，それでも社会に出る直前であることに変わりはありません。聾学校では，聴覚障害者に慣れている大人が多数いますが，職場では，聴覚障害者に慣れていない人もおり，聴覚障害者の立ち居振る舞いが聴者のひんしゅくを買ったり誤解されたりして，人間関係がうまく築けない可能性があります。京都校高等部では，高校1年生からインターンシップないし職場実習をすることになっているので，会社場面を想定して，「この人はどうすればよかったのかな」などと問いかけ，意見交流をさせてきました。この取り組みを通して，職場で聴者との人間関係が少しでも上手につくれるようになってほしいと思います。

　以下に，寸劇の例を，ストーリーマンガを交えながら紹介します。

(1) 香典返し

　このストーリーマンガは，「香典返し」の意味を知らず，自分に配られなかったことを「差別」と言って怒った聴覚障害者の話です。これを通して，感情的になって怒る前に，誰かに聞いてみることの大切さ，職場で相談できる人をつくる大切さを伝えたいです。

　自立活動で寸劇を行い，意見や感想を交流させると，「すぐに怒ったらだめ」「差別だと思っても，伝え方を考えるべき」「誰かに相談したらよかった」などの意見が出ました。そこで，「相談したらどうなるかをやってみよう」と言って，次のような寸劇を行いました。

※ この作品は漫画ページのため、テキストのみ抽出します。

コマ1（会社の朝礼で）
- 聴覚障害のある会社員Hさん
- 聴覚障害のないまとめ役の先輩Sさん
- 父親が亡くなったSさん

部長：「みなさんおはよう Sさんのお父様が亡くなられました 葬儀の場所は実家のある北海道です」
「北海道？」「遠いわ」

コマ2
先輩：「北海道は遠いから、お葬式は行けませんが、お香典を送りたいと思います 出されますか？」
Hさん：「はい 出させていただきます よろしくお願いします」

コマ3
先輩：「あなたはお香典をどうしますか？」
「お・こ・う・で・ん」
「お、あ、お葬式ね」
「お・そ・う・し・き…？」
Hさん：「あ、私はいいです」

コマ4（後日）
Sさん：「先日はお香典をありがとうございました」
「香典返し」

コマ5
Hさん：「Sさんはみんなに配っているのに、なぜ私にはくれないんだろう？」
「元々Sさんとはあまり仲が良くない…」

コマ6
Hさん：「Sさん！なぜ私にだけ配らないの!?」
Sさん：「私のことがきらいだからでしょう？……」
「いや、あれは香典返しで……」
「私が聞こえないからといって差別しないでよ！」
「いや、そんなつもりは…」
「「香典返し」を知らない」

どう思いますか？
この聴覚障害のあるHさんはどうすればよかったのでしょう？

聴覚障害者の会社員：「さっき，Ｓさんがみんなに何かを配っていたのですが，私にだけ配ってくれませんでした。仲間はずれにされて悔しいです」

相談相手：「ああ，あれは香典返しなのよ」

聴覚障害者の会社員：「え，それ，何ですか？」

相談相手：(「香典返し」と書く)「知らなかったの？　Ｓさんのお父さんが亡くなられた時，まとめ役の○○さんが，『お香典をどうしますか？』と聞きに来なかった？」

聴覚障害者の会社員：「ああ，あれですか。『お葬式に行きますか？』と尋ねられたと思ったので，『行かない』と答えました」

相談相手：「それよ。あなたがお香典を出さなかったから，Ｓさんは香典返しを配らなかったわけ。私が『みんなお香典を出しているから，あなたも出したほうがいいよ』と教えてあげたらよかったわね。これからはそうするね」

聴覚障害者の会社員：「はい，よろしくお願いします」

　そして，「もし本当に差別的なことをされたのなら，その相談相手がどうしたらいいかを一緒に考えてくれると思うよ」とも，生徒に伝えておきます。

　詐欺にあう聴覚障害者の話をよく聞きますが，コミュニケーションの問題もあり，相談しづらいことが問題や事件の発覚を遅らせることがあります。

　京都校高等部で，「地域校にいた時，友人関係で悩んで母や先生に言っても，『あなたに(も)悪いところがあるからとちがう？』と言われ，悲しかった」と言った生徒がおり，その場にいた他の生徒や筆者も同感して話が盛り上がったことがあります。筆者も，中学・高校の時，周囲の「大人」や「良識ある人」は，「相手と仲良くしなさい」「あなたにも落ち度があるのではないか」などと言うものと思い，心を閉ざしたことがありました。地域校にいる聴覚障害児にとって，自分の悩みや悲しみを語り，「同じ経験をした」と言ってくれる同障者の存在が必要だと改めて感じました。具体的な解決方法が見つからなくても，そのような人の存在は大きいと思います。筆者もある相談室で相談した時，「自分はこれでいいんだ」と感じられる一言のありがたみを痛感しました。

(2) 指示待ち

「指示待ち人間」やわからない時に誰かに質問することができない例，失敗した時に先生や上司に報告ができない例は，聾学校だけでなく，一般校，一般の会社でも見られるようです。

ストーリーマンガに取り上げたような内容の寸劇を行った後，生徒に尋ねたら，多くの生徒が「言われなくても手伝うべき」と答えていましたが，「その通りだけど，あなた，ふだんから実行できている？」と言いたくなる生徒もいたのには，苦笑させられました。

ある生徒が，「でも，本当に急いで書類を作る必要がある時はどうすればいいのか？」と尋ねてきたので，以下のような寸劇を行い，皆が忙しい時は手伝おうとする姿勢を日頃から見せていれば，ストーリーマンガにあるような言い方はされないだろうということを伝えました。

『聴覚障害者の会社員が先輩に「部長からこの書類を早く作るように言われましたが，私も手伝ったほうがいいですか」と尋ね，「その書類，早く作る必要があるんでしょ。私たちだけでやるから，あなたは仕事を続けていてね」と言われたので，安心して書類作成に専念できた』

（3）マナーやことば遣い

　机をたたいて呼ぶことは，聾者どうしではよくありますが，その行為は，聴者から「マナー違反」とみなされる場合があることを，社会に出る前に知らせておきたいと思います。

　聾者に多い言動として何があるかを，生徒に尋ねてみました。聾者だけに多い言動と聴者にも見られる言動の区別は難しいので，教師としては，否定も肯定もしないようにします。

　以下に，あげられた例を記します。

- 机をとんとんたたいたり地面をふみ鳴らしたり，相手の目の前で手をひらひらさせたり，からだをたたいたりして，相手を呼ぶ。
- 相手を指差したりする。
- 遠慮のない直接的な言い方をよく使う。ため口をきく。
- 白か黒かをはっきりさせようとする。
- 椅子を音を立てながら引く。
- 食器を置く時，音を立てる。
- 鼻をかむ時，周囲の人を気にしないで，堂々と音を立ててかむ。
- 口に手を当てないで，あくびやくしゃみをする。

　さらに，「本当に聾者に多いかはわ

からないけれども，これらの中で，聴者の多い場でするのは良くないもの，聴覚障害ゆえに必要なものはどれだと思うか」と尋ねてみます。聴覚障害の有無による行動様式の違いは確かにありますが，場面や相手を考えて使い分ける必要があることを伝えたいと思います。

　自分がどんな方法で呼ばれたいかは人によって異なり，それを日頃から周囲の人に伝える必要があります。特に異性どうしではからだにふれることは慎んだほうがよいこと，聴者は声で呼ばれたいと思っている人が多く，机をとんとんたたいたり，からだにふれられたりすると驚くことがあること，などを紹介します。

　さらに，同じ聴者でも，日本人はアメリカ人などと比べて，直接的な言い方を避け，婉曲な言い方が多いことを紹介します。そして，（日本では）「あなた，まちがっている」などと同僚や上司に向かって言うことを避け，相手のミスであると確信していても，「私の思いちがいかもしれませんが」などと，やわらかい言い方をすることが多いことを伝えます。「こんなミス，これからしないでください」という言い方は（特に上司に対しては）控え，言い方を工夫する必要があることも伝えます。

　直接的な言い方と間接的な言い方について，聴児の場合は，両方とも耳に入るので，それぞれがどのような場面で使われているかをしだいに理解していきます。しかし，聴覚障害児の場合は，親や先生から直接言われることしか経験していないので，直接的な言い方しか知らない例が多いように思います。帰国子女が，日本の学校ではっきりした物言いをするので，いじめられたり仲間はずれにされたりすることがあると聞きますが，それと共通するように思います。

　以下に，「聞こえない子をもつ親のページ」の掲示板に載っていた文章（2008年7月18日）をもとに，筆者が改変したものを紹介します。

　　職場の聴覚障害者との接し方に悩んでいる者です。
　　その人は耳が聞こえません。読唇ができるので，こちらがはっきりゆっくりしゃべれば理解できます。本人の発音は，不明瞭です。仕事は，作業労働が中心なので，充分こなせていますが，私は，その人の礼儀作法が気になります。
　　その人は，敬語（丁寧語）を使いません。こちらが「お疲れ様です」と言っても，「お疲れ様ー」としか返ってきません。先輩たちがまだ仕事をしているのに，「お

疲れ様ー」と言って帰ります。「お疲れ様です。お先に失礼します」と他の社員は言っていますが，その人は他の人のやり方を見て覚える様子もありませんし，誰も教えないようです。聾学校から「助詞がうまく使えない」と聞きましたが，聾学校では敬語の必要性や使い方は教えないものでしょうか？　またその人は，ものを食べる時に口を開けたまま噛むので，クチャクチャという音がひどいです。聴覚障害があると，自分の口の中で鳴っている音がわからないのでしょうか？　他人にとってはその音が不快なことがわからないのでしょうか？

　私としては，社会人として生きて行くために，敬語や食事のマナーを少しでも身につけておいたほうがよいと思います。しかし，同僚や友人からは，「障害者に何か言って，いじめたとか言われたら，自分の立場が悪くなるから，放っておくほうがいい」と言われました。私は，その人とさほど親しくないので，傷つけない伝え方がわかりません。ご意見やアドバイスをお願いします。

　この投稿文は，聾学校の自立活動でも使えるでしょう。

　上記の投稿に対して，筆者なら，「聾者だからマナーが悪いのではなく，知らない，気づかない，教わったことがないだけのことが多いだろうと思う。今後のことを考えると，親身になって注意してあげてほしい。注意を受けて怒り出すような聾者なら，どこの職場でも長続きしないだろう」と答えるでしょう。

　聴者がいない場で食事をし続けることはほとんどないので，最低限のマナーは，周囲の大人（親や教員など）が日頃から指導する必要があるでしょう。筆者も，「スープは音を立てて飲まないように」などとよく注意されました。聴者がいる場でなるべく音を立てないように気をつける習慣は，一朝一夕には身につかないことが多いと感じています。

　「自分は敬語がうまく使えないから，社会に出るのが心配」と言う生徒がいますが，筆者は「敬語の勉強は必要だが，敬語が使えなくても，相手を敬う態度がきちんと出ていたら，それでいい場合も多いよ」と伝えています。

　他に，職場で同僚がお菓子を分けてくれた時，「私は，このお菓子が嫌いだから，いりません」と言う寸劇をしたことがあります。その時，「『私はこのお菓子が嫌いだから食べられない。だから，いらない』と本当のことを言って，何が悪いのか」と言うと，ほとんどの生徒から，「でも，はっきり断ったら，相手の気を悪くする。嫌いでも，『ありがとう』と言って，そっと持ち帰ればよい」という答えが返ってきました。

(4) 福祉

聾学校では，「障害者は全員，すべての乗車券を半額で買える。無料で医者に診てもらえる」「福祉制度はあって当たり前」「お金はどこからか湧き出てくるもの」と思っているように見受けられる生徒が時どき見られます。それで，自立活動の時間では，福祉制度にどんなものがあるかを学習させるだけではなく，何のために福祉制度があるのかを考えさせ，障害者の先輩や関係者のねばり強い運動によって福祉制度が充実してきたことを知らせる必要があると思います。また，福祉の恩恵をむやみに「自慢」してはいけないことを伝えたいと思います。

例えば，教室に補聴器用の新しい電池が落ちているのを見つけた教師が，「これ，誰の電池？」と尋ねると，ある生徒が「さあ。電池は，ただでいっぱいもらえるからいいの」と言いました（現在は，電池は個人で購入することになっていますが，当時は，福祉事務所に申請すると，交付されました）。その「事件」が起きてすぐに，同じ場面を教師が再現し，生徒に意見を求めたら，「その電池は，もともとは国民の税金から出ているのだから，大切に使うべき」などという意見が出ました。

(5) 遅刻

　大雪などで通勤時間が長くかかりそうとわかっている時は，それを考慮に入れて，早めに家を出たりする必要があることを伝えたいと思います。

　「～だから，仕方ない」というせりふが多いなと感じる人が時どき見られますが，本人は「仕方ない」と思っていても，周囲の人はそう思っていない場合があります。月曜日に「しんどかったので，遅刻しました」と言った人に対して，「週末に遊んで，それで『月曜日の朝しんどかったから』と言って遅刻するのはおかしい。こちらに余計な仕事が回ってきて，迷惑！」と苦々しく思っている人がいるかもしれません。

　また，有給休暇は「権利」ですが，職場の状況（例えば，クリスマス商戦真っ最中で皆残業している）を考えずに，休暇届を出して，職場のひんしゅくを買った例があるそうです。

　先に紹介した投稿にもありましたが，「お疲れ様です。お先に失礼します」と「お疲れ様ー」の違い，「迷惑をおかけしています」「いつもお世話になっています」などの一言の有無による心証の違いはかなり大きなものがあることを，聾学校にいる間に生徒に伝えておきたいです。

(6) 行き違い

　手話通訳にせよ筆談にせよ，行き違いはどこでも生まれるものです。聴覚障害のある人とない人のどちらも責めることができないケースも多くあります。仮に，手話通訳や筆談を買って出た人のほうに非があったとしても，一方的に責めるような態度を取れば，その人は，今後手話通訳や筆談をしようとしなくなるでしょう。

　筆者がどこかで聞いた話ですが，ある聾者が銀行でローンを組む時，手話通訳者が同席し，契約が成立しました。その後，聾者から「通帳を見たら，12月に多額のお金が引き落とされている。そんな話は聞いていない」という苦情が入ったのです。つまり，聾者は，ボーナスが出る月は，「ボーナス時払い」の金額だけ支払えばよいと思っていたのでした。通訳者は，「月払いは○円で，ボーナス時払いは○円でよろしいか」などと手話通訳しましたが，「月払い」や「ボーナス時払い」の意味を正確に理解しているかを確認しなかったようです。幸い，その聾者は説明を受け，それで納得したそうです。

　筆者は，この話を聞き，数学の授業で，「会社に就職した。月給15万円，ボーナスは6月と12月に出て，それぞれ30万円。では，この人の年収は

いくらか」という問題を出したことがあります。その時,「15 × 10 + 30 + 30 = 210 万円」と計算した生徒がおり,「6月と12月は,ボーナスだけがもらえる」と思っている生徒がいることがわかりました。この生徒は,「月給」や「ボーナス」の意味を知っているかを尋ねた時,うなずいていたのですが……。

このストーリーマンガにあるような行き違いを減らすためには,以下のことが必要であると考えます。

- 手話通訳者や筆記通訳者が,相手（聾者）の実態を考慮に入れながら通訳すること。
- 手話通訳者は,自分の通訳内容が相手に伝わったか不安な時は,通訳した後で,本人に確認すること。
- 聾者は,理解が曖昧なところをそのままにせず,自分のことばで言って確認すること。
- 話し手（自分の話を聾者に通訳者を介して伝えてもらう人）は,通訳者任せにせず,メモを用意するなどできることをすること。
- 「それでも行き違いが生まれる可能性があること」を日頃から念頭に置くこと。
- 通訳される側（聾者）の理解力（言語力や社会性）を高めること。

筆者としては,手話通訳者がいるから,100%本人に伝わっているだろうと思わないでほしいと思います。

なお,通訳を介した時の行き違いの原因を,以下のようにまとめてみました。

①手話通訳のミスによるもの

「A先生が病気で倒れる」の「倒れる」のところで,「死ぬ」という手話を使う人がよく見られます。また,「そこへ行かずにこれをやる」が,「そこへ行ってこれをやる」という手話になる例も見られます。否定を意味する「ず」「ぬ」のところで,否定を表す手話単語が落ちやすいためです。

②手話通訳の難しさによるもの

「これだけダメ」と「これだけではダメ」,「これを生徒に見せていいか？」と「これを生徒に見せていいのか？」のように,意味が異なるのに,同じ手話表現になる人がよく見られます。

話のスピードが早く,通訳が追いつかない結果,必要事項が聴覚障害者に

伝わらないこともよく見られます。
③読み取り通訳者（聾者の手話を日本語に直す人）のミスによるもの
　聾者の手話単語を見落として，日本語に通訳してしまうケースです。
④読み取り通訳（手話を日本語に直すこと）の難しさによるもの
　食べ物をほおばっていた人が「『自白の心理学』が出たよ」と手話で筆者に伝えようとしましたが，筆者は「嘔吐／気持ち／勉強／示す？　何，それ？」と聞き返したことがあります。筆者の場合，相手が口を閉ざしていると，このようなことは起きがちです。口を閉ざして「素直な子」と「まじめな子」を手話で表した時，適切に読み取ることは難しいと思います。
⑤聞き手（聾者）に日本語の力がないことによるもの
　A子の「そんなことをし続けるなら，絶交よ」の意味が，仮定の言い方に慣れていないB子に正確に伝わらず，B子は，先生に「A子から『絶交』と言われた」と訴えました。
⑥それぞれの抱いているイメージが異なることによるもの
　「椅子取りゲーム」や「フルーツバスケット」について，聴児の学校では，通常音楽や音声を利用して行われますが，聾学校では，視覚的にわかりやすいよう工夫がなされています。そこで，例えば，聴児から「椅子取りゲームをしようと思うけど，あなたはできる？」と聞かれ，聴覚障害児は，聾学校で行われている椅子取りゲームを思い浮かべて「できる」と答えましたが，実際にやってみると，音楽や音声を利用する方法だったので，参加できなかったという事態が生じるかもしれません。この時，どちらが悪いと責められるでしょうか？
　上述した要因がいくつか重なって行き違いが生じることはよくあります。
　専門用語が多い講演では，聴者でも時どきわかりにくいのですが，その専門的な領域に疎いゆえのわかりにくさを，一方的に手話通訳者の通訳技術のせいにしてはいけないと思います。また，速いスピードの聾者の手話を読み取って日本語に直すには，かなりの訓練を要するので，手話通訳者を介して相手に正確に伝わらなかった時，一方的に手話通訳者のせいにするのはどうかと思います。筆者の場合は，専門用語が多い時は読み取り通訳が難しいだろうと考えて，（発声が苦痛ではないので）声を出して話すようにしています。

(7) 聾者のやり方

聴覚障害の有無による行動様式の違いは確かにありますが，聴覚障害ゆえに必要なものとそうでないものを分ける必要性や，場面を考えて使い分ける必要性を感じます。

このストーリーマンガに関して言えば，FAX が何かの事情で無事に届かない可能性があるので，ひと言「了解しました」と返事をするだけで，相手に安心感を与えるでしょう。

「聾者に対する理解」は確かに必要ですが，それと同じぐらい「聴者に対する理解」も必要だと考えます。「あなたは，聾者に対する理解が足りない」とストレートに言うことで「得られるもの」と「失われるもの」の両方を考慮に入れる必要があると思います。

筆者は，「聾文化」ということばが「鼻についてしようがない」と感じた時期があります。以下のように，「聾文化」ということばを，相手にだけ変革や改善を求める姿勢の正当化の道具としているように，筆者は感じたからです。

● 腕組みしながら人の話を聞くのは，聾文化

A（聾者）が，腕組みしながら「目上の人（聴者）」の話を聞いていました。それで，B（聴者）がAに「腕組みしながら人の話を聞くのは，あ

まり良い印象を与えないわよ」と言うと，Aは「腕組みしながら話を聞くのは，聾文化。聴者の間では失礼な行為になるだろうけど，聾者の間では失礼な行為にならない」と答えました。Bは「それが聾文化なら，聾者どうしではしてもいいだろうけど，さっきの場面では，『目上の人』は聴者なのよ！」と思ったそうです。

●「まし」は，聾者の中では良い意味で使う

　「まし」の手話について，聴者は「どちらかと言えば良い」というやや否定的な意味合いで使いますが，聾者は「なかなか良い」という肯定的な意味合いで使うといいます。ある聾者が，聴者に対して「その服，ましね」と言ったので，そばにいた人が「その『まし』は，ほめことばになっていない。『いつもはひどい服だけど，今日はまともね』と言われたような感じを受ける」と言うと，その聾者は「聾者の場合は，『良い』とほめる時に使う。あなたは，聾者のことをよく知らない」と言ったそうです。その聾者の手話を見ると，「まし」という口形がついていたので，筆者は，「日本語の『まし』という口形がついていると，余計に誤解されるだろうな」と思いました。

6節　要望を意識化してまとめる力を高めるための取り組み

　自分の障害からくる諸制約に対する意識が薄いと，自分の要望をまとめることは難しくなります。自分が望む手立てを意識化して文章化し，それを適切な方法で周囲の人に伝えられるようになってほしいです。

　そのための第一歩として，「こんなものがほしいな」「こんなのがあったら便利だな」と思うものを，文章でもマンガでもいいので生徒に書（描）いてもらいました。「非現実的なものでもいいよ」と言うと，生徒は，おもしろがっていろいろと考え始めます。その後，絵を見せ合って，「実現可能なもの」や「非現実的なもの」に分類します。例えば，「最後には水を本人にかけて起こす目覚ましベッド」の絵に対して，他の生徒が「ふとんがぬれる」「風邪をひく」などと「非現実なもの」に分類しますが，他の生徒が「でも，私は，ふつうの振動式時計ではなかなか起きられないから，振動するベッドがあればほしい」

と言い出す…というように，意見交流させます。書（描）くことで，あきらめて意識化していなかった自分の「願い」に気づかせたいのです。以下は今まで出されたものの一部です。

・目覚ましベッド：時刻をセットすると，時間になったら振動する。振動の強度がだんだん強くなり，最後には，ベッドにいる人を床に落とす。
・光る冷蔵庫：扉が閉まっていない時，ぴかっぴかっと光って教えてくれる。
・接近を振動で伝えるイヤリング：電信柱にぶつりそうになったら，振動で教えてくれる。後ろから人が来た時も，振動で教えてくれる。
・通訳機械：人の話を全部文字表示してくれる。

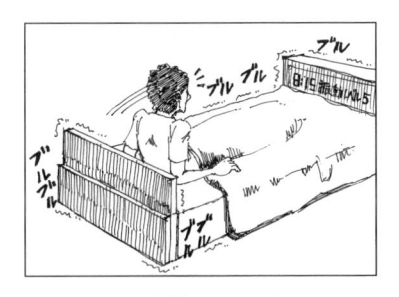

● 目覚ましベッド

● 扉が閉まっていない時，光って教えてくれる冷蔵庫

年度によって生徒の実態が異なるので，その学年にあわせた指導が大切です。

7節 人間関係をつくる力を高めるための取り組み

筆者の祖母が入院し，兄と筆者の2人でお見舞いに行った時，兄が「祖母に話が通じなくなったことが悲しい。僕の結婚相手の理想像だったのに」と言ったのを聞いて，「兄と私とでは祖母宅に行った回数は同じはずなのに，兄はいつの間に祖母とそんな強いつながりをつくったのか。私はおむつをあてて徘徊する祖母の姿がショックで，兄とショックの内容が違う」と思いました。また，筆者の父が入院した時，兄は「父は看護師にジョークを言っていた」とメールをくれましたが，筆者は「あの無口な父が」と驚きました。兄は「父は，家族

に対しては無口だが，他人に対してはいじらしく冗談を言おうとする」などと筆者の知らなかった面を教えてくれ，「やっぱり聴覚障害があると知らないことが多い」と改めて悲しく思いました。

　上述した筆者の体験例は，単にある人の性格をあまり知らないままでいたという例ですが，コミュニケーション成立の保障は，学力の獲得だけでなく，アイデンティティの確立や人間関係を築く力の形成と深く関わります。最近，人間関係が築きにくい聴者が増えているといいますが，それは聴覚障害者も同様です。ただ，聴児の場合は，お互いに通じあう音声言語という手段があり，他者に対する評価が本人の耳に入るチャンスが多いのに対し，聴覚障害児の場合は，1対1で面と向かって言われたことしか耳に入らない状況に置かれることが多いのです。聴児・者は，他人の言動に対する非難や陰口を聞いて，自分がそのような言動をしたらそうした非難や陰口を言われる可能性があることを理解していきますが，聴覚障害児・者にそのような機会が保障されているでしょうか。聴児に対しては特に意識的に指導する必要がない「常識」が，聴覚障害児には獲得されないままとなってしまうことがあるので，聾学校では，そのことを念頭に置いた指導も必要でしょう。

1 …… 対等な友達関係とは

　ある聴覚障害者の息子であるB男（聴児）が通っている保育園に，デフファミリーのC子（聾児）が週1回来ることになりました。B男は手話ができたので，C子は自然とB男の近くに来ることが多くなりました。B男は「今日，C子ちゃんが泣いたの。先生が尋ねても理由がわからなかったから，先生が僕に『なぜC子ちゃんが泣くのか尋ねて』と言ったの。僕が尋ねたらわかったよ」「C子ちゃんがね，ずっと僕のあとをついてくるの。僕は，他の男の子と遊びたいのに」と親に言い，親は「C子ちゃんは心細いから，手話がわかる人のそばにいたいのよ。仲良くしてあげてね」と言ったそうです。このように，手話ができる人のそばにいたいという聴覚障害者に多い心理は，筆者も理解できます。

　次ページのストーリーマンガのAちゃんは，人間関係が上手につくれない子どもです。人間関係を上手につくれないAちゃんが身近にいることは，ストレスになるでしょうが，「障害があるから仕方ない」と言ってすむ問題では

第 11 章　障害認識のためのいろいろな取り組み

人間関係をつくるのが下手なＡちゃん

Ａちゃんは休み時間もひとりで本を読んでいるね

ずっと前、Ａちゃんから「あなたが遊びに来たから今日のテストができなかった」と言われたのそれを聞いて「もう遊びに行かない！」と思ったわ

Ａちゃんってへんよ少しお話しただけで「仲の良いお友達ができた」と言うのよほんの少し話しただけなのに

Ａちゃんブランコで遊ばない？

カバンを持ってあげるわ

わったすかるわ

キャッ
キャッ

修学旅行で

なんでＡちゃんに重いカバンを持たせているの？

Ａちゃんが自分から「持ってあげよう」と言ってくれたからなのよねっ、Ａちゃん？

…うん…

Ａちゃんかわいそう…

だけどこちらが優しくしてＡちゃんがこちらのグループに来るのも困るわ

かわいそうだけど優しくしてあげるとこちらが困るから黙っていようよ

…私らには関係ないしね…

245

ありません。Aちゃんが地域校や聾学校にいた場合，良好な人間関係を築く力を獲得させるために，息の長い指導が必要になるでしょう。

2 ……対等な恋人関係とは

　人間関係が上手につくれない例は，大人にも見られます。聴者の場合も「恋人の愛情をつなぎとめるためにお金を貢ぎ，果ては公金を横領する」例や「恋人や夫の暴力（ドメスティック・バイオレンス）が殺人事件に発展した」例が時どきニュースになりますが，「対等な人間関係」を築くためにどんな言動が必要かを，学校に在籍している間に意図的に考えさせる取り組みが必要だと思われます。

　聾学校では，生徒の日本語の力や通訳の問題などがあるので，差別問題やドメスティック・バイオレンスなどの社会問題を考えさせるために外部から講師を招聘（しょうへい）することは，一般校と比べると少ないように思います。そこで，聾学校教員がそのための指導を行うことになりますが，具体的な場面でないと考えることが難しい生徒が見られ，また，具体的な場面を設定しても，その説明に時間がかかると，意見交流のための時間が短くなるでしょう。

　「貢ぐ」と「贈る」，「愛人」と「恋人」，「横領」と「盗み」の違いを理解していない聴覚障害児が時どき見られるので，学校だけでなく家庭でも，これらのニュースを意識的に話題にする中で，これらのことばを理解できているかを確認しながら，いろいろな言動が世間でどのように見られているかを聴覚障害児に知らせたいと思います。しかし，現実には，テレビでのニュースは短時間で終わってしまうこと，新聞記事の意味がよくわからない聴覚障害児が時どき見られることから，ストーリーマンガのようなものがあれば，意味を短時間で説明しやすくなると思います。

　そして，今回，「男に金を貢ぐ女」と「ドメスティック・バイオレンス」をマンガにすることができました。これらは，人間関係をつくることが不得手な人が，自分に優しくしてくれる人の心をつなぎとめようとして，通常ならしない言動をとる例です。これらのマンガは，最近筆者が考えたものであり，聾学校で実際に用いた経験はありませんが，必要であれば，これを題材にして，いろいろな人の意見や感想を聞く機会を聴覚障害児に与え，今後の生き方や人間

第 11 章 障害認識のためのいろいろな取り組み

男に金を貢ぐ女

関係の築き方について考えてもらいたいと思います。

ただし，生徒の状況（発達段階など）をふまえて取り組む必要があります。ある銀行員が愛人のために大金を横領したことがニュースになった時，小学生だった筆者は「他にも男はいっぱいいるから，そんな悪い男とは別れたらいいのに。なんでその男のためにお金を盗むんだろう」と思いましたが，このような段階にある生徒には，このストーリーマンガは難しいでしょう。また，第7章の1節5などで述べたように，「複眼的思考」や「自己客観視」が難しく，「自分にとっての事情がすべて」というような生徒に対しては，ていねいな息の長い指導が求められるでしょう。

他に，「別れ話が出た時，今まで恋人に贈ったプレゼント代や食事代を返してくれと言う」「別れた恋人の悪口を言いふらす」「恋人がいることやつきあった人の数が多いことを鼻にかける」「男と女の関係が対等ではない」のような言動や場面を取り上げたマンガがあればいいなと思っています。

ドメスティック・バイオレンス

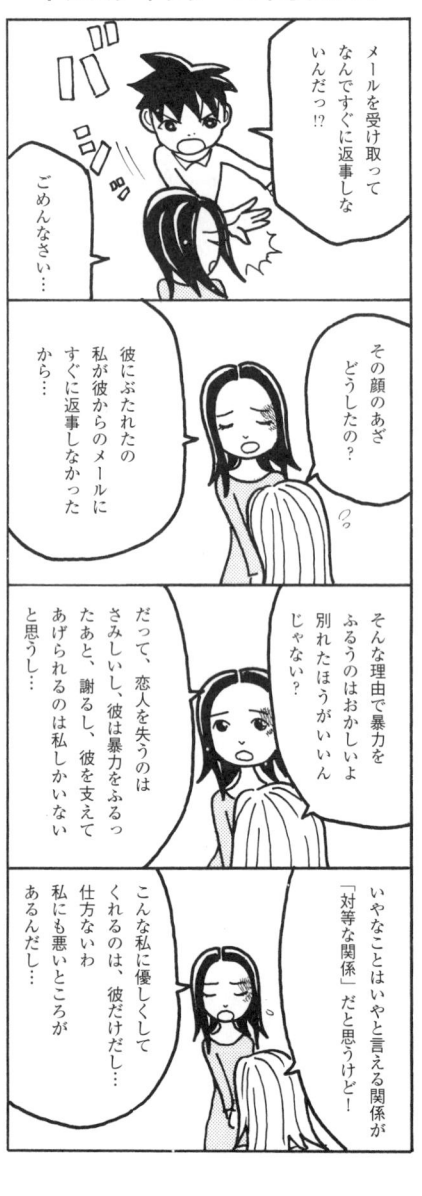

メールを受け取ってなんですぐに返事しないんだっ!?

ごめんなさい…

彼にぶたれた私が彼からのメールにすぐに返事しなかったから…

その顔のあざどうしたの？

そんな理由で暴力をふるうのはおかしいよ別れたほうがいいんじゃない？

だって，恋人を失うのはさみしいし，彼は暴力をふるったあと，謝るし，彼を支えてあげられるのは私しかいないと思うし…

こんな私に優しくしてくれるのは，彼だけだし…仕方ないわ私にも悪いところがあるんだし…

いやなことはいやと言える関係が「対等な関係」だと思うけど！

3 …… 行き違いと責任転嫁

通常ならしないような責任転嫁やあきれるような言い訳をする例も時どき見られるので，それをテーマにしたマンガも作成しました。

理解力がある生徒に対しては，「～だから，テスト勉強できなかった」と「言い訳になるけど，～だから，テスト勉強できなかった」の違い（相手に与える印象の違い）や，言い訳をしないほうがよい結果になる場面があることを話してあげてほしいと思います。

4 …… 社会問題

他にも，以下のような問題を扱ったマンガがあればいいなと思います。

- 振り込め詐欺・結婚詐欺
- 悪徳商法
- ネズミ講
- ブログでの中傷
- セクシャル・ハラスメント
- ストーカー行為
- パワー・ハラスメント
- 児童虐待（ネグレクトを含む）
- 軽い気持ちで借金し，借金が雪だるま式にふくらんだ例
- 親離れできていない例

行き違いと責任転嫁

8節 障害認識のための指導にあたって

1 …… 地域校に在籍する聴覚障害児に対して

筆者は，地域校にいる聴覚障害児や保護者に対して，以下のようなことを話しています。

- どの聴覚障害児にも，学年相応の学力や日本語の力，心理的安定感や社会性，自己主張力と協調性を身につけてほしいが，地域校を選択する場合は，自分の障害を説明する力と自学自習する力（わからないところを自分で調べる力）がとりわけ求められる。情報保障を考える雰囲気は高まっているが，それでも，すべての内容が本人に伝わることは難しい現状があるのだから。
- 日本語の力があっても，自分でわからないところを調べる力がない子は，わからないことが積み重なって深刻な学力不振につながるかもしれない。
- 人間関係を切り拓く力が弱い子は，聾学校のほうが適しているかもしれない。同じ聴覚障害児と人間関係がつくれない子は，聴児とも人間関係がつくれない例が多いように思う。
- 子どもの実態を無視した安易なインテグレーションには反対したい。「集団の中にいるだけ」と「集団に真の意味で参加できている」を区別してほしい。
- 進路決定にあたって，「選択させられた」ではなく「自分で選択した」という思いをもった子のほうが，その後の荒波に耐えられるような気がする。

望ましい障害認識の形成のためには，家庭の理解や協力も必要不可欠です。また，（特に同年齢や近い年齢の）同障者との交流が必要であり，学校や「聴覚障害児親の会」などは，連携して積極的にそのような場を設定する必要があるでしょう。

親や教師に「代弁」してもらう状況が続くと，思春期以降，人間関係がうまくいかないことが多いように思われるので，筆者は，「自分で説明する力が必要。周囲の大人は，本人が言うまで，何もしないほうがよい」とよく言います。

聴覚活用ができているように見えても，聴者と同じではないことに留意する

必要があります。聴者にとっては「生の音声」と「ビデオの音声」の差は小さくても，ある難聴者にとってはかなり違う（ビデオが聞きにくい）ようです（筆者はどちらもわからないので，差は感じません）。その場合は，字幕挿入やビデオの内容の文字化が求められるでしょう。

　また，高音部と低音部のどちらが聞きやすいかによって，男性の声と女性の声の聞きやすさが変わります。担任を決める時に性別の配慮ができるならば，実情を伝えて希望したほうがよいかもしれません。

　雑音が多い環境の中では人の声は聞き取りにくくなりますが，難聴者の場合その困難性が倍加されることもあるようです。教室で，机や椅子の立てる音を抑えるために，テニスボールを机や椅子の足にはめると効果的です。

　「自分は全部聞こえている」と言い張る聴覚障害児が見られますが，教室場面などで１音節ずつ聞き取って記入させ，自分の聞きまちがいやすい音節を自覚させる取り組みも有効でしょう（補章のＱ５／Ａ５も参照のこと）。

　また，『『自分は聞こえる』と言うけど，会話の仕方が下手」と思う聴覚障害者が時どき見られます。会話のずれがあれば，周囲の大人はそれを指摘してあげてほしいと思います。聞き流したり先回りしたりして会話を続けたりすることは，長い目で見れば，聴覚障害児本人のためにならないと思います。「私は，そんなこと，聞いていないよ」などとはっきり言ってあげてほしいです。

　聴覚活用できる生徒であっても，口形を参考にしている例は多いです。読話に頼っている聴覚障害児・者の中には，地域の小学校で「俺の顔をじろじろ見る。気持ち悪い」と誤解されたり，思春期には，「この人，私に気があるのかしら」と誤解されたりした例が見られるようです。また，皆と一緒に行動できているかのように見えても，実際は，友達のまねをしているだけという例も多いです（次ページのマンガを参照）。「スムーズに会話できるから，グランドでも放送は聞こえるだろう」といった誤解が多いので，聴覚障害児が主体的に学校生活に参加できるための細やかな配慮に関する教員研修が望まれます。

　地域校にいる非障害児に対しては，聴覚障害児の聞こえ方に関する体験（特に騒がしい場所で聞く，不明瞭な音声を聞く），補聴器を装用して聞く体験，読話体験なども有効だと思われます。その際，聴覚障害児に関わる教員に対するていねいな研修が不可欠でしょう。

みなと同じように行動できている？

読唇する人に対する誤解の例

聴覚障害があると，多かれ少なかれ「読唇」をしています。「読唇」は唇の細かな動きを読み取って話を理解することですが，唇の動きに集中する必要があるので，下記のように誤解される例が時どき見られます。

2……教員側に求められる留意事項

障害認識のための指導に際して,教員側に求められる留意事項を以下にあげます。

①手話と口話,聾者の世界と聴者の世界の間に優劣関係をつけないこと

誰でも無意識のうちに自分の価値観が言動に表れるものですが,教育現場では,「聴者と結婚すると,例えばパトライトを家に取り付ける時,いやな顔をされるよ。聾者どうしで結婚したら,そういうことはないよ」などと,聾者の世界と聴者の世界の間に溝をつくるような言動や,「人工内耳は聾者の敵」などのような,一方的な価値観のみを表現したビデオを無造作に生徒に見せるようなことは,厳に慎むべきでしょう。

②障害者の意見を鵜呑みにしないこと

さまざまな考え方の聾者が見られる現在,「聾者の言うことはすべて正しい」と盲目的に受け止めるのは危険です。筆者は,ある聴者に「開眼手術は良くて,人工内耳の手術がだめな理由は?」と何回も尋ねましたが,「聾者がそう言ったから」という答えしか返ってこず,がっかりした経験があります。筆者としては,目指す方向が自分と同じかどうかにかかわらず,自分の頭で考え,自分のことばで語ってほしいと思います。本書に書かれていることも,あくまでも1人の聴覚障害者が考えていることであり,鵜呑みにしないようお願いします。

③自分の考えや生き方を他人に押しつけてはいけないこと

筆者は,(特に成人以降は)どんな生き方(「声の有無」や「手話の種類」など)を選ぶかは本人の自由と考えていますが,声も出す筆者に,「声を出すな。聾者に対する抑圧になる」と言う人が見られます。生徒たちには,世の中にはいろいろな考え方の人がおり,自分がどのように考えて生きるかは(他人に迷惑を及ぼさない範囲で)自由であるが,それを他人に強要するのは控えたほうがよいことを理解してほしいと思います。

④「障害のせいにしすぎる」ことがないようにすること

ある行為をしてとがめられた時,「聴こえないから仕方ない」と言うと,その内容によっては,聴者から「障害のせいにしている」と思われる場合があるでしょう。聴覚障害児には,このことを考慮に入れた言動ができるようになっ

てほしいと思います。

⑤ふだんから集団での会話に参加できているかを考えること

　コールバーグ（Kohlberg, L.）の「モラルジレンマ」のような状況は，誰でも多少の違いはあれ遭遇します。例えば，「ある薬だけが妻の命を救うが，それを買うお金がない時どうするか」という問題では，「妻の命を救うためだから，盗みをはたらいてもかまわない」「いかなる理由があっても，盗みは許されない」などいろいろな意見が出されるでしょう。日本語の力があってもこのような問題の解決能力に欠ける人もいれば，その逆の人もいます。さまざまな人の意見や声を日頃から聞いているかどうかによって，自分の要望の出し方や言い方，問題解決の仕方が変わってくると思われます。ふだんからいろいろな声が耳に入るほうが，いろいろな立場を考慮に入れた行動の仕方を考えることができるでしょう。聴覚障害児の周囲の大人たちは，聴覚障害児にそのような機会が保障されているかを，もっと考える必要があるでしょう。

　さらに，「聴者は，他人の会話の声が耳に入るが，それも大切な情報源となる。だから，聴覚障害者が会話に加わっていなくても，聴覚障害者がそばにいる時は，聴者どうしでも手話を使う必要がある」と言われる一方で，「聴覚障害者がこちらを見ていないのに，聴者どうしでずっと手話を使うのも疲れる」という声を聞いたことがあります。難しいところですが，本人に関係ない話題であっても，本人がそばにいれば手話を使おうとする家族に囲まれて育った聴覚障害児は，心理的に安定しており，物事の見方が幅広い例が多いように感じています。

文献

京都府立聾学校高等部　1997　高等部の教育　京都府立聾学校研究紀要，**29**，45-56.
京都府立聾学校高等部　2006　高等部の自立活動　京都府立聾学校研究紀要，**36**，27-40.
小田侯朗　2000　聾教育の歴史と課題　京都府立聾学校研究紀要，**31**，106-118.
鳥越隆士　1999　ろうと文化　中野善達・吉野公喜（編）　聴覚障害の心理　田研出版　Pp.157-171.
山本おさむ　1991-1993　わが指のオーケストラ1〜4巻　秋田書店

第 **12** 章

今後の聴覚障害教育
―陥りやすい陥穽と今後求められること―

　最近「批判的読み」の大切さがよく指摘されますが，いろいろな意見を鵜呑みにするのではなく，レトリックや情報操作がないかなどを考えながら受け止めるようにしたいと思います。本章では，筆者が今まで気になった「文」と，その言い方をそのまま受け止めてよいのかを考えさせるような「対比文」を並列させながら，聴覚障害教育に関して陥りやすい陥穽（おとしあな・わな）と，今後の聴覚障害教育に求められることをまとめてみます。

| 1節 | 陥りやすい陥穽 |

以下の文章を読み比べて，聴覚障害教育に関する陥穽を考えてみましょう。

1 …… データなどの読み方（1）：「擬似相関」や「相関と因果関係は別物」

> ①英語の力と手話の力の間に相関が認められたから，英語の力を伸ばすために，手話の力を伸ばすことが大切である。
>
> ②数学の力と足の長さの間に相関が認められたから，数学の力を伸ばすために，足を長くすることが大切である。

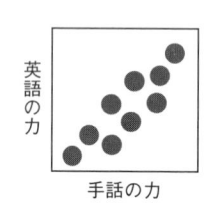

②の文章を読むと「本当に相関があるの？」と思いますが，乳児から成人までで見ると，数学の力と足の長さの間には「相関」が見いだされます。すなわち，①においても，対象者の年齢の取り方によっては，英語の力と手話の力の間に実際には相関がなくても，表面的に「相関」が見いだされることになります。

また，「AとBの間に相関がある」ことから，「Aが原因でBが結果」なのか「Bが原因でAが結果」なのかはわからないことにも留意する必要があります。

2 …… データなどの読み方（2）：方法間の比較に関して

> ①○○校幼稚部では，キューから手話や指文字に変えたが，キューを採用していた頃と比べると，（小学部で毎年行っている）△△検査の平均値は上昇した。
>
> ②キューを採用していた頃は，幼稚部修了者の約半数（日本語がかなり獲得できた子ども）が地域校に入学したが，手話や指文字を導入してからは，地域校に入学する子どもは10％を切るようになった。

①の文章を読むと,「手話や指文字のほうが学力獲得に有効」と思う人がいるでしょうが,②の文章を読むと,「母集団の質が同一であるか」を配慮に入れる必要性がわかるでしょう。母集団の質が同一かどうかを調べることは難しいですが,重複障害児が含まれていないか,重複障害の有無の基準は以前から同一か,聾学校幼稚部から小学部に入学する子どもの比率に大きな変化はないか,なども考慮に入れてデータを読む必要があります。

3 …… データなどの読み方 (3)：方法間または聾学校間の比較に関して

> ① A校（同時法採用校）,B校（キュー採用校）,C校（聴覚口話法採用校）において,小1～高3に対して日本語力テストを行い,有意差検定を行ったところ,3校間または方法間に大きな差異はない,という結果が見いだされた。
>
> ②①のテストで,同時法が3歳児クラスから取り入れられたA校の最初の学年の生徒は中1,キューが3歳児クラスから取り入れられたB校の最初の学年の生徒は中3であるという。そこで,小1～中1に限定したところ,3校間に有意差が見いだされた。

①の文章を読むと,「同時法やキュー,聴覚口話法のどれを採用しても,日本語の力にあまり差は見られないのだな」と思う人がいるでしょうが,②の文章を読むと,方法間の違いを検討しようとするのであれば,一定の年齢（例えば,3歳児）から取り入れられた学年どうしを比較する必要性がわかるでしょう。聾教育を受け始めた年齢が1～2年違うだけで,日本語の力に大きな違いが見られるからです。また,2で述べたように,インテグレーションする（地域校に入学・転校する）比率も考慮に入れる必要があります。さらに,学校間の差異がそのまま方法間の差異と言えるかに関する確認も必要でしょう。例えば,キューサインとキュードスピーチの違いを看過してよいでしょうか。また,手話を早期から導入した聾学校であっても,人工内耳装用児の比率が高い聾学校と低い聾学校,幼稚部の時から「日本語獲得のためには意図的なドリル学習も必要」と考えて真摯に取り組んだ聾学校とそうでない聾学校を同一視してよいでしょうか。さらに,親の「経済格差」や「学歴」が子どもの「学力格差」に影響を及ぼしている可能性を考慮に入れる必要があるかもしれません。

4 …… データなどの読み方（4）：対象者の群は同質か

①幼児期に口話教育を受けたが，英語を獲得できず，青年期以降に手話を第一言語として獲得したＡ群と，英語を獲得した後に失聴し，手話を第二言語として獲得したＢ群について，Ｂ群のほうが手話の成績が良かったことから，幼児期に第一言語をしっかり獲得することが大切である。

②幼児期に口話教育を受けたが，英語を獲得できず，青年期以降に手話を第一言語として獲得したＡ群と，幼児期に口話教育を受けて英語を獲得でき，青年期以降に手話を第二言語として獲得したＣ群の間には，例えば発達検査や知能検査を実施した時の成績の違いがある可能性が考えられる。Ａ群とＣ群の比較や，手話の力と英語の力における比較もなされるべきである。

①の文は，Mayberry（1993）を参考にして作成しました。このMayberryを援用して「日本手話を第一言語として獲得することが大切」と述べる論文が見られますが，①や②のＡ群，Ｂ群，Ｃ群を比較する時，群の同質性を確認する必要があります。対象者の選び方や実施方法によっては，「英語を第一言語として獲得することが大切」という結論が引き出されることになるでしょう。

5 ……「教育言語」と「人権ならぬ言語権」の関係について

①手話は，日本語と対等な言語として認められた。したがって，聾学校で手話を主要な教育言語とすべきである（主要な教育言語とすることができる）。

②Ａ氏と私は，同じ人権をもつ。だから，Ａ氏が採用されるなら，私も採用されるべきである。私をＡ氏と同じ待遇・給料で採用すべきである。

①においては，「書記日本語や学力の獲得」が聾学校の大切な教育目標であるならば，「手話から書記日本語や学力の獲得への橋渡しの手法」の有効性が広く認められていることが前提になるでしょう。筆者としては，「BICSの世界では遜色がないが，CALPの世界ではそうではない言語」と「両方の世界で遜色がない言語」が存在するように思います（第8章の5節1を参照）。また，②を読むと，「権利として同等」と「扱われる条件（教育言語，待遇，給料など）

が同じ」は，別のものとして考える必要があることがわかるでしょう。

　手話は，口形の併用や指文字を利用した手話単語の造語により，今後も変わっていくでしょう。言い換えれば，手話は，今後高度な内容を伝えるために，日本語の特性を利用する方向にさらに進むように思います。

6……「手話否定」＝「差別・虐待・人権侵害」か

> ①手話を禁じる口話法は，差別・虐待・人権侵害である。
> ②あなたの母親は，口話法で育てたから，あなたを差別・虐待した。人権侵害である。

　「口話法で育てる親は，子どもを差別・虐待している」という言い方が見られます。西川吉之助は，娘はま子に手話を禁じる口話法で教えましたが，それは娘を差別していたからではなく，当時の「差別的な状況」の中で，少しでも娘が社会参加・自立できるようにと願っていたからでしょう。筆者は，机上・理念のうえでは，①のように「手話否定＝差別」と思いますが，社会情勢を考慮に入れずに，②のように「手話を否定した人＝差別者」と言い切ることには抵抗感を感じます。重度の聴覚障害児を手話というわかりやすいコミュニケーション手段から遠ざけることは，人権侵害になると思いますが，「聾者なら声を出すな」などと言うことや，手話に安易に流れて日本語の指導をおろそかにし，基本的な日本語がなかなか書けない生徒を生み出すことも，一種の人権侵害になるのではないかと思います。

7……「苦しかった」＝「すべきでない」，ではないこと

> ①口話法による教育や発音訓練は苦しかった。だから，これらはすべきでない。
> ②中学校の時，勉強や部活動は苦しかった。だから，これらはすべきでない。

　②のように「勉強や部活動は苦しかった」と聞いて「勉強や部活動はすべきでない」という結論を引き出す人はいないのに，「口話教育や発音訓練は苦しかった」と聞くと，①のような「口話教育や発音訓練はすべきでない」という結論を引き出す人が見られるのは，なぜでしょうか。

8 ……「日本手話が使われていない」の意味

> ① ○○聾学校では，日本手話が使われていない。ひどい。こんなに手話が広まっているのに。人権侵害だ。
>
> ② ○○聾学校では，「対応手話」ではない日本手話を使う先生は少ないが，「対応手話や口話併用手話」は広く使われている。

　手話通訳の草分けで有名な故 伊東雋祐先生は，筆者に「日本手話とは日本の手話のことと考えたらよいのに」と言われました。自分の手話の定義「手話とは対応手話ではない日本手話のこと」に基づいて，「聾学校では手話が使われていない。手話で教育を行う聾学校を作る動きを応援しよう！」「○○聾学校では，手話を尊重して指導する教員が少ない。聾学校への人事異動を希望して，手話で教えよう！」のような言い方が見られ，それを「手話すべてが使われていない」と受け止めた人に対して，筆者は事情を説明したことがあります。

　斉藤（2007）では，「口話教育は予想通りの成果を上げなかったばかりか，ろう児の学力はむしろ低下した」「日本では，一部のろう学校でトータル・コミュニケーション法が採用されたが，現在もなおほとんどのろう学校で口話法教育が行われている」と書かれており，この部分だけを読むと，「口話法は百害あって一利なしなのか」「今も大半の聾学校で手話が使われていないのか」と思う人が生じることになるでしょう。聾学校でも人事異動があるので，手話が未熟な教員がいることは事実ですが，全国的に見ると，「聾学校では手話が使われていない」という話がまことしやかに流れている現状を苦々しく思っている人は多いでしょう。筆者としては，最近，バイリンガル聾教育で有名な北欧で，聴覚口話法の優位性を示すデータが出ていると聞いていますが，「統計的なトリック」や「言い方のレトリック」がないかなどを考えながら，いろいろな文献や情報にあたってほしいと思います。

　なお，ある保護者が「聾学校全体では，手話が未熟な教員が1割前後いるのが良いと思う。わが子には，手話が未熟な人と交流できるスキルも身につけてほしいから」と語りましたが，筆者も同感です。

9……「手話は教育言語として認められていない」に関わって

①日本の聾学校では，手話は，教育言語として認められていない。

②（戦後は）聾学校での手話の使用を禁止する法令，逆に手話使用を奨励する法令は存在しない。日本語の方言についても同様である。

①「手話は教育言語として認められていない」について，②を読めば，厳密に言うと，「法的に禁止されている」と「用いてはいけないという雰囲気がある」を区別して考える必要があることがわかるでしょう。

10……「聾者としての誇り」に関わって

①聾者としての誇りをもつなら，声を出すな。対応手話でなく，日本手話を使うべき。

②聴者としての誇りをもつなら，手話を使うな。音声だけで話すべき。
　日本人としての誇りをもつなら，英語を使うな。日本語だけで話すべき。

　筆者は，①のようなせりふを聞いた時，①を裏返すと，②のようになると思いました。「聾者としての誇り」云々は結構ですが，①のように自分の考えや流儀を他人に押しつけるのはいかがなものでしょうか。「聾者に補聴器（声）はいらない」「私は聾だけど，補聴器（声）は必要」などと言う人がいます。「聾者は…」と「私は…」の使い分けにもっと注意する必要があるでしょう。「彼は，英語を話すから，日本人としての誇りをもっていない」と考えるのはおかしいのと同様に，「彼は，声を出して日本語を話すから，聾者としての誇りをもっていない」と考えるのはおかしいと思います。民族主義は行き過ぎると排他的になることがありますが，「排他性を帯びている民族主義」と「排他性を帯びていない民族主義」を区別して行動したいものだと思います。

　筆者は今では「もう私は群れない，群れたがるまい」と思うようにしており，講演の時は「私と同じ考えになってくださいと言うつもりはない。あくまでも1人の意見として聞いてほしい」と話すようにしていますが，「同感」と言ってくださる人が多いとうれしく思います。

11……何を優先して考えるかに関わって（1）

①聾者は，声を出すのは疲れる。声を出しながらの手話はやりにくいので，授業で声を出したくない。

②聴者は，手話を使うのは疲れる。手話を使いながら話すのはやりにくいので，授業で手話を使いたくない。

　ある人がある聴覚障害の学生から「教育実習にあたって，聾学校の先生から声を出すように言われたが，自分は授業の時も声を出したくない。どうしたらよいか」と相談され，「どの学校にも教育方針というものがあり，実習生は，実習させていただく立場なので，その学校の教育方針に従うべき。それに，対応手話でなく日本手話を希望する生徒は，その聾学校にどれぐらいいるのか」などと回答したという話を，筆者は聞いたことがあります。

　①の言い方を裏返すと，②のような言い方になりますが，聾学校では，聴覚活用に頼る生徒や手話に頼る生徒がおり，前者の生徒にとっては声のない授業はわかりにくいでしょうし，後者の生徒にとっては手話のない授業はわかりにくいでしょう。筆者としては，生徒にとっての「わかりやすさ」を優先したいと思います。この意味で，聾学校教員の使える指導技術や手段は幅広いほうがよいと考えます。もちろん，それぞれの教員が得意なことを指導で活かすことが，その生徒に効果的であれば，積極的になされるのがよいでしょう。

12……何を優先して考えるかに関わって（2）

①私は，聾者であり，会社で働いている。高校までは声を出していたが，今の私は声を出さないと決めている。会社は，手話通訳者を常置してほしい。

②私は，聴者である。会社には手話を使う聾者がいる。私は，手話はだいたい知っているが，手話や筆談は疲れる。会社は，手話通訳者を常置してほしい。

③私（聴者）は，日本人であり，アメリカで暮らしている。英語を使うのは疲れるので，英語を使いたくない。行政は，通訳者を常置してほしい。

　筆者も，聾者との会話では「声なし」になることがありますが，相手や場面

に応じていろいろな方法を使い分けたいと思います。成人以降も「もっと上手な発音で話してほしい」と言われると，「聴覚障害があるから，これ以上上手に発音できない」と反発を感じますが，「声もあるほうがわかりやすい」と言われると，「私はできる範囲で声を出すから，あなたもできる範囲で手話を使ってね」と言いたいです。私が苦手な方法（例えば英語）であっても，相手がその方法でないと困る状況ならば，できる範囲で使いたいと思います。

　「声なし」より「声あり」のほうが「有利」な現在（例えば，採用試験に受かりやすい傾向がまだあるのではないかと思います），声の有無は，成人以降は本人が選べばよいと思いますが，幼少時から「声なし」を選ぶことをどう考えるかは難しい問題です。「成人以降発声をやめた人はいつでも再び発声できるが，子どもはそうではない」「自分は声を出せるのに出そうとせず，相手に手話を一方的に要求する態度には，反発を感じる」と言う人もいます。

　現実には，聴覚障害児の親の多くが発声もできることを望んでいること，英語ができる人は重宝され世界が広がるのと同様に，聴覚障害者は口話も手話もできるほうが世界が広がると感じることから，発音学習の目的は，聴児に近づけることではなく音韻意識の形成と考えて，無理なく進めてほしいと思います。

　また，音声認識ソフトが長足の進歩をとげており，近い将来，コストが安くすむ音声認識ソフトによる情報保障の広がりにより，書記日本語が不十分なことによる不利益はますます増大すると考えられます。そのため書記日本語の獲得の面からコミュニケーション手段や手話の問題を考えたいと思います。「手話モノリンガルでも聴者と対等に生きられる社会づくり」の動きを否定しようとは思いません（むしろ必要です）が，現実には，口話も手話も書記日本語も獲得しているほうが生きやすいと思うからです。

　昔，発声訓練の目的として生徒の肺活量の増加や結核予防が掲げられたことがあると聞きましたが，故 伊東雋祐先生は，肺を患われた時，筆者に「発声の意味は，単に日本語を伝えるだけではなく，肺機能の維持とも関連することを最近痛感している」と言われました。それを聞いた時，筆者は，肺は水泳などでも鍛えられると思った一方で，「運動する時間がなかなかないので，日常生活の中での発声が肺機能の維持に役立つならばありがたい」と思いました。

13……その方法を採用すべきでないと思う理由を冷静に分析する必要性

> ①キューは，聴者がつくったもの。キューを知っている人は少ないから，不要。
> ②指文字は，聴者がつくったもの。指文字や手話を知っている人は少ないから，指文字や手話は不要。

　キュー（キューサイン・キュードスピーチ）は，聾学校によって少し異なります。キューを知らず，快く思わない聴覚障害者が多く見られます。同じ聴覚障害者なのに通じ合えないという悲しみや憤りであれば，それは理解できます。しかし，「キューは聴者がつくったものだからだめ」と言われると，「指文字も聴者（大曽根源助）がつくったものだけど…」と言いたくなります。また，「キューを知っている人は少ないからだめ」と言われると，「昔，指文字や手話を知っている聴者が少ないから，手話は否定されたのだけど…」と言いたくなります。聴者も聴覚障害者も，自分が知らないものに抵抗感があるようですが，もっと冷静に理由を分析して意見交換する必要性を感じます。キューに対する評価については，第8章の4節3も参照してください。

　なお，「キューが全国的に統一されているなら，キューのほうが指文字より早く楽に表せるから（特に「チューリップ」など）キューを使いたい」「友達との会話でキューを少し使ったら，先生から指文字に換えるよう言われたが，個人的な会話で使う手段を他人から指図されたくない」と言った生徒（キューも指文字も手話も使うが，学校ではキューはほとんど使わない生徒）がおり，コミュニケーション手段について意見を言うことの難しさを感じました。

　聴者の理解も進んだ現在，聾学校で口話法や人工内耳を使うべきでないと主張する人は，そう考える理由や，口話法や人工内耳を使いながら手話も大切にする教育方法に反対する理由などについて，聴者（聴覚障害児の親の9割は聴者です）が理解・共感できるように具体的に説明する必要があるでしょう。

　また，「授業でも口話指導がなされ，本来の教科学習のための時間が短くなる」と批判するなら，手話の早期導入の結果，小学部で日本語指導（手話単語に該当する日本語単語を教える，活用の仕方や助詞の使い方を教える，など）の時間が長くなることも，批判の対象になるのではないかとも思います。

14……「セミリンガル」や「手話モノリンガル」に関わって

> ①生徒たちは，手話も日本語も中途半端なセミリンガルになっている。かわいそう。何か１つ完全な言語を獲得させることが大切であり，聾児の場合，それが「手話」であることは明らかである。
>
> ②書記日本語が不十分ならば，職業選択の範囲が狭められる現状がある。日本手話から書記日本語への橋渡しの手法が具体的に見えない。①のように言う人は，手話モノリンガルになった時の「不利益」をどう考えるのか。

　わが子が聾として生まれたとします。神様から「10歳前後の時に，a. 手話は不十分だが，書記日本語を獲得できた子ども，b. 書記日本語は不十分だが，対応手話ではない日本手話を獲得できた子ども，のいずれかにしてあげよう。どちらを選ぶか」と言われたら，筆者はa.を選ぶでしょう。対応手話ではない日本手話を十分に獲得できていないことによる不利益と，書記日本語を十分に獲得できていないことによる不利益とでは，後者のほうがはるかに大きいこと，および筆者の用いるような「対応手話」でも，多くの聴覚障害者と通じることを感じているからです。高田英一氏は，『日本聴力障害新聞』（2008年9月号）の中で，「幼い頃から音声語に接する機会のなかった『子どもたち』にとって，発音訓練と文字の読み取りと書き取りはつらいものだったろう。それは，ろう学校に転校した僕が教わることもなく，自然のコミュニケーションのうちに短期間で手話をマスターできたこととは対照的である」と述べています。

　対応手話ではない日本手話を第一言語として十分に獲得すれば，書記日本語の獲得に成功する確率が高まるのであれば，①の意見はもっともですが，現時点ではその保証が少なく，一方で「手話モノリンガル」になった時の不利益は大きなものがあります。

　なお，対応手話は，日本語と密接に関連しており，「対応手話が理解できる力の有無は，日本語の力の有無と関係がある」という声も聞きます。筆者は，「最初から手話も必要。対応手話と日本手話を区別する必要性はあまり感じない。『わかりにくい対応手話』と『わかりやすい対応手話』があり，手話のわかりやすさは最大限に活用されるべき」と考えています。

15……「聾者」と「聴者」を比較する言い方（1）

> ①手話ができない（うまくない）教員は，聾学校教員として不適。
> 　聾児を日本手話の風呂に入れる必要があるから，また，聴者の両親は手話が未熟だから，聾者や日本手話のネイティブサイナー（幼少時から日本手話を獲得した人）が聾幼児の教育に携わるほうがよい。
>
> ②発音指導ができない（うまくない）教員は，聾学校教員として不適。
> 　聾児を日本語の風呂に入れる必要があるから，また，聾者の両親は発音指導や日本語指導が難しいから，聴者が聾幼児の教育に携わるほうがよい。

　手話が否定されていた頃，聾者の両親に対して「聾児を聴者に預けて育ててもらうほうがよい」「（家庭で）おばあさん（聴者）が中心に聾児に関わるほうがよい」などと言った人がいたと聞きました。そして，最近は「私は手話が未熟なので，聾学校で居心地が悪い」と感じる教員がいるようですが，筆者は，「手話ができない教員はダメ」と聞くと，「発音指導ができない教員はダメ（聴覚障害教員は発音指導が難しいからダメ）」という声が同時に聞こえてくるように感じて悲しく思います。かつて「聴者の優位性」が声高に叫ばれましたが，最近それの裏返しのような事態が時どき見られるように感じます。

　なお，聾学校教員の手話技術（や発音指導の技術）は高いほうがよいので，教員養成のあり方などの問題を，研修体制やその予算とあわせて考える必要があるでしょう。

16……「聾者」と「聴者」を比較する言い方（2）

> ①聾児のちょっとした発言（手話）をすぐに読み取れるのは，やはり聾者。聾者は聾児の気持ちがわかる。聾者は聾児に近いところにいる。
> ②聴児のちょっとした発言（音声）をすぐに聞き取れるのは，やはり聴者。聴者は聴児の気持ちがわかる。聴者は聴児に近いところにいる。

　筆者は，①を聞くと，同時に②が聞こえてくるような気がします。「①や②は（全面的に）まちがい」とは思いませんが，聾児を愛情深く育てている聴者

の保護者や、聴児を愛情深く育てている聾者の保護者に対して、不快感を与える場合があるように思います。筆者は、「鳥の気持ちがわかるのは鳥」などと聞くと、「カラスにスズメの気持ちがわかるのかな」などと考えてしまうのです。筆者としては、「あなたの気持ちはわかる」ということばを安易に使いたくないと思います。例えば、筆者は、聞こえていた経験（記憶）がないので、中途失聴者の気持ちがわかるとは言えません。「最初からわかり合うことは難しいからこそ、相手にわかりやすく伝えようとする努力が大切」と考えています。

なお、「聞こえる君に俺の気持ちはわからない」と言った生徒がいましたが、このような発言にひるむ聴者が多いようです（筆者も子どもの頃、それを一種の武器にしてきました）。筆者は、もし聾学校の教員がそのように言われたら、「じゃ、あなたは、目の見えない人の気持ちがわかる？　大切なのは、自分の思いを相手に伝えようとする姿勢だと思うよ」と伝えてほしいと話しています。

17…… 文字があふれているから、書記日本語は獲得できるか

①日本語の文字が身のまわりにあふれているから、音声や口話を利用しなくても、（日本手話を第一言語として獲得できていれば）書記日本語を獲得できる。

②日本語の文字が身のまわりにあふれているから、外国人の聴児は、（両親の母語を第一言語として十分に獲得できていれば）日本語の音声にふれずに、書記日本語を獲得できる。

③日本語の文字が身のまわりにあふれているから、誰でも書記日本語を獲得できる。外国人の子どもも、滞在期間が長ければ、日本語を獲得できる。

日本語を十分に話せない両親をもつ小学生で、日本の学校の授業についていけない例が多いことを見れば、文字が身のまわりにあっても、その前に「何かの条件」を満たしている必要があるでしょう。この「何かの条件」として、母語（両親の話す外国語など）を第一言語として十分に獲得していることを掲げる人がいますが、③では、子どもは日本語の音声言語にも接しているのに対し、①では、日本語の音声言語（発声・聴覚活用・読唇）を利用しなくても書記日本語を獲得できるという意見です。外国人の聴児に当てはめると、②になりますが、これに賛意を示す人は少ないのではないでしょうか。

18……手話を使いさえすれば日本語は獲得できるか

> ①「あきれる」と「あきる」の違いがわからない聴覚障害児が多い。幼少時からこれらの手話を使っていれば，日本語の単語は獲得できたはず。
>
> ②「気持ち」と「気分」，「あげる」や「与える」「渡す」などは，同じ（似た）手話で表されがちで，適切に使い分けられない聴覚障害児が多い。幼少時から読唇や聴覚活用，発声をしていれば，これらのことばは獲得できたはず。

　物事の認知とことばは密接に結びついています。①について，「あきれる」と「あきる」の手話を知っているほうが，その日本語が獲得できる可能性が高まると思いますが，手話を使いさえすれば日本語獲得は大丈夫というわけではありません。なぜなら，②のように，手話では区別が難しい日本語も多数存在するからです。①を「手話絶対視」に結びつけてはいけないのと同様に，②を「音声言語（口話）絶対視」に結びつけてはいけないと考えます。

　「日本語を使いさえすれば外国語を獲得できる」に同意する人と，「日本手話を使いさえすれば日本語を獲得できる」に同意する人を比べると，後者のほうが多いように感じますが，そうだとすればそれはなぜなのかといつも思います（第8章の4節の図「第一言語と第二言語の関わり」を参照）。

19……日本語のレトリックの例

> ①○○団体は，聴覚障害教員と意見交流して，教育委員会へ要望書を出した。
>
> ②○○団体は，聴覚障害教員と意見交流して，慎重・反対意見を聞いたが，教育委員会へ要望書を出した。
>
> ③○○団体は，聴覚障害教員と意見交流して，賛成意見を聞き，教育委員会へ要望書を出した。

　「Aして，Bした」には，「海へ行って，川へ行った」のように，AとBの間に関連がないものや，「店へ行って，（以前からほしかった）服を買った」のように，AとBの間に関連があるものがありますが，①を聞いた人は，②ではなく，③の意味に解釈する人が多いように思います。

20……通訳のレトリックの例

①あるテレビ番組で，聾児の手話に字幕をつけて報道された時，ある人が，「この聾学校の教育はすばらしい。聾児は，日本語を正しく使えている」と言った。

②あるテレビ番組で，聾児が話す手話に字幕がついたが，手話で「テープ，のり」しか言っていないのに，字幕は「テープとのりが要るよね」となっていた。あたかも聾児が手話で日本語の概念をもって話しているような情報操作が行われていた。（あるホームページに載っていた文章を少し改変したもの）

③手話通訳者を介して面接した社長は，その聴覚障害者を採用した。その後，その聴覚障害者と直接筆談した社長は，面接の時の印象との落差に驚き，「面接の時は，（発音は別として）立派に日本語を使えていると思ったんだが」と言った。

「手話が流暢なこと」は「日本語が正しく使えること」を必ずしも意味しません。筆者は，手話を流暢に使う聴覚障害生徒と話し，「会社」のところで口が「かいしゃ」とそれらしく動いていたにもかかわらず，紙に書かせると「かしゃい」となっていた例を経験しました。聾学校でも，日本語単語や文章を正確に書けない生徒の手話を手話を知らない人に通訳する時は，正しい日本語に直して通訳するのが普通でしょう。①のように，聾児に日本語の力を獲得させる方法がテーマとなっている番組で，例えば（女性が恐怖で震えている場面で），「彼女／こわい」（指差しや表情をつけた手話）に対して字幕をつけるとしたら，どんな表現がいいでしょうか。現実には，「こわがる」という日本語が使えず，「彼女はこわい」のように書く例がよく見られますが，「彼女はこわがっている」という日本語に直して字幕をつけるのでしょうか（本人がその日本語を正しく書ける場合は，それでいいと思われます）。

なお，同じ日本語でも，「話しことば」と「書きことば」の間には，落差があります。筆者は大学生の時，聴覚障害者からの手紙を読み，文章だけを見てその人の能力を判断してはいけないと思いました。また，講演を聞いている間は，変な文章とは思わなかったのに，テープ起こしを厳密に行うと，「文と文のつながりが変。主語と述語がかみあっていない」と思うことがあります。

2節 今後求められること

1 …… 聴覚障害教育の目的

筆者は，聴覚障害教育の目的は次の4つだと考えています。

①高い学力・日本語の力：読書力診断検査などの結果を見ると，現在も「9歳の壁」は存在するようです。

②コミュニケーションの力：口話であれ手話であれ，その場の状況や相手の気持ちを考えた言い方ができる力や，相手と会話のキャッチボールができる力が必要です。

③心理的安定感・社会性：聴者とも聴覚障害者とも良好な人間関係が築ける力，心理的安定感が必要です。

④自己主張力と協調性：②とも関連しますが，周囲の状況を考慮に入れながら自己主張できる力が必要です。

2 …… 聴覚障害児をもつ親に対して

日本語（音声言語）のシャワーを浴びさせることが最重要視されていた頃，「両親聾者の聾児は，聴者が育てるほうがよい」と言った人がいたそうです。そして，今，「聾児に教えるのは，日本手話のネイティブサイナー（幼児期から日本手話を獲得した人）でなければ」と言う人が見られますが，聴児は，両親が聾だと育てられないのでしょうか（両親が聾であっても聴児が生まれることはよくあります）。

聴者にとって，日本手話の獲得は難しいです。手話の種類にこだわらず，親は堂々と感情をこめて語れる手段で，また，子どもに伝わりやすい手段で語りかけてほしいと思います。

なお，高い学力を獲得した両親聾の聾児について，その高い学力は，「日本手話だったから」というよりも，両親が自分の言語に自信をもって心をこめて日本語の世界を絶えずわが子に紹介したからではないかと，筆者は考えています。

親が，学校（他者）任せにすると，良い結果を生まないことが多いように思

います。基本は家庭環境であり，同時に，学校との連携が必要です。

　そこで，筆者は，親や保護者に対して，以下のようなことをお願いしたいと思います。

- 親子で楽しみながら，ことばかけ（手段は何でもよい。「ホームサイン」でもよい）をすること。
- 本好きな子どもに育てること。
- 1人でやらせる（自己決定する）体験をさせること。
- 「だめ」のような言い方ではなく，「もしこうしたら，こうなるから，やめようね」というような言い方をすること。
- 家族での団らんに入れるような配慮をすること（例えば，旅行を計画する時，聴覚障害児は，聴児のきょうだいと同様に相談に加われているか。母親の電話での会話について，聴児の場合は自然に耳に入るが，聴覚障害児の場合は耳に（目に）入らない状態になっていないか，など）。
- 適切な障害認識をすること（親の障害認識が，子どもに影響を及ぼすので，障害をマイナスのものとして捉えないこと。同年齢の同じ障害者との交流の機会を大切にすること）。
- 保護者どうしの連携をすること。
- できるだけ早い時期から手話学習や成人の聴覚障害者と幅広い交流を進めるようにすること。これは，将来，複雑で微妙な会話も楽にできるようになるため，成人聴覚障害者の世界を知るため，若ければ若いほど手話を覚えやすいためです。それを通して，子どもの将来に対する「不安」が減り，子どもに「無理な注文」をつけることが減り，それによって，子どもは，聞こえない自分が受け入れられていると感じ，親子関係が良好になる例が見られたからです。

3 ⋯⋯ 聴覚障害者の心理特性に関して

　聴覚障害者の社会性やパーソナリティに関して，昔から「聾者は，自己中心的。自分勝手。依存的。他者のせいにする。責任感がない。衝動的。1か0かで考えようとする。時間にルーズ」などの声を時どき聞きますが，現在は，聾者特有の心理特性というものを見いだそうとするのではなく，幼少時から少人

数の集団で育てられ，自分でやりきった経験の少なさ，言語偏重の教育や育児，いろいろな情報が耳に入らず，それゆえ「空気が読めない」ことなどの結果にすぎないという見方をする人が増えてきています（四日市，1999など）。

　京都でも確かに，聴者との人間関係を築くことが難しく，せっかく入社した会社を退社する例が見られます。先生の教科書の置き忘れに対して「今後気をつけなさい」と言った生徒がおり，このような言動から聴者との人間関係がこわれていくのだろうと話題になったことがあります。ふだんから，「そういう言い方は控えたほうがよい」と伝える必要があります。聴者に混じって生きていく以上，「聾者の文化（行動様式）」だけでなく，「聴者の文化（行動様式）」も理解することが望まれます。

　河崎（2004）は，臨床心理士として聴覚障害児やその家族にふれる中で，口話教育や手話のもつ意味を述べています。筆者も，親子間のコミュニケーションの質や量が大切だと考えており，手話が障害認識やアイデンティティの確立，心理的安定感の獲得などと密接に関連していることは，自分の経験からも実感しています。しかしながら，これらの報告事例が，「口話法の全面否定」に利用されている感が否めません。口話法そのものが「心に傷を負わせる」のではなく，別の条件が加わった時に「心に傷を負わせる」ことになると考えます。

4 ……聴覚障害教育に携わる方々に対して

　「手話−手話論争」や「9歳の壁」を念頭に置きながら教育実践や研究に携わっていただきたいのですが，これについては第8章や第9章を参照してください。以下にその留意点を述べます。

(1) 学力獲得の成否のカギは，コミュニケーション手段だけではないこと

　そもそも，学力獲得の成否は，コミュニケーション手段だけで決まるのでしょうか。だとすれば，日本語が話せる聴児は，すべて同じように学力を獲得できることにならないでしょうか。私見では，家庭環境あるいは家庭における言語や経験の質によるところが大きいように思います。両親が聴者であっても聴覚障害者であっても，会話の量や質が少なかったり浅かったりし，しかも書記日本語の習得を重要な目標と考えない雰囲気があるならば，子どもが高いレベルの日本語や学力を獲得するのは難しいように思います。

(2)「万能薬」は存在しないこと，失敗例から目をそらさないこと

　筆者は，薬の副作用で失聴したこともあって，副作用をたとえに使うことがよくあります。副作用のない薬はないことを前提に，薬の選択や服用の仕方を考える必要があります。聾教育における「万能薬」は存在しないこと，すなわち，どの子も成功する教育方法はないことを銘記したうえでの教育実践が求められます。また，今までの（手話を禁じる）口話法は，「成功例」ばかりを取り上げ，「失敗例」を取り上げない（隠す）傾向が多かれ少なかれあったように思いますが，手話を導入する場合も，同じことを繰り返してはいけません。かつては，口話法という薬が「万能薬」であるかのような言い方が見られ，その薬の副作用，あるいは使い方が不適切だったことによる弊害を隠そうとした面がありましたが，最近，手話法に関して，同じことが起きていないと言えるでしょうか。

　両親が手話を常用する聾児の場合は，堂々と手話で豊かに会話をしてほしいです。同時に，聾学校幼稚部では，手話を活用しながら，日本語の音韻意識の形成を図り，日本語の世界の紹介に努める必要があるでしょう。日本語の力や学力の獲得につながるような手話の活用の仕方の研究は，京都校も含めて全国の聾学校（特に幼稚部）の喫緊の課題だと思われます。

　聴覚活用がかなりできる子ども（難聴児）の場合は，音声も利用しながら豊かな会話を重ねてほしいです。それと同時に「（1対1では）普通に会話できる」ことに安心するのではなく，集団での会話にも本当に参加できているか，一つひとつの日本語を正確に獲得・駆使できているかを見きわめる必要があります。また，聴覚障害者の集団を大切にしてほしいと思います。重度の聴覚障害のある友達の生き方を見て，自分の生き方や考え方（特に障害に対する見方）が変わったと語る生徒が，時どき見られるからです。

(3) 教育方法は連続的なものであるほうがよいこと

　聾学校では，軽度の聴覚障害児もいます。「難聴児に対しては聴覚口話法でもよいが，重度の聾児に対しては（声を伴わない）日本手話による授業を」と言う人がいますが，では，誰がいつ「この子は聴覚口話法で，この子は日本手話で」と判断し，クラス分けするのでしょうか。どちらの方法も使いたいという希望があれば，その子はどちらのクラスへ行くとよいのでしょうか。それで，クラスによる教育方法は連続的なものであるほうがよいでしょう。

(4)「集団成立」の視点を大切にすること

(3)とも関連しますが，聴覚口話法をメインとする教育方法と(声を伴わない)日本手話による教育方法を希望する親がいる時，集団成立をどうやって図ればよいのでしょうか。「どちらの子どもにも伝わるように，両方とも使う」と教師たちが決めたとしても，「うちの子にそんなのを見せないで」と言われると，学年行事や給食を別々に行うしかなくなるでしょう。

(5) 多くの人々の賛意が得られない考え方や方法は，おそらく広がらないこと

いろいろな人が，外国の実践をすぐに日本で実行しようとしても，形だけに終わる場合が多いことを述べています。また，臨床データが不十分な教育方法は，公的な教育機関としては安易に勧められないでしょう。

(6) もっと実践・観察・分析・研究をすること

過去の方法の踏襲だけに終わらず，聴覚障害児の認知や記憶の仕方のさらなる分析が望まれます。①聴覚優位型ないし継次処理優位型，②視覚優位型ないし同時処理優位型，③バランス型があり，聴覚障害児の場合は，①に比べて②が多く見られることが報告されています（広島校，奈良校など）が，筆者の経験からも同感です。そして，この認知特性は，言語指導や教科指導に対しても考慮に入れられるべきだと考えます（第9章の3節も参照してください）。

抽象的な思考力（小学校高学年以降の学力）の獲得のために，必要な条件のさらなる分析と，「9歳の壁」を越える下地づくりにつながる幼児教育のあり方の研究が求められます。例えば，同じ聞こえる子どもでも，「9歳の壁」を越えることが困難な場合，それはなぜでしょうか。

(7)「9歳」以降の年齢におけるレポート報告がもっとほしいこと

「小さい年齢での成功＝大きい年齢での成功」とは限りません。「手話導入により会話が豊かになった」という小学校3年生までのレポートが多く，小学校4年生以降のレポートが少ないように思います。

(8) 指文字や手話を導入しながらも，音韻意識の形成や定着に留意すること

特に手話を多用する場合は，音韻意識が形成され定着しているかを絶えず確認する必要があり，そのための方法の検討が求められるでしょう。そして，日本語の獲得状況が良好な子とそうでない子の背景などを分析し，反省点を教育実践にすぐに活かせるような体制，すなわち「臨床データを少しずつ集めて検討

(9) 手話使用と口話使用，日本語の力の獲得の関係をもっと細かく研究すること

以前は，手話を使うと日本語が覚えられなくなるとして，手話の使用に否定的な人が見られました。そして，現在，「口話を用いながら手話を使うと，どちらも中途半端になり，セミリンガルになる」と言って，対応手話の使用に反対する人がいます。その一方で，「手話と口話は両立できる，あるいは，両立させなければならない」と言う人もいます。

手話使用と口話使用，（書記）日本語の力の獲得との関係をもっと研究する必要があります。「手話は日本語の獲得に有効である」のような大雑把な仮説ではなく，例えば「語彙・概念面では，手話使用が効果的だが，日本語単語の綴りの定着のためには，口話使用のほうが効果的である」「統語面では，口話使用のほうが効果的である」「統語面における成績と読話力の間に正の相関が見られる」「会話や学習意欲を引き出すためには，手話使用が効果的である」などのような細かい仮説を立てて，検証することが望まれます。

(10) 学力獲得と集団の関係に関する研究をすすめること

聴児の場合も，学校や学習集団の規模と学力の関係について諸説ありますが，聴覚障害児の場合も同様です。「聾学校の生徒人数が年々減少している。他者との意見交流によって学力や日本語を獲得していくので，少人数だと学力や日本語を獲得させられない」のような言い方を聞いた時，筆者は「自分の日本語の力や狭い意味での学力のうち，他者との意見交流によって獲得できた部分はそんなに多くないのではないか」と思った一方で，「集団（ライバル）」のもつ意義は認めています。広い意味での学力には，日本語の力，英語や数学などの力，幅広い見方，社会性や人間関係を築く力などが含まれますが，聴覚障害児の集団の中で効率的に獲得できるもの，聴者もいる集団のほうが獲得しやすいもの，小規模の集団のほうが獲得しやすいもの，大規模の集団のほうが獲得しやすいものなどがあるだろうと思います。いろいろな力の獲得と集団の関係に関する研究や，適切な学習集団の編成のための工夫や手だてが求められるでしょう。今後の聾学校の統廃合のあり方を考えるにあたって（2つ以上の県の聾学校を統合したらどうかという意見も見られます），例えば，小学校の段階では，集団の規模より家族との交流の密度のほうが，学力に及ぼす影響が大きいという

ようなことがあるならば，聾学校は自宅から通える形態を目指すほうがよいでしょう。また，高校の段階では，集団の規模が大きいほうが切磋琢磨でき，まScrollViewいろいろな学習形態を選ぶチャンスが多いほうが学力の獲得に効果的というようなことがあるならば，寄宿舎型の聾学校を作る方向で検討される必要があるでしょう。

(11) 聴覚障害教育の難しさを説明できる力を身につけること

特に聾学校の教員や聴覚障害教育を志望する学生には，以下の力を身につけてほしいと思います。

- 聴覚障害のわかりにくさ，教育の難しさをわかりやすく説明できる力
- 手話の力（生徒の実態や場面，指導目標などに応じていろいろな手話を使い分ける力）
- 日本語の力と日本語指導の力（日本語の力の向上に向けて，その場その場で適切に指導できる力）
- いろいろな立場の人のことを視野に置いて対処・行動できる力

5 ……聴覚障害教員に対して

筆者は，「口話法容認に対する攻撃」があると感じ，「貝になりたい」と思った時期もありましたが，聴者の教員から「みんな，あの世で川本宇之介氏や西川吉之助氏たちに会ったら，『手話も口話も必要』と話そう」と言われた時，聴者の教員の中で理解が着実に広がっていることを強く感じました。同時に，口話法の採用は，単に同化主義・聴能主義やマジョリティーの傲慢さによるものではなく，日本語の音韻意識の形成や定着を図る面があったことに思いがいたらないようでは，聾教育関係者の幅広い支持は得られないだろうと思いました。筆者は，最近，西川吉之助氏の墓探しをしましたが，墓をやっと見つけた時，「手話に対する考えは別として，聾教育の可能性の1つを示してくださった点で，お礼を申し上げます」と手を合わせました。

筆者は，「『聴児のモデル』とは言わないのに，『聾児のモデル』と言うのはなぜ？」「難聴児もいる聾学校で，『聾児のモデル』とはどういう意味？」「『鳥のモデル』などと言わなくても，スズメにはスズメのモデル，カラスにはカラスのモデルで良いのではないか」などと思います。筆者は，この「聾児のモデ

ル」や「聾者の武器」のように聾者あるいは聴覚障害者をひとくくりにするような言い方が好きではありません。このような言い方がかなり見られる現状では，1人の聴覚障害教員の不適切な言動が聴覚障害教員全体に対する信用の失墜につながる可能性があると言えるでしょう。

　筆者が自分に言い聞かせていることを，以下に簡単にまとめます。

- 聾教育の先達に「敬意」を払い，当時の事情を推察したうえで，「意見・批判」を述べること。敬意や推察の欠けた「意見・批判」は，反発を買うことが多いでしょう。
- 聴覚障害者であることや手話ができることに安座しないこと。手話を除けば何も残らない教員にならないこと。聾・聴覚障害や手話を「印籠」としないこと。「手話の力さえあれば持ち上げられる時代」は，長くは続かないでしょう。高いレベルの日本語や学力を生徒に獲得させられているかに対する視線は，今後ますます厳しいものとなるでしょう。筆者は，聴児の小学生や中学生がほとんどまちがいのない文章を書くことにいつも驚かされています。聴覚障害教員に対して，（表現を選ぶことによって）まちがいのない文章が書ける力だけでなく，他人の文章（「海で走る船」「かちかちと凍る」「鉛筆や文房具を買う」「児童は書くことで思考力を確認する」など）を推敲できる日本語の力が，今後厳しく求められると思います。
- 聴者の理解も広がっている現在，良い教育実践のために，聴者の共感が得られる言動や聴者とともに行動できる力をもつこと。聾学校の管理職や教員から意見を求められたり一目置かれたりする存在になること。
- 聾者の世界と聴者の世界の中での立ち居振る舞いやバランスのとり方，問題解決の仕方などを絶えず自己点検すること。いろいろな視点から物事を考えること。「批判的読み」をする力を身につけること。聾者の世界と聴者の世界の間に優劣関係をつけるような言動や，自分の価値観を一方的に他者に押しつけるような言動をしないこと。
- 言動の一貫性のなさは，子どもたちや保護者，聴者，聴覚障害者の信頼を失うこと。例えば，「聾者は声を出すべきでない」と言いながら，「自分は口話を否定していない」と言うことは，大多数の人にとっては「矛盾」に聞こえるでしょう。

- 「聾児・聴覚活用が困難な者」と「難聴児・聴覚活用が可能な者」の両者を念頭に置きながら，教育方法を論じること。「聾者は…」と「私は（彼は）…」を適切に使い分けること。
- 聾者は少数であることもあり，聴者と聴者のつながりと比べると聾者と聾者のつながりは緊密であるが，それでも，公私混同がないようにすること。
- 公の場，私生活の両方で，「教員としての良心」を忘れないこと。「聴覚障害教員」である前に「公教育に携わる教員」であることを忘れないこと。

6 …… 最後に

　教育は流行を追うものではありません。また，現実を無視して進められるものではなく，その効果は科学的に検証されるべきです。

　「みんな違って，みんないい」世の中になってほしいものです。「らしさ」を尊重しながらも，「らしさ」を押しつけないでほしいです。誰でも，自分の生き方を否定されると悲しいからです。ただし，他者を否定するような生き方が否定されるのは当然だと思われます。

　以上，1人の聴覚障害教員の意見を述べてきました。読者には，他にもいろいろな意見や文献に耳を傾けたうえで，自分の意見や実践の仕方を考えていただければと思います。特に，国公立聾学校の教員は，少数の聾者の意見を鵜呑みにするのではなく，さまざまな実態の難聴者や聾者，保護者などの意見を念頭に置きながら，教育活動を進めてほしいと思います。

文献

河崎佳子　2004　きこえない子の心・ことば・家族　明石書店
Mayberry, R. I.　1993　First-Language acquisition after childhood differs from Second-language acquisition: the case of American Sign Language. *Journal of Speech and Hearing Research*, **36**, 1258-1270.
斉藤くるみ　2007　少数言語としての手話　東京大学出版会
四日市　章　1999　パーソナリティの形成　中野善達・吉野公喜（編）　聴覚障害の心理　田研出版　Pp.115-133.

Q&A形式で深める聴覚障害への理解

補章

　以下の「Q&A」の「Q」の部分は，筆者（脇中）が作成し，「A」の部分は，京都府立聾学校聴能言語室の細矢義伸教諭に書いていただきました。そのため，この「A」は，言語聴覚士やオーディオロジーに関わる人たちすべてにとっての「A」ではなく，細矢教諭個人の「A」になっている部分があることをお含みおきください。

(1) 聞こえの仕組みと聴覚障害に関して

Q1 最近「内耳再生治療」ということばをよく聞きますが，その内容と今後の見通しについて簡単に聞かせてください。

A1 内耳にある有毛細胞は，損傷すると，その再生がきわめて困難です。内耳再生治療とは，内耳にある有毛細胞に幹細胞を導入することによって機能を回復させようとするものです。モルモットでの治験が開始されていますが，人体での治験はまだされていないようです。現在，京都大学耳鼻咽喉科学教室で研究が進められています。

(2) 補聴器と補聴援助機器に関して

Q2 補聴器や人工内耳をつけたら，聞こえる人と同じように聞こえますか．

A2 感音性難聴の場合は，どの高さの音も50dBより小さい音が聞こえるような軽度の難聴でない限り，補聴器や人工内耳を装用しても，厳密な意味で聞こえる人と同じ聞こえになりません．ある程度の歪みを含んだ音を聞いている状態なので，早口の会話や騒音下での聞き取りにはまだ困難さが残る状態です．

Q3 人工内耳をつけた時の「制限」や「制約」として，どんなことがありますか．

A3 原則として，人工内耳に電気が通る可能性があるものは使えません．人工内耳に影響を及ぼす機器・治療法として，磁気共鳴診断装置（MRI），電気メス，イオン放射線照射装置，ジアテルミ（温熱療法），神経刺激療法，電気ショック（痙攣）療法などがあげられます．X線CTや心電図，エコー（超音波診断装置）は，影響がないので大丈夫です．

航空機に搭乗する際の金属探知機については心配ありません．気圧の変化については，通常の範囲内では問題ありませんが，航空機の離着陸の際に電子機器の電源を切るよう促されることがあります．静電気は，人工内耳の電気的部品に損傷を与えたり，プログラムを狂わせる原因となったりすることがあります．

その他，近づくと雑音などが聞こえてくる可能性があるものとして，携帯電話，高出力トランシーバー，アーク溶接機，スポット溶接機，電気のこぎり，電気ドリル，大型モーター，自動車のエンジンルーム，発電設備，高電圧設備などがあります．また，激しいスポーツや水中で行うスポーツについては，担当医師や言語聴覚士に相談されることをお勧めします．

Q4 補聴器や電池の管理の仕方を簡単に教えてください。また，電池を飲み込んだ時は，どうするべきでしょうか。

A4 補聴器は，汗や水分の影響を受けやすいため，汗や水に濡れたままにしておくと，故障の原因となります。汗防止カバーを利用して防止するとともに，使用後は，乾燥ケースに保管することが望まれます。寒い室外から暖かい室内へ入った際には，チューブやフックの内部で結露する場合があり，音が聞こえなくなりますので，ブロアー（送風機）などを使って水分を吹き飛ばしてください。補聴器は常に動作している機器なので，さまざまな部品が徐々に劣化していきます。定期的に特性などを検査することが望まれます。

また，ボタン電池を飲み込んだ時は，すぐに病院へ行って受診してください。誤飲を防ぐために，最近は，電池蓋の開閉にロック機能がついたものが増えています。

(3) 聴力検査と聴覚学習に関して

Q5 「受聴明瞭度95%」ということは，どんな内容の話であっても，95％ぐらい聞き取れると理解してよいでしょうか。

A5 語音検査の中に，単音節明瞭度検査という検査があります。自主的に作成したものもありますが，一般的には，日本聴覚医学会で認定された67式20音節という語票とCDの音声を用いて検査が行われます。日本語の音節を1音節ずつ「あ」「き」「し」…と20音節提示し，聞き取った音声を記述してもらい，その結果をパーセントで表す検査です。「受聴明瞭度95%」とは，無意味音節が95%聞き取れたことを示します。

聾学校では通常，騒音が少ない所で補聴器を装用して検査します。実際の生活場面では，多かれ少なかれ騒音がありますので，検査結果と同様の結果を表すわけではありません。補聴器は，騒音に弱いため，実際の生活場面での聞き取りのスコアは下がることがよくあります。「95%」というのは，補聴器を装

用しての最高明瞭度を表していると考えてください。FMシステムなど適切な補聴援助機器の使用によって，実際の明瞭度の低下を防ぐことは可能ですが，システム利用にはまだまだ制約があります。

Q6 同じ聴力でも，聴覚活用の程度が異なる要因として，何が考えられますか？

A6　聴覚障害のある子どもの場合，発達の状況は，聴覚障害のない子どもに比べて，個人差が大きくなります。障害の発見時期，家庭の教育観や教育力，療育機関や教育機関の状況，補聴器や手話などの活用の状況，本人の発達状況などによって，大きく変わってきます。乳幼児段階では，家庭の教育観や教育力から生じる個人差が最も大きいように思います。乳幼児期のコミュニケーションの相手は，家族が最も多くなるからです。ことばは使用しないと定着が難しいです。子どもがことばを意欲的に使用する機会が多くなるような家庭内での協力や工夫があると，ことばの発達が順調に進む例が多いように思われます。

(4) 聴覚障害の早期発見と早期教育に関して

Q7 聴覚障害は早期に発見することが大切だと言われていますが，早期発見に努める立場から見た「早期発見がうまくいった事例」と「うまくいかなかった事例」について，簡単に紹介してください。

A7　産科や小児科で聴覚障害の疑いがあることがわかってから，耳鼻咽喉科の精査機関に至るまでの経過がスムーズであることが望まれます。それぞれの医療機関での説明が適切であり，その後の療育・教育機関でも（家族の協力のもとに）適切な療育や教育が行われると，早期発見されたことが最大限にプラスの方向に活かされることになるでしょう。
　早期発見の意味が効果的に現れないケースとしては，医療機関での説明が不

適切であったり，インターネット上のいろいろな情報に翻弄され，あちらこちらの医療機関や療育・教育機関を回って，結局のところ療育・教育機関との信頼関係がうまく築けなかったりした場合に見られることがあるようです。

Q8 新生児スクリーニングやその聴覚障害教育に対する影響について，簡単に教えてください。

A8　新生児スクリーニングは，産科や小児科で行われるマススクリーニングの1つです。生後1～2週間程度の時期に，看護師や検査技師などが自動聴性脳幹反応検査（AABR）や耳音響放射検査（OAE）などを行い，聴覚障害の疑いがある場合は，耳鼻咽喉科の精密検査機関へ紹介するものです。ただし，他のマススクリーニングと異なり，治療では改善されないものを発見するものです。スクリーニングは，聴覚障害があると判定するものではなく，あくまでも疑いがあることを発見するものであり，結果的に「正常」である場合もあります。耳鼻咽喉科の精密検査機関で検査を受けると，早ければ生後1か月，遅くとも6か月頃には，聴覚障害を発見することができます。

今までも，補聴器を装用する時期が早いほど，聴覚活用の力が高くなる傾向が見られました。そこで，スクリーニングによって超早期に聴覚障害が発見されると，補聴器や人工内耳の装用による早期からの聴覚活用が期待できるのです。また，早期の段階では，スキンシップや手話のような視覚的な手段が有効です。身振りや手話の有効活用を進めるほど，日本語習得をスムーズにするケースが出てくると思われます。

障害が早期に発見されると，以前と比べて，日本語の習得についても，聴児と同様に自然なやり方で進む例が多く出てくるでしょう。また，日本語習得のための過程の中で，「訓練的・学習的な要素」も減っていくと思われます。ただし，聴覚活用できるとは言っても，聴児のそれと同等の聞こえ方になることは困難であり，意図的な言語学習は必要です。「難聴者は谷間にいる」ということばの意味の吟味が今後さらに求められると思われますが，これについてはQ14を参照してください。

(5) 聴覚障害者と関連する福祉制度などに関して

Q9 障害者雇用促進法とその実際,聴覚障害者の雇用状況について,簡単に教えてください。

A9 障害者雇用促進法は,正式には「障害者の雇用の促進等に関する法律」と言います。障害者の雇用を促進するため,事業者に対し,従業員数の一定比率(障害者雇用率のことであり,現在一般の民間企業は1.8%,官公庁は2.1%と定められています)を障害者とするように義務づけています。障害者雇用率を達成できない時は,「身体障害者雇用納付金」を徴収する一方,一定比率以上の障害者を雇用する事業者には,「調整金」を支給しています。

聴覚障害者は他の障害者に比べて設備投資が少ないことが,聴覚障害者の雇用に有利にはたらいています。しかし,実際には,昇進できないなどの問題があり,転職する聴覚障害者も多く,この法律で障害者雇用問題がすべて解決されるものではありません。

Q10 「音声認識ソフト」の開発について,現在の状況はどうなっていますか。今後すべての音声が自動的に文字化されることになったら,聴覚障害児の日本語獲得の問題は解決できるでしょうか。

A10 「音声認識ソフト」は,あらかじめ個人の音声を登録しておき,それをもとに話の内容をひらがなや漢字に変換するものです。現段階では,ひらがなへの変換はかなり正確にできるようになりましたが,漢字変換については,まだまだ不正確な部分が多くあります。

すべての音声が文字化できるようになっても,日本語獲得の問題は依然として残ると思われます。乳幼児期からいきなり文字を読んで理解できるわけではないからです。文字を読み書きできるようになるまでに,何らかの言語活動が介在しないと,言語の獲得が遅れることになります。この時期には,手話での会話や聴覚活用,発音指導などが適切に進められる必要があるでしょう。

(6) 特別支援教育制度の始動と聾学校のセンター的役割に関して

Q11 学校選択は，障害児やその親にとっては「大きな問題」です。学校選択のポイントを教えてください。

A11 聴覚障害児に適切な就学先が選べるとよいのですが，その地域（特に都会から離れたところ）に適切な就学先が存在しない場合もあるのが現状です。

選択の際に配慮する点としては，子どもの言語的発達や心理的発達などの評価を適切に行うこと，就学先を子どもと一緒に見学すること，通学に要する時間や金銭的な条件を考慮に入れる必要があること，などがあげられるでしょう。

また，入学を決めた後は，その学校の先生たちと協力していくことが大切だと思います。

Q12 「聾学校はセンター的役割を果たすべき」とよく聞きますが，具体的にどんなことでしょうか。地域校に在籍している聴覚障害児に対する支援として，どんなものがありますか。

A12 特別支援教育制度が始動し，聾学校でこれまで蓄積されてきた指導技術や教員の高い専門性を活かしながら，地域の小・中学校を積極的に支援することが求められています。各都道府県の各聾学校が，その中核的な役割を担うことになります。京都府では，「京都府聴覚支援センター」が京都府立聾学校の本校と分校に設立されています。

文部科学省は，以下のような内容をセンターの業務として位置づけています。
① 小・中学校等の教員への支援機能（障害のある児童生徒に対する個別の指導内容・方法について助言する）
② 特別支援教育等に関する相談・情報提供機能（就学前の子どもに対して指導したり，保護者からの相談を受けたりする）
③ 障害のある幼児児童生徒への指導・支援機能（通級による指導を行う）
④ 福祉，医療，労働などの関係機関等との連絡・調整機能（関係諸機関と連

携し，個別の教育支援計画を策定する）
⑤小・中学校等の教員に対する研修協力機能（小・中学校等の教員に対する研修の講師を務める）
⑥障害のある幼児児童生徒への施設設備等の提供機能（点字図書の貸し出しや知能検査の実施等を行う）

京都府の聴覚支援センターでは，主に以下の業務を行っています。
・聞こえや補聴器の相談
・教室の音環境の相談
・進路や進学についての相談
・乳幼児への配慮についての相談
・ことばの相談
・学習や教材についての相談
・研修会や授業への教師派遣

Q13 最近「発達障害」（アスペルガー障害，高次機能障害，学習障害など）がよく話題になりますが，聴覚障害と発達障害を併せ持つ児童・生徒に対する教育方法や支援の内容は，どうなっていますか。

A13 聴覚障害と発達障害を併せ持つ児童・生徒に対する支援方法については，東京学芸大学の濱田豊彦先生のところで研究が精力的に進められています。

児童・生徒に見られる問題が，聴覚障害の二次的障害として現れているものか，それとも発達障害ゆえに生じているものかを判断するのは大変難しいところです。ただし，支援の方法は発達障害のある聴児に対する支援の方法と共通部分が多いため，その生徒の状態に応じた教育や支援を行うとよいでしょう。

Q14 「難聴者は谷間にいる」という表現がありますが，どういう意味ですか。

A14 軽・中等度の聴覚障害がある児童・生徒の場合，補聴器を装用すれば，ほとんど聞こえているように思われがちですが，実際はそうではありません。その状態を視覚的に表せば，文字を半分又は大部分を隠した状態になります。これでは，文字が書かれていることはわかっても，何と書かれているかはすぐに正確にはわからないでしょう。つまり，音がしたなとわかって反応できても，内容をしっかりと捉えられず，また話しかけられても，的確に理解しがたい困難な状態に置かれているということです。前後の文脈などから相手が何を言っているのかを推測しようとしますが，どうしても聞き漏らしや聞きまちがいが生じます。重度の聴覚障害がある場合は，本人がことさらに説明しなくても，周囲の人が聞き取りに困難があることを理解して，手話や筆談によって視覚的に情報を伝えるなどの手立てを講じてくれますが，軽・中等度の聴覚障害者の場合は，音に対する反応が良好なために，そういった配慮が不十分な状態に置かれやすいようです。実際には，特に騒がしい場所では聞き取りが困難なケースが少なくないのです。

福祉の面では，身体障害者手帳は，第1章の2節2で示した表を見ればわかるように，両耳の聴力レベルが70dB以上，または一側耳が90dB以上で他側耳が50dB以上でなければ交付されないことになっています。この身体障害者手帳が交付されれば，その等級に応じて福祉の諸手当や補聴器購入のための補助が受けられます。しかし，平均聴力レベルが40dBから60dB程度の軽度の難聴の場合には，身体障害者手帳が交付されず，したがって，手当や補助は受けられないことになります（ただし，都道府県によっては，受けられるケースもあるようです）。軽・中等度の聴覚障害者は，重度の聴覚障害者よりも補聴器装用による効果が明瞭に現れるにもかかわらず，福祉の手立てが講じられない現実から，「難聴者は（福祉の）谷間に（置かれて）いる」という言い方がなされることになるのでしょう。

学習面についても，軽・中等度の聴覚障害者は，ふだんの会話（特に1対1での会話）における発言はある程度聞こえているため，授業場面（専門的な聞

き慣れない用語がたくさん出てくるような場面）における聞き取りの困難さが理解されず，何の配慮もされないまま，ともすれば成績の不振は本人の能力や学習態度に原因があるかのように思われることがあります。本人も，自分が聞き逃していることがわからない状態にあり，そのことが，本人の障害認識の困難さにつながっていることが多いように思います。このような状態から，学習場面や情報保障の面においても，「難聴者は谷間にいる」と表現されることになるのでしょう。

索引

● あ
アイデンティティ　205
アナログ補聴器　7

● い
一次的ことば　130
一側性難聴　4
インクルーシブ教育　96
インクルージョン　96
インテグレーション　96

● お
オージオグラム　5
大曽根源助　40
オノマトペ　104
音韻意識　158
音声認識ソフト　284

● か
学習言語　129
仮定　107
カミンズ（Cummins, J.）　136
川本宇之介　38
感音性難聴　3

● き
疑似相関　256
ギャローデッド（Gallaudet, T. H.）　32
キュー　43
9歳の壁　126
9歳レベルの峠　126
キューサイン　43
キュードスピーチ　43
キュードスピーチ法　89
共有基底能力　136

● く
九九の指導　181
具体的操作期　127
口パク　222

● け
経験の言語化　160
形式的操作期　127
欠格条項　95

言語運用力　109
言語知識　109
健聴者　204
限定コード　128

● こ
口形記号　43
高次化　130
構成法的アプローチ　88
高度化　130
口話－手話論争　45
混合性難聴　3

● さ
斎藤佐和　130
作図法　188
サラマンカ宣言　96

● し
CALP　129
自己客観視　117
自然法的アプローチ　88
受聴明瞭度　6
手話－手話論争　48
準ずる教育　90
上位概念　109
障害者雇用促進法　284
障害認識　204
助数詞　105
自立活動　208
人権救済申立　55
人権救済申立に対する見解　57
人工内耳　7
新生児スクリーニング　283
シンタグマティック　110

● せ
生活言語　129
精緻コード　128
センター的役割　285

● た
高橋潔　40
単音節明瞭度　6
単語了解度　6

289

● ち
聴覚手話法　90
聴者　204
聴能主義（オーラリズム）　154

● つ
通級　87

● て
デジタル補聴器　7
dB（デシベル）　3
伝音性難聴　3

● と
同時法　89
同時法的手話　90
トータル・コミュニケーション　49
読書力診断検査　120
読唇　70
特別支援学級　86
特別支援学校　86
読話　70
ド・レペ（de l'Epee, C. M.）　32

● な
内耳再生治療　279
仲間分類テスト　109
難聴　4
難聴学級　86

● に
西川はま子　39
西川吉之助　39
二次的ことば　130
二重否定　107

● の
ノートテーカー　75

● は
バーンステイン（Bernstein, B.）　128

ハイニッケ（Heinicke, S.）　32
バイバイプログラム　51
バイリンガル聾教育　53
ハウリング　14
発達障害　286
パラディグマティック　110

● ひ
ピアジェ（Piaget, J.）　127
BICS　129
氷山のたとえ　136

● ふ
部分否定　107
古河太四郎　37
文章了解度　6

● へ
ベーカー（Baker, C.）　129

● ほ
母語　179
補聴器　7

● ま
マガーク（McGurk, H.）　142

● め
明晴学園　61

● よ
養護・訓練　208
要素法　88

● ろ
聾　4
聾文化　54
ろう文化宣言　49

あとがき

　本書執筆にあたって，当初は，第5章以外は，「客観的・中立的・学術的な記述」を心がけようと思っていましたが，口話法や「日本語対応手話・口話併用手話」を否定するか否かによって記述の仕方が変わること，またそう思う根拠が自分の体験であったりすると，筆者自身の体験や感想を全く入れないのも無理があることを感じて，相当悩みました。悩んだ末，本書の最大の目的は，筆者のように考えている人もいるということを知っていただくことにあるのだから，「エッセー的な記述」が入り混じってもよいのではないかという心境になりました。

　しかし，出版を目の前にすると，やはり「自分は，大それたこと，人に非難されるようなことをしているのではないか」という思いを禁じ得ません。その思いの1つ目は，「日本手話を母語としていない聴覚障害者の分際で，と言われないか」ということであり，2つ目は，「聾学校の一教員の分際で，と言われないか」ということです。

　1つ目について，筆者は，大学入学後手話を覚えたので，「日本語を第一言語とする聴覚障害者」の範疇に入ると思いますが，「日本手話を第一言語とする聾者」だけに聾教育を語る資格があるというような論調には，抵抗感を感じます。「筆者の意見は，聾者ないし聴覚障害者の意見である」と標榜するつもりはありません。そのように受け止められる部分があるとしたら，それは筆者の文章力のなさの現れであると解して，ご寛容願います。「日本手話を母語とすることが大切」などとよく言われますが，聾教育現場にいる者としては，聾児の90％は聴者の親をもつこと，対応手話でない日本手話の獲得には数年以上かかることから，聴者の親にも受け入れられやすい方法，集団の分断や対立が生じないような「連続的な方法」であってほしいと強く思います。

　2つ目について，筆者は，博士号を取得したものの，また，大学で講義を受け持ったものの，聾学校の一教員であり，大学教員ではありません。『聴覚障

害教育概論』のような本は，本来，大学で聴覚障害教育を専門とする方々が執筆するべきではないかという思いがあります。その一方で，筆者は，大学生の時，「教育現場の教員と大学教員の間の距離が最も大きいところ，『あの大学の先生は，現場を知らない。机上論だ』とよくささやかれるところは，聾教育だよ」と聞いたことがあり，現場の一教員が「自分はこのように考えている」と執筆することも，それなりに意味があるかもしれないと思っています。

　手話を導入する聾学校幼稚部が増え始めた頃からの出版物に対して，「古い聴覚障害教育」の否定一辺倒，しかも要所要所で肝心の論拠が出ていないような本ばかりが出版されていると指摘する人が見られ，筆者もそのように感じています。「（口話教育により）ろう児の学力はむしろ低下した」「現在もなおほとんどのろう学校で口話法教育が行われている」と述べている本に対するインターネット上のコメント（筆者にはなるほどと思える内容でした）が何回も削除された経過を見たりしたことから，本書の出版に恐怖感を抱いていないとは言えません。しかし，以前から天邪鬼を自称している筆者としては，手話の「有効性」と「限界」，口話の「有効性」と「限界」を冷静に見すえるべきだと考えている者がいることを知ってもらいたいと思い，いろいろな批判が出されるのを覚悟のうえで出版に踏み切ったしだいです。今後，聴覚障害教育現場の教員や保護者，聴覚障害者の多くから支持されるような『新しい聴覚障害教育概論』が次々と出版されることを願っています。

　かつて，手話に否定的な雰囲気があった頃，筆者は，口話の限界と手話の意義を強調しましたが，現在，「手話さえ導入すれば，日本語の力や学力は獲得できる」というムードが強まっていると感じているので，手話の限界と口話の意義を強調せざるを得ない心境です。その意味で，本書で，「手話－手話論争」のところでつい熱くなったり，手話の限界と口話の意義を強調したりしていることを自覚しています。また，筆者としては，日本手話と対応手話を区別してどちらが良いかを考える土俵（段階）から，「高いレベルのリテラシー・学力獲得のためにどんな方法が有効か」を考える土俵（段階）に早く移りたいのですが，あまりにもちまたで前者の枠組みでの議論がなされているので，その「土俵」に上がらざるを得ない心境です。「手話－手話論争」のほとぼりが冷めたら，改めて冷静に「口話法へ」と「手話法へ」という２つのベクトルを同等に扱い

あとがき

ながら記述したいと思います。ともあれ、かつての口話法の犯してきた誤り（口話法を絶対視し、すべての子どもに当てはめようとした）の裏返しになるようなことを、現在の手話法は繰り返すべきではありません。

『手話讃美』（川渕依子 編著、サンライズ出版、2000年）に、高橋潔から「あなたは残聴があるから、口話法教育のほうが適している」と言われ、大阪府立聾口話学校への転校を勧められた女性の話が載せられており、高橋潔は、口話法を否定したのではなく、手話法ですべてがうまくいくと考えたのでもないことがわかります。筆者も、この高橋潔の柔軟で良いものは良いと認める姿勢を見習いたいと思います。

本書では、聴覚障害児に高いレベルの日本語の力や学力を獲得させる必要性を強調しましたが、その一方で、正しい日本語を書く力がすぐれているとは言えないものの、人格的に立派な聴覚障害者、行動力がすぐれた聴覚障害者が多数見られることも事実であり、このような聴覚障害者たちが聴者と対等に生きられるような世の中であってほしいと思います。日本語の力だけを見て、その人の能力や人格を決めつけるようなことはあってはならないでしょう。

筆者は、よく夢を見ます。昔は、聴覚障害教育関係の先生に追いかけられて逃げまどう（先生には熱心に指導していただいたので、申し訳ないのですが）夢をよく見ましたが、ある日「もう逃げてばかりはいや」と思って先生に立ち向かったところで目が覚めた時、なんだかうれしくなりました。その頃から筆者は、口話の限界と手話の意義を声を大にして言い始めたような気がします。そして、ふと気がつくと、逃げまどう夢はもう見なくなっていました。しかし、朝、「今日は、学校へ行こうか、休もうか」と迷いながら、友達の目や出席日数などを気にする夢を、今でもよく見ます。インテグレーションした（私立校に在学していた）時、特に友達がつくれなかったということはない（むしろ良い友達に恵まれたと今つくづく思います）のですが、非常に気疲れしていました。この夢はどうやったら見なくなるのだろうと、今も考え続けています。

本書の原稿をほぼ書き上げたところで、筆者の父が急死しました。死の少し前、筆者が父に贈ったお金で旅行しようという計画が兄や母から出された時、実のところ筆者は、「父は（私と会話できないので）母や兄とばかり話すから、一緒に旅行してもつまらないなぁ」と思いました。そんな筆者の思いが

父の死を早めたような気がして（関係ないと言われたらその通りかもしれませんが），非常に悔やまれます。そのため，聴覚障害児とその家族は，どんな方法でもいいので，互いに存分に通じ合えるようになってほしいと強く思います。

筆者と父の会話は少なかったけれど，父は障害をもった筆者のことをいつも気にかけてくれました。無類な本好きであり，家族のために懸命に働いてくれた父，筆者のために退職してことばを上手に授けてくれた母，子どもに本を惜しみなく与えてくれた両親のおかげで，今の筆者があると感じています。

最後になりましたが，本書出版にあたって，まず，佛教大学から京都府立聾学校に講師派遣の依頼がなされた時，筆者を推薦してくださった箕谷健三前校長先生をはじめとする管理職の方々に，感謝のことばを述べたいと思います。この佛教大学の通学課程や通信課程の講義を受け持つという機会がなければ，本書は生まれなかったでしょう。

また，筆者の「このような本をテキスト指定したい」という思いに同感してくださり，補章の「Q&A」の「A」を執筆してくださった細矢義伸教諭，京都府立聾学校のホームページからの転載を快諾してくださった管理職の方々，本稿に目を通してご意見をくださった管理職や教員の方々，筆者のインテグレーション時代のことを思い起こして，どんなことが聴覚障害児本人や周囲の教員，友達に求められるかを具体的に考える機会を与えてくださった京都府立聾学校舞鶴分校の先生方，本書に掲載されているイラストやストーリーマンガを描いてくださった京都精華大学学生の石川飛鳥さんと大坪智恵子さん，中元政弘さん，吉江晴絵さん，および仲介の労をとってくださった京都精華大学障がい学生支援課の磯垣節子さん，磯垣さんを紹介してくださった京都市立二条中学校の高井小織教諭，貴重な本を貸してくださった故 中野善達先生，文献のコピーを送ってくださった立入哉先生，土田昌作先生，本書執筆に対して励ましのことばやご意見をくださった他府県の聾学校教員の方々，佛教大学などでの筆者の講義に好意的な感想を寄せてくださった学生の方々，本書出版にあたってお世話になった北大路書房の編集部の方々に，厚くお礼を申し上げます。

2009 年 8 月

脇中起余子

● 著者紹介

脇中起余子（わきなか・きよこ）
新生児の時に，薬の副作用で失聴
京都大学大学院教育学研究科博士後期課程中退
龍谷大学大学院文学研究科博士後期課程修了
現在，筑波技術大学　障害者高等教育研究支援センター　准教授（教育学博士・学校心理士）

〈主著・論文〉

K聾学校高等部における養護・訓練の時間の指導内容と手話に対する考え方の変遷　特殊教育学研究，35（5），p.9-16，1998年

認知と言語　中野善達・吉野公喜（編）聴覚障害の心理　田研出版，p.65-79，1999年

手話で数学を指導する―教科指導の実際と課題―　日本手話研究所（編）手話コミュニケーション研究，No.41，p.32-39，2001年

K聾学校高等部における九九に関する調査から―九九の読み方をどれぐらい覚えているかを中心に―　ろう教育科学，44（1），p.37-46，2002年

聴覚障害者本人および親の意識調査（1）―「京都難聴児親の会」親と本人に対するアンケートから―　ろう教育科学，44（2），p.55-72，2002年

聴覚障害者本人および親の意識調査（2）―障害の呼称の違いによる意識の違いを中心に―　ろう教育科学，44（3），p.115-128，2002年

K聾学校高等部生徒の記憶方略に関する一考察―「音声方略」と「手話口形方略」のどちらが有効か―　ろう教育科学，45（2），p.53-70，2003年

聾教育の課題と展望―コミュニケーション論争を中心に―　発達，102号（2005年4月号），p.70-76，2005年

K聾学校高等部の算数・数学における「9歳の壁」とその克服の方向性―手話と日本語の関係をどう考えるか―（龍谷大学博士論文，未発表），2005年

よく似た日本語とその手話表現―日本語の指導と手話の活用に思いをめぐらせて―　第1巻・第2巻　北大路書房，2007年

からだに関わる日本語とその手話表現　第1巻・第2巻　北大路書房，2008年

助詞の使い分けとその手話表現　第1巻・第2巻　北大路書房，2012年

聴覚障害教育 これまでとこれから
コミュニケーション論争・9歳の壁・障害認識を中心に

2009年9月30日　初版第1刷発行　　定価はカバーに表示
2023年3月20日　初版第10刷発行　　してあります。

著　者　　脇　中　起　余　子
発　行　所　　㈱北大路書房
〒603-8303　京都市北区紫野十二坊町12-8
電　話　（075）431-0361（代）
FAX　（075）431-9393
振　替　01050-4-2083

© 2009　DTP組版／T.M.H.　印刷・製本／シナノ書籍印刷㈱
検印省略　落丁・乱丁本はお取り替えいたします。
ISBN 978-4-7628-2690-0　Printed in Japan

北大路書房の関連図書

● **よく似た日本語とその手話表現　第1巻**
　　──日本語の指導と手話の活用に思いをめぐらせて
　脇中起余子　著

南村洋子氏推薦！

「雨がふりそうだ」と「雨がふるそうだ」。この文章，手話でどう表しますか？ 意味の違いをどう説明しますか？　よく似ているけれど微妙に意味の異なる日本語の文例を詳しい解説と手話イラストとともに多数収録。（第1巻所収の文例）「食べてもよい」「食べるとよい」／「行きたい」「行ってほしい」など。

A5判　376頁　2000円＋税　ISBN978-4-7628-2559-0

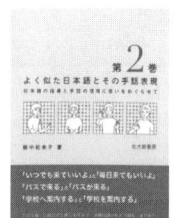

● **よく似た日本語とその手話表現　第2巻**
　　──日本語の指導と手話の活用に思いをめぐらせて
　脇中起余子　著

立入哉氏推薦！

聴覚障害児が日本語の微妙なニュアンスを理解し，手話で表現できるようにと願って企画されたこれまでにない手話の本。聴覚障害児教育に携わる方々，手話通訳に関わる方々へ。（第2巻所収の文例）「いつでも来ていいよ」「毎日来てもいいよ」／「バスで来る」「バスが来る」／「学校へ案内する」「学校を案内する」など。

A5判　376頁　2000円＋税　ISBN978-4-7628-2560-6

● **からだに関わる日本語とその手話表現　第1巻**
　脇中起余子　著

中野善達氏推薦！

「顔が広い」「舌をまく」「手が早い」「肩を持つ」。聴覚障害児にとって理解・獲得が難しいと言われるからだの各部位の名称を用いた日本語の例を，慣用句を中心に第1巻と第2巻で1800収録，手話でどう表現すればよいのかを考える。第1巻は「頭をひねる」「耳を貸す」「目がない」など首から上の部位を扱う。

A5判　384頁　2300円＋税　ISBN978-4-7628-2623-8

● **からだに関わる日本語とその手話表現　第2巻**
　脇中起余子　著

吉野公喜氏推薦！

からだの各部位の名称を用いた慣用句以外にも，「顔を出す」と「顔に出す」，「口に合う」と「口を合わせる」，「足を出す」と「足が出る」など，よく似ているものの微妙に異なる日本語の例を多数取り上げているのも本書の特徴。第2巻は「腕が良い」「胸にたたむ」「腹が黒い」など首から下の部位を扱う。

A5判　392頁　2300円＋税　ISBN978-4-7628-2624-5